JN162061

言論の覚悟 脱右翼篇

鈴木邦男

創出版

目次

第1章　右でも左でもなく前へ……5

第2章 ヘイトスピーチとの闘い

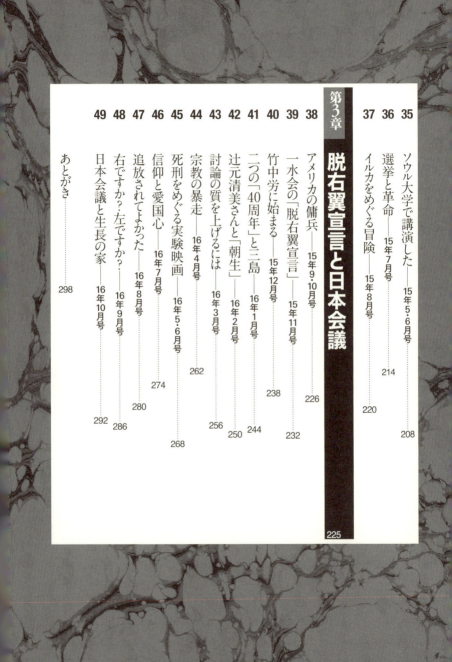

第1章

右でも左でもなく前へ……

2012年9月14日、一水会結成40周年記念大会

第1回

丸岡修の無念

『創』11年8月号

「丸岡修君を送る会」で（11年6月19日）

朝起きてテレビをつけたら、いきなり、「日本赤軍の丸岡修受刑者が死亡」のニュースが飛び込んできた。5月29日（日）の朝だ。エッ！　嘘だろう！　と思わず大声を上げてしまった。次の瞬間、ポロポロと涙が流れ落ちてきた。残念だ。悔しい。間に合わなかったか。申し訳ない。僕の力が足りなくて死なせてしまった。僕のせいだ、と猛烈な罪悪感を感じた。危篤の丸岡さんを外部の専門病院に移し手術してもらおうと、多くの人たちが尽力していた。僕も政治家やマスコミの人にお願いして回った。法務省や八王子医療刑務所の中の心ある人々も動き、外部の専門病院に移れるのではないかと一瞬、希望も見えた。弁護士も含め、その話し合いも行われた。しかし、東京高検の頑なな拒絶で出来なかった。

刑の執行停止を求めていたが、何も釈放しろと言っているのではない。外部の専門病院で手術し、治ったらまた、刑務所に戻す。人道的な処置を要請していただけだ。それも拒否された。政治犯だからか。日本赤軍だからか。それもあるだろう。かつて日航機をハイジャックし、「超法規的措置」で獄中の同志を奪還した。「国家の面子《めんつ》」をつぶされたと思った。国家を代表する検察はその「復讐」をやっているのか。

　外で手術したら助かったものを、検察（国家）は殺した。これは「判決なき死刑」だ。6月19日（日）、京都教育文化センターで行われた「丸岡修君を送る会」では、支援者の柳田健さんが、「国家による虐殺だ。小林多喜二の虐殺と同じだ」と糾弾していた。

「せめて死の瞬間だけでも肉親、友人が手を握り、背中をさすってあげたかった。それすらも許さない国家なのか」と、大谷恭子弁護士は涙ながらに報告していた。その後、ＰＡＮＴＡ（頭脳警察）が特別出演で追悼の歌をうたう。「奪われし祖国」「七月のムスターファ」「ライラのバラード」などが演奏され、丸岡さんに捧げられた。

　第2部は別室で「偲ぶ会」。丸岡さんの妹さんなどが挨拶。重信房子、和光晴生、ＰＦＬＰ、「よど号」グループ、獄中同志からのメッセージが紹介された。僕も指名されたので挨拶した。

　実は、亡くなる2週間前に丸岡さんから手紙をもらっていた。最後の手紙だ。危篤状態の中で、1週間かけて書かれた手紙だった。死を予感しながらも東日本大震災にあった人々を悼み、心配していた。また、「鈴木さんと一緒に新しい政治運動をやりたかった」と書かれていた。その部分だけを「偲ぶ会」で紹介した。

　丸岡さんには宮城刑務所、八王子医療刑務所と、6回ほど面会に行った。意外なことに丸岡さんは、「僕は元々は右翼少年だったんです」と言っていた。中学1年の時、五・一五事件や、二・二六事件の青年将校に憧れ、北一輝の『日本改造法案大綱』に共鳴し、防衛大学校志望だったという。日の丸掲揚、君が代斉唱を学校側に強く要請したという。これは丸岡さんの著書『公安警察《マルコー》ナンボのもんじゃ』（新泉社）にも書かれている。

凄い中学生だ。「僕なんて中学生の時は、二・二六はおろか、日本に天皇がいることも知りませんでしたよ」と丸岡さんに言った。本当だ。自分が日本人だということも知らなかった。丸岡さんは、そのまま右翼になったら、「現代の北一輝」になれたのに。でも高校で、ベトナム戦争のニュースを見、左翼の運動を知り、民青（日共）、ベ平連に参加し、気がついたら日本赤軍になっていたという。

正義の運動をする人々が左翼しかいなかった。黒い街宣車の右翼には共感できなかった。72年4月、ベイルートへ飛び立つ。73年のドバイ日航機ハイジャック事件、77年のダッカ日航機ハイジャック事件でリーダーとして関与したとして、国際指名手配されていた。87年、日本に帰国した際、偽造パスポート所持で逮捕された。93年12月に無期懲役の判決、97年4月に控訴棄却。00年3月に上告をそれぞれ棄却されて無期懲役が確定。宮城刑務所で服役していた。

アラブでの闘いも過酷だが、日本での獄中闘争も過酷だった。医療ミスによって肺炎を放置され、重篤な「拡張型心筋症」となった。そのため07年から6次にわたって刑執行停止を申し立ててきた。政治的・思想的立場の違いを超え、多くの人々が丸岡さんの「生きる道を」と尽力し、各方面に働きかけたが、ダメだった。

面会に行くと、丸岡さんは、いつも車椅子で現われた。発作に備えて、ニトログリセリンを横に置いていた。話していて、激しく咳き込むことがある。「もう面会はやめましょう」と言うと、「いや、こうして話している方が僕の薬になるんです」と言っていた。

アラブでの生活も聞いた。パレスチナ人民との連帯についても聞いた。よく、そこまで決断したもんだ。たった一人で、日本人何万人分の人生を、闘ったのだ。羨《うらや》ましさすら感じる。そう言ったら、

「パレスチナ人民との闘いは正しかったと思います。ただ、現在から言えば、暴力革命路線を当時の日本の状況下でとったことは重大な間違いでした。議会制民主主義下にはあるのだから、合法的平和的革命に徹するべきでした。日本赤軍による一般市民をも『人質』にした作戦は最低、最悪でした。深く反省しています」

日本赤軍の人は皆、重い刑で服役している。重信房子さんが懲役20年、丸岡修さん、和光晴生さん、泉水博さんは無期懲役だ。丸岡さんは捕まってからもう24年も獄中にいる。国家に逆らい、服役囚を奪還した。国家の面子をつぶした。だから死ぬまで獄中に入れておく。そんな理屈だろう。残忍な国家だ。

11年3月に北朝鮮に行った時、「よど号」グループの若林盛亮さんに会ったら、「子どもの時は右翼少年でした」と言っていた。お母さんは「生長の家」だったという。僕の家も、「生長の家」だった。でも若林さんは、大学に入り、赤軍派に入った。他にもそういう人が多かったのだろう。僕らの力が足りなかった。一緒に運動できたのに、残念だ。

丸岡さんは最後の手紙の中で、「私の今の夢想」として、こう書いていた。

〈大兄と70年代前半に出会えていたら（条件としては、私が暴力革命を断念し、思想柔軟化してれば）左右のイデオロギー対立を乗り越え、日本初の民族主義・民主主義戦線としての「国民戦線（NFです）」結成。米・ソ・中の外国勢力と一線画し、対等の関係。国家は自衛（武装中立）。議会第一

党を目指す〉

凄《すご》いね。第一党を目指すという。中学生の頃に北一輝に心酔した時の情熱が甦《よみがえ》ったのか。そして天皇をも認めた社会主義を目指す。ますます北一輝だ。

〈丸岡個人の今世紀末の目標は社会主義共和国連邦です。二者択一ではなく、立憲君主共和制、「王制共和体」宣言。天皇は中途半端な「象徴」ではなく、「元首」と定める。ただしその位置は北欧の王族と同じ位置。名誉大統領とする。男女関係なく長子世襲を認める。国内的には「天皇」称号使用するが、国外には「王」称号。他民族尊重、共存共栄。日本は東洋の「王道」の砦となる〉

これには驚いた。僕だって「象徴」でいいと思っていた。「元首」は考えたこともない。僕よりもずっと右旋回だ。いや、右や左の次元を超えている。君主制と共和制を融合する。いや、アウフヘーベン（止揚）するんだ。わかりやすく言えば、両者の長所を取り入れて新たな社会を作るということか。凄い。僕なんて全く考えつかなかった。それも、丸岡さんは危篤状態の中で、一字一字、必死に書いたのだ。さらに言う。

〈連邦制、「日本連邦（Royal Federal of Japan）」 大和国、琉球国、アイヌ国の連邦だが、大和を主体とした「日本」と他二国は自治国（王政共和体のまま）〉

また、国旗、国歌についても斬新な提案をする。

〈国旗。サツマの日の丸は自衛隊旗に移し、国旗は日本の伝統意匠――桜花家紋使用（こちらの方が伝統）。

国歌。君が代は天皇賛歌で自由（非強制）。日本伝統曲の「春の海」（日本人作）、「桜」の交響楽歌。

歌詞は憲法前文趣旨で〉

「君が代」は天皇賛歌として自由に歌っていいが、国歌は「春の海」か「桜」にすべきだと言う。国旗も「桜」か。他にも天皇家、震災復興……などについて書いている。

これはまさに、『丸岡修の日本改造法案大綱』だ。もっと話をし、煮つめたかった。他の人にも書いていたら、それらをまとめて本にしてもいい。でも、こうした話は僕にしかしなかっただろう。残念だ。出てきてほしかった。この改造法案に基づいて話し合いたかった。一緒に行動したかった。

再び6月19日の「送る会」に話を戻す。足立正生さん、花園紀男さんなど昔の同志が沢山いる。「よど号」の妻たちもいる。白い布で腕を吊った人もいる。アレっと思った。連合赤軍の植垣康博さんだ。26年も獄中にいて生還した人だ。今は静岡で「バロン」というスナックを経営している。「久しぶり」と言ったら、「きのう東京で会ったじゃないですか」。「腕どうしたの？　連合赤軍の総括でやられたの？　機動隊と乱闘したの？」「それもきのう言いましたよ。酔っ払って階段から落ちたんですよ」

それで骨折だ。怖い。そうだ。前の日も会ったのだ。丸岡さんのことを考えてたら他のことは全て忘れてしまった。大河漫画「柔侠伝」で有名な漫画家のバロン吉元さんを植垣さんに紹介したのだ。70年代、爆発的な人気を博した漫画で、右も左も読んでいた。僕は「楯の会」の阿部勉氏に薦められ熱中して読んだ。植垣さんも大好きだった。それでスナックの名前を「バロン」にしたのだ。

親子三代の柔道家の物語で、戦前・戦中・戦後にわたる。反体制の柔道家だ。

第2回

右から考える脱原発デモ

『創』11年11月号

横浜での脱原発デモ（11年9月3日）

デモにはもう一生、出ない、と心に決めていた。だって、今までデモには500回以上出ている。活動家としての「ノルマ」は達成しただろう。それに、自分の意志とは関係なく、機動隊との乱闘に巻き込まれることが多い。それで逮捕されたら嫌だ。捕まって警察に勾留されるなんてもう、きつい。それに「余罪」も追及されるだろうし。

昔は、デモは荒れるものと決まっていた。それでこそ自分たちの主張を強く訴えることが出来る、と思っていた。これは左翼も右翼も同じだ。60年安保の時だって、日共系の整然としたデモは「焼《しょう》香《こう》デモ」としてバカにされた。葬式の焼香のように、黙りこくって、静かに歩くからだ。機動隊と乱闘し、逮捕者が続出する反日共系のデモこそが、闘うデモであり、真のデモだと言われた。主張の正しさはデモの激しさに表わされる。そう思っていたのだ。

60年安保闘争の雄・唐牛《かろうじ》健太郎さんや島成郎《しげお》さんには何度か会った。スケールの大きな人だった。唐牛さんは一水会の勉強会の講師でも来てくれた。

「60年安保闘争なんて壮大なゼロだ。うまい酒を飲みたかっただけだ」と言っていた。闘争はイデオロギーではなく、酒を飲むようなものだ、と言う。どの闘いをするかは、どの酒を選ぶかと同じだという。「壮大なゼロ」だと言いながら、どこか満足していた。やるだけはやったと思っていたのだ。だから、うまい酒を飲んだと言っている。激しいデモの様子も聞いた。デモの中で樺《かんば》美智子さんが殺された。虐殺抗議デモも行われた。ニュース映像や写真でしか見たことはないが、僕らの目にも焼きついている。

２０００年に島成郎さんの葬儀が青山斎場で行われた時のことだ。全学連の同志たちが次々と弔辞を読む。弔辞までがアジ演説口調だ。60年安保の時の日共のデモを批判し、自分たちの闘うデモこそが本当の闘いだったと自画自賛する。「日共の焼香デモと断固対決し、我々は……」と弔辞は続く。でも葬儀ではこの後、本物のご焼香になった。これも拒否するのかと思ったら静々と焼香していた。

僕らにも60年安保の影響はある。右翼学生だった時も、一水会を作ってからも、激しいデモを体験し、何度も捕まった。全共闘のデモでは死者が出たし、「神田をカルチェ・ラタンに！」と叫び解放区を作った彼らには感動さえ覚えた。負けられないと思った。新左翼に対する僕自身のコンプレックスがあったからか、一水会、統一戦線義勇軍などは、かなり激しいデモをやっていた。新左翼と同じようにヘルメット、覆面スタイルでデモをし、機動隊と衝突し、逮捕者を出していた。

我々は正しいから権力に弾圧されるのだ。逮捕を恐れてはならない。犠牲が大きくとも激しく主張し、激しく闘うべきだ。その激しさこそが人民の心に届き、心を揺さぶるのだ、と信じていた。今考えると独り善がりだ。自己満足だ。

そんな昔のデモの激しさや、自分の若さを懐かしく思い出すことはあるが、あれではダメだと思っている。デモに対する拒絶反応も起きる。500回以上出ているし、絶対量はクリアーした。もういいだろうとずっと思ってきた。ところが2011年の東日本大震災と原発事故だ。これは黙っていられないと思った。封印を解いて、脱原発デモに参加した。高円寺、新宿など4回参加した。「素人の乱」の主催が多いが、中には「東北は小沢一郎に任せろ！」「小沢維新」というスローガンが林立した「小沢支援デモ」もあった。何だろうと、誰が主催しようといい。脱原発なら何でもいいと思い参加した。若い人が多いし、チンドン屋を先頭に行進したりして、昔のデモとは違う。昔、新左翼だった人もポツリ、ポツリと参加している。あくまでも個人参加であり、彼らがリードする余地はない。またそんな気持ちもないだろう。僕と同じだ。脱原発の意思表示をする場があったので個人として参加し、声をあげただけだ。デモの前の集会では僕も何度か挨拶させられた。原発反対は右も左も同じだ、と言った。

右翼や保守派は皆、「原発推進」だろうと思っている人が多いが、それは違う。原発に反対、批判的な人は結構いるが、声にならなかっただけだ。声にして言うと「左翼を利する」と思っていた人もいた。でも原発事故以降は、いろんな人が声をあげている。保守派の西尾幹二さんは「今までは原発は必要だと思い、そう発言してきた。しかし、間違っていた。反省し脱原発に回る」と自己批判までした。4月に日本文化チャンネル桜の討論番組に一緒に出た時、本人から聞いた。勇気のある学者だと思った。また、明治天皇の玄孫《やしゃご》・竹田恒泰さん（慶応大学講師）は一水会の機関紙『レコンキスタ』（5月号）に、「原発には『愛』がない！ 保守のための脱原発論」を書いた。そこでは、「原発は日本にふさわしくない」「原発作業員も大御宝であり天皇陛下の赤子なのである」と言っている。また、漫画家の小林よしのりさんも脱原発を明言している。8月24日（水）、加藤紘一さん（自民党）の「だだちゃ豆を食べる会」で小林さんに会った。「原発推進派の言ってることは嘘ばっかりだ。原発はいらない」と言っていた。加藤さんと小林さんは考えが違う。「でも加藤さんの郷土を思う気持ちには打たれた」と挨拶していた。「中国問題では正反対ですが、これからの付き合いの中で洗脳してみせます」と言っていた。

西尾幹二さん、竹田恒泰さん、小林よしのりさん、この3人の力は大きい。保守・右翼の間でも「脱原発」が急速に拡がった。右翼の集会でも、「日本の国土を汚す原発は許せない」「日本の麗しい山河を守るのが我々の使命なんだから」と発言する人が多くなった。昔ならそんなことを言うと、「左翼を利する」「売国奴め！」と言われた。しかし、原発で日本の国土が汚され破壊され、住めないようにされている。これは黙っていられない。それと、利する「左翼」も今はいない。だから堂々と言えるのだ。

実は、一水会では30年以上前から脱原発の運動をやってきた。デモをやったり、街宣したり、福島県浪江町で合宿したり。86年、ソ連（当時）のチェルノブイリ原発事故が起きた直後、原子力資料情報室の故・高木仁三郎さんを呼んで勉強会もやった。僕らは真剣にやったつもりだが、右翼内部では徹底非難され、「左翼かぶれ」「国賊」と言われた。社会に対する問題提起にもならなかった。「日本の技術は世界一だから日本の原発は安心だ」と、「神話」を皆が信じきっていたのだ。

30年経って、その「神話」は崩れ、保守・右翼からも脱原発の声があがっている。これは驚きだ。

さらに驚いたことがある。針谷大輔氏（統一戦線義勇軍議長）に、「右翼の側で脱原発デモをやりますので協力して下さい」と言われた時だ。そんなこと、出来るのかと思った。

ところが、実行した。大成功だった。7月31日（日）、芝公園で集会を開き、デモに移る。「右から考える脱原発集会&デモ」だ。針谷氏だから出来た。

それに、集会やデモのやり方が実にスマートだ。「右から考える」といいながら、一般の人も多いし、左翼の人もいる。集まった人は200人ほどだ。日の丸さえなければ普通の、左翼っぽいデモと何ら変わらない。針谷氏の人脈から言えば何千人と集めるのは簡単だ。でも広く声をかけると黒い街宣車が何十台も集まるし、戦闘服を着た人が何千人も集まるだろう。それではマズイと思ったのだろう。「右から考える」だが、いわゆる右翼のデモや街宣にはしたくなかったのだ。チラシにもこう書かれている。

「各団体の幟や旗及び趣旨に相応しくないプラカードや服装・言動はお断りとさせていただきます」

これは厳格に守られた。「脱原発」「子供を守れ」「安心して子育てできる日本に」「美しき山河を守れ」と、スローガンもスッキリしている。右翼らしさはない。普通の市民運動のデモだ。ただ、先頭に日章旗がある。チラシには「右から考える脱原発集会&デモ」と書かれている。

だったら、この2点も外したらいいだろうと僕は思った。「右翼色」を全て外したら、もっと多くの一般の人が参加できるのに。でも、違った。「右翼色」は残しておいてよかった。その効果が大きかったからだ。体制側や電力会社の人たちは、「脱原発は左翼がやることだ」と安心しきっていた。その人々に衝撃を与えた。左翼も右翼もない。国民全体の怒りだ！と分からせた。

7月31日のデモは、東京・芝公園を出発し、経済産業省前、中部電力東京支社前、東京電力本社前を通り、これらの建物正面で糾弾演説とシュプレヒコールをやった。経産省の役人や電力会社の人は、さぞ驚いたことだろう。日の丸を先頭にしたデモに沿道の人たちは初めは戸惑いの表情を見せていたが、多くの人が拍手してくれた。

ただ、個人的には一抹の不安があった。昔のデモのように暴発したら困る。東電前で、「座り込もう！」「突入しよう！」と誰かが煽動し、それに呼応してデモ隊が暴走したら、待ってましたとばかりに全員逮捕だ。ところが、体験を積んでいる針谷氏は十分にそのことを考慮し、厳重に注意し対応していた。「どんなことがあってもデモの人々を守るのが僕の役目ですから」と言っていた。

数は少ないが大成功だったと思う。これに注目してTBSのCS「TBSニュースバード」が8月22日（月）に「右翼と脱原発」を放送し、針谷氏と僕が出演した。これを見た中学生アイドルの藤波心ちゃんが、「次は私も参加したい」と言って、9月3日（土）の「右から考える脱原発集会&デモ」に出てくれた。脱原発の決意を語り、「ふるさと」を熱唱してくれた。この第2弾は横浜だった。台風が来て、中止かと思われていたが、デモの時だけ奇跡的に晴れた。翌日の「東京新聞」横浜版には、写真入りで大々的に取り上げられていた。

さらに第3弾は9月18日（日）、船橋で行われた。野田佳彦総理のお膝元で脱原発を訴えたのだ。アイデアもいい。報道陣も多かったが、警察の多いのには驚いた。デモ隊の倍以上もいる。総理の地元だからだろう。このデモの様子は9月27日発売の『週刊SPA！』で取り上げられ、針谷氏と僕らの座談会も載った。小さなデモだが注目度は大きかった。次は左右共闘デモをやるかもしれない。

第3回

三島事件の呪縛

『創』11年12月号

三島事件（70年）から41年。三島由紀夫の存在は重い。右も左も、政治運動は三島を意識し、その精神を継承しようとし、あるいはその強力な磁場から脱出しようとした。２０１１年9〜10月に３人の法事があった。三島を最も意識し、運動し、亡くなった３人だ。見沢知廉、阿部勉、野村秋介の３人だ。

9月4日（日）、光厳寺で見沢知廉氏の7回忌の法要が行われた。見沢氏は新左翼の戦旗派を辞め一水会に入った。三島の評価をめぐり戦旗派に絶望したからだ。一水会では激しい活動をし、「スパイ査問事件」で逮捕され、12年間、服役。獄中で書いた小説『天皇ごっこ』が新日本文学賞で佳作に選ばれた。その後、『囚人狂時代』など次々と話題作を書く。本名も、活動家時代の名前も違う。「三島に近づきたい、三島のようになりたい」と願って自ら付けたペンネームだ。「自分も作家になり、小説が新潮文庫に入った時、三島の直前に並ぶように」と考えて見沢知廉と付けた。アイウエオ順だから、そうなる。そんな妄想をする作家志望の青年は多いだろう。しかし、それを実現させた。『天

阿部勉氏13回忌で（11年10月9日）

皇ごっこ』他4冊が、新潮文庫の棚で三島の直前に並んでいる。さらに三島賞に挑戦した。『調律の帝国』は三島賞最終審査まで残ったが、受賞は出来なかった。小説を書くため身を削り、苦しみ、体調を崩し、05年に自殺した。しかし、死後も小説は売れている。未発表原稿も発見され、作品社、アルファベータから次々と出版されている。

それだけではない。劇団再生（高木尋士代表）は毎年、見沢作品を上演している。また、大浦信行監督は、3年間、見沢知廉氏の関係者に会い、見沢の世界を追い続けてきた。そして10月、映画『天皇ごっこ　見沢知廉・たった一人の革命』を完成させた。

法要の翌日、9月5日（月）は、新宿ネイキッドロフトで、「見沢知廉7回忌トーク」が行われた。大浦信行監督の映画『天皇ごっこ　見沢知廉・たった一人の革命』の予告編が上映され、その後、監督、高木尋士氏（劇団再生）、山平重樹氏（作家）、佐川一政氏（作家）、そして僕で、語り合った。

9月9日（金）から11日（日）までは、千歳船橋の「APOCシアター」で、「見沢知廉7回忌追悼公演　天皇ごっこ～蒼白の馬上1978326～」が上演された。最終日の上演の前には、プレトーク「作品としての見沢知廉」が行われ、大浦監督、高木尋士氏、そして僕が語り合った。見沢氏は今も新刊が出、芝居・映画になり、新しい読者が増えている。見沢氏は今も闘い、三島の後を追いかけている。

10月9日（日）秋田県角館町に行ってきた。元「楯の会」一期生で、一水会創立メンバーの阿部勉氏の13回忌法要だ。全国から大勢の人が駆けつけた。元「楯の会」、日学同、全国学協の元活動家たちだ。龍厳寺で午後2時から法要。4時から場所を移して「偲ぶ会」が行われた。法要の時、ご住職さんが、「阿部勉さんは郷土の誇りです。ヒーローです」と言っていた。お兄さん（71歳）は、「弟の生き方、考え方がわからなかったが、最近やっと理解できるようになりました」と言っていた。角館では小学生の時から神童と言われた。高校では野球部で活躍し、早稲田の法学部に入る。弁護士になるか新聞記者か、政治家か、と郷土の期待も膨らんだ。

しかし、日学同、楯の会に入り、大学を卒業しても職に就かない。70年の三島事件以降は、「なぜ三島先生は連れて行ってくれなかったんだ」と三島を恨み、自暴自棄になる。その経緯は、山平重樹氏の『最後の浪人　阿部勉伝――酒抱きてけふも堕ちなん』（ジェイズ・恵文社）に詳しい。サブタイトルにあるように、酒浸りの日々が続いた。郷里の人々は、「一体どうしたんだ」と訝《いぶか》った。郷里の人だけではない。僕らもそう思った。

9月5日（月）、森達也さんの『A3』（集英社インターナショナル）が「講談社ノンフィクション賞」をとり、その受賞パーティが東京會舘で開かれた。保阪正康さん（作家）に会ったら、阿部氏の話になった。保阪さんは『三島由紀夫と楯の会事件』（角川文庫）を書いているし、阿部氏とは親しかった。この本の最後、「補章　三十一年目の『事実』」は、ほとんど阿部氏のことを書いている。よく会い、よく飲んだ。会うたびに「文筆をおやりになってはどうか。小説など書けばいいではないか」と保阪さんは言った。そのたびに、「だめですよ。机にむかうというのはできませんよ」と阿部氏は断った。

しかし謙遜だ。僕は大学の時から一緒に運動をしていたから知っている。学生の時から歴史的仮名遣《づか》い（旧仮名）で文章を書き、日本の古典を原文で読んでいた。学生を集め、吉田松陰の「士規七則」などを講義していた。習字の腕も師範級で、休みの日には、近所の子供たちや飲み屋のお姉さんたちに習字を教えていた。一水会の機関紙『レコンキスタ』に原稿を書き、他の右翼団体の雑誌にも原稿を書いていた。素晴らしい文章だった。とても敵《かな》わないと思った。

僕は右翼学生運動の内紛でパージされ、一時、郷里の仙台で本屋の店員をしていた。縁あって産経新聞社に入り、70年春に再度上京した。渋谷で偶然、阿部氏に再会し、「アパートが見つかるまで家にいたら」と言われ、そうした。六畳二間のアパートで、「楯の会」の福田俊作氏と住んでいた。そこは「楯の会」の溜《たま》り場でもあった。三島事件までの半年間、阿部氏らと共に住んだ。いつも難しい本を読んでいた。そして学生を相手に講義をする。和服を着て颯爽《さっそう》と出かける。三島にも信頼され、「憲法研究会」を任されていた。三島からの紹介なのか、阿部氏には作家、映画人、左翼の友人も多かった。羨《うらや》ましいと思った。

そんな、光り輝く阿部氏を見て、僕も感化され、少しずつ真似をしたのかもしれない。勤勉だったし、大変な才能を持っていた。書いたものも凄い。うまいし、勇壮だ。「何十年努力したって阿部氏には追いつけないな」と絶望感を持った。三島事件さえなかったら、阿部氏は凄い作家になっていた。「それはそうですね。あの才能は勿体《もったい》なかったですね。残念です」と保阪さんも言っていた。「そう考えると、三島さんは残酷ですね」とも言っていた。阿部氏に限らず、優秀な学生は大勢いた。将来を期待されていた。皆、「郷土の誇り」だった。でも、70年の三島事件で、「時」は止まった。あんなに優秀で、才能のあった人間たちが……と思うと残念でならない。勿体ない。彼らに比べたら僕など取るに足らない。アジビラを書いていただけだ。そんな僕がこうして文章を書き、本を出している。

申し訳ないと思う。まるで〈犯罪〉をおかしているのではないか、とさえ思う。自責の念に駆られる。そうだ。今年の12月、田原総一朗さんが45年前に撮ったドキュメンタリー「学生右翼」が放送される。テレビ東京だ。三島事件の3年前、早大の日学同の活動を追ったドキュメンタリーだ。貴重だ。日学同の委員長・齋藤英俊を中心に幹部の宮崎正弘、持丸博、阿部勉、伊藤好雄、そして三島と共に自決した森田必勝氏も出ている。この頃は、森田、持丸、阿部、伊藤らはまだ日学同に所属していた。また、若松孝二監督の映画「11・25自決の日――三島由紀夫と若者たち」が完成した。10月末に試写会、12年春に公開だ。全世界に再び「三島ブーム」が起きるだろう。

10月15日（土）、午前11時、伊勢原市の浄発願寺で野村秋介さんの18回忌墓前祭が行われた。野村さんがいなければ、いわゆる「新右翼」運動はなかった。野村さんは、五・一五事件の三上卓さんに出会い右翼運動に入る。河野一郎邸焼討ち事件で千葉刑務所に入っていた時、三島事件の報を聞く。その衝撃は大きく、出所後、新たな運動を模索することになる。三島を尊敬し、「三島のように生きたい。三島のように死にたい」と常々、言っていた。また、それを実行した人だ。

千葉刑務所を出て2年後、野村さんは経団連襲撃事件に参加する。大東塾関係者の森田忠明氏、元「楯の会」の伊藤好雄氏、西尾俊一氏と共に、経団連を襲撃・占拠し、「財界の営利至上主義」を糾弾したのだ。その時、三島夫人が説得に駆けつけた。「YP体制打倒青年同盟」の名でこの決起は行われた。隊長は伊藤好雄氏だ。「楯の会」の2名が中心だし、三島夫人が駆けつけたこともあって、第二の「三島事件」の側面もあった。経団連襲撃事件で野村秋介さんは6年間、府中刑務所に服役する。83年、出所後すぐに野村さんは竹中労と対談している。『新雑誌X』と『レコンキスタ』に載っている。竹中労はアナーキストだ。無頼のルポライターだ。でも思想的垣根を超えて2人は意気投合した。野村さんは「今まで生き様《ざま》は見せた。これからは死に様を見せる」「これから10年間は必死で運動をやる」と言っていた。そして、その言葉通り、10年後に自決した。竹中労と野村さんの間には固い絆、黙契があったようだ。最近、獄死した日本赤軍の丸岡修氏に聞いたことがある。「竹中は、野村さん、鈴木さんをアラブに連れて行こうと必死にやっていましたね」と。重信房子を初めとした日本赤軍のメンバーに会わせようとしたのだ。

竹中はリビアに「世界革命」の拠点を夢見ていたのかもしれない。野村さんも連れて行こうとしたがダメだった。ただ、「ピース缶爆弾」の牧田吉明氏、それに右翼の花房東洋氏、元「楯の会」の阿部勉氏をリビアに連れて行っている。

竹中労に出会って僕らの運動も大きく変わった。遠藤誠弁護士、千代丸健二さん（「人権110番」主宰）などを竹中に紹介された。それで一水会も急速に反体制・反警察の運動を始めた。その路線に魅力を感じ、新左翼だった見沢知廉氏が一水会に飛び込んできた。

一水会が反体制・反警察になる契機を作った千代丸さんだが、11年3月に亡くなった。そして、10月15日（土）に「千代丸健二さんを偲ぶ会」が青山スパイラルで行われた。野村さんの墓前祭に参列してから駆けつけた。そこで、竹中労に紹介され千代丸さんと知り合った話をした。70年以降の運動は全て、三島を意識していた。三島に呪縛されていた。今考えると竹中労は「三島超え」を目指したのかもしれない。

第4回

革命家の矜持

『創』12年1月号

高麗ホテルの展望回転レストラン。
左から若林盛亮さん、筆者、小西隆裕さん

「あのコメントはよかったですね。胸にジーンと来ましたよ。日本の新聞でも大きく取り上げられてますよ」と若林盛亮さんに言った。11月15日（火）に北朝鮮で行われたサッカー（日本vs北朝鮮戦）を、「よど号」グループの若林さんたちも観戦していた。その時、新聞記者に訊かれたコメントが、翌11月16日（水）の朝日新聞、日刊スポーツなどに載っていた。

〈外国人用席には70年に「よど号」ハイジャック事件を起こして同国に亡命中の若林容疑者の姿もあり、同容疑者は「（北）朝鮮を応援しようと思ってきたけど、試合を見ているとやはり日本を応援してしまうな」とコメントした〉（日刊スポーツ）

複雑な胸のうちが吐露されている。「日本人だから日本を応援するのは当然だろう」と言う人がいたが、そんな簡単なものではない。北朝鮮に渡ったのは皆、20代前半だ。それから42年。倍以上の年月を北朝鮮で送っている。温かく迎え入れてくれ、42年間優遇してくれた北朝鮮の政府や人民には感謝している。恩誼《おんぎ》もある。だから、若林さんは北朝鮮を応援しようと思って来た。ところが、見ているうちに日本を応援してしまう。理屈では否定しても、抑え切れない民族の血なのか。ナショナリズムなのか。そこに42年間の彼らの生活・苦悩を見るようだ。

それに、「亡命者」というのは彼らと、北朝鮮の見方だ。日本から見ると〈政府・警察であれ、新聞であれ〉「容疑者」になるのだ。これも彼らの複雑な立場を表わしている。16日の新聞を見て、僕は北朝鮮にいる若林さんに電話した。電話は、はっきりと聞こえる。サッカー観戦の話を詳しく聞いた。そして「この前は本当にお世話になりました。また近いうちに行きます。〈帰国三条件〉は、その時に詳しく話し合いましょう」と言った。

1カ月ほど前だが、10月21日(金)~10月25日(火)まで北朝鮮に行って来た。2月28日(月)~3月5日(土)にも行ったので、今年2回目の訪朝だ。今回は極力、観光はやめ、「よど号」グループの小西隆裕さん、若林盛亮さんとじっくり話し合った。

今、北朝鮮に残っている「よど号」グループは4人だ。そして奥さんが2人。日本に帰りたいという望郷の念は強い。以前は、「無罪帰国」と言っていた。強引な手段で北朝鮮に行ったが、あくまで亡命者だ。帰国するから罪は問うな、というのだ。余りに勝手な理屈だ。その次には、「合意帰国」と言った。日本政府と話し合い、帰国する。ある程度の刑は受ける……と。でも最近は変わった。帰って裁判を受ける。10年でも15年でも甘んじて刑は受ける、と。

僕は、ずっと疑問だった。80年代後半からなぜ、「無罪帰国」なんて言い出したのか。日本政府が交渉するとでも思っていたのか。日本にいる支援者が知恵をつけて、「無罪帰国」を吹き込んだのだろう。警察に弾圧され、負け続けてきた新左翼の闘いの中で、「よど号」ハイジャックは唯一「成功」

した闘争だ。弾圧・謀略をはねのけて、見事、北朝鮮に渡った。その「勝利」を誇大に宣伝し、自分たちの闘争に利用しようとする「支援者」がいる。だから、実現性のない「無罪帰国」を吹き込んだのだろう。罪な連中だ。当時の中曽根政権に、彼らは、交渉を求める手紙を出した。相手にされない。当然だ。

明治政府だったら話し合いにも応じただろう。函館の五稜郭に立てこもり最後まで抵抗し、新政府まで樹立した榎本武揚や大島圭介を明治政府は殺さずに、(短期間刑務所に入れた後)政府高官として登用した。殺すには惜しい。国のために働いてもらいたいと思ったのだ。

でも、そんな強い政府は今はない。そんな政治家もいない。北朝鮮との交渉・よど号問題はタブーだ。選挙も落ちる。そう思うから誰も言えない。そして、「経済制裁を続けろ。追いつめろ!」と言うだけだ。これでは拉致問題も、「よど号」問題も解決しない。

かつて、「よど号」グループは世界革命を言っていた。だったら、「無罪帰国」なんて言うな、日本に帰ろうなんて思うな、と僕は彼らに言ってきた。残酷かもしれないが、その方が筋が通る。日本国籍なんて捨てて、北朝鮮に帰化しろ。日朝国交が出来たら北朝鮮の外交官として帰国したらいい、と言った。

ところが彼らは日本を捨てきれない。サッカーを見ても、つい日本を応援してしまう。それに、長期間、刑務所に入ってもいいから日本に帰国したいと言う。僕は、訪朝前、何人かの国会議員やジャーナリストに会った。「裁判・刑務所を覚悟しているのなら帰国は簡単でしょう。その前に、本当に帰りたいのだという声をマスコミを通して言ってほしい」と皆、言う。「分かりました。説得します」

と言った。僕の考えた「帰国三条件」を持って、ピョンヤン会談に臨んだ。

それは「謝罪。感謝。解明」の三つだ。42年前のハイジャックについては全面的に謝罪する。乗客に迷惑をかけたと彼らは何度も言っているが、もう一度、公的に言う。また、本当なら領空を侵犯して来た「よど号」だ。撃ち落とされても文句は言えないし、収容所に入れられても仕方ない。ところが優遇してくれた。日本政府だって、「受け入れてくれ」と頼んだのだ。日本政府と共に、彼らも改めて北朝鮮政府と人民に感謝の意を表明する。そして帰国して裁判を受け、そこで「ヨーロッパの拉致疑惑」を否定する。簡単な話だ。

ところが難航した。一、二は問題ない。問題は三だ。彼らはヨーロッパに行き、日本人留学生・旅行者を拉致してきたと言われ、何人かのメンバーに逮捕状が出ている。「それは冤罪だ。愛する日本人を拉致するはずがない。これだけは撤回してほしい」と言う。撤回しない限り、帰国できないと言う。「だったら、そのことを帰国して裁判で言ったらいいでしょう。僕らも拉致なんて信じてません。全面的に支援します」と言った。でも、ダメだった。逮捕状を撤回しない限り帰国はない。日本政府に全面屈服する形での帰国はありえない、と言う。

ピョンヤン会談はまとまらなかった。10月21日、成田で買った新聞には、「カダフィ大佐殺害」と大々的に出ていた。80年代、リビアのカダフィ大佐は、新しい革命家として日本でも絶大な人気があった。左翼だけでなく右翼にも信奉者が多く、僕もカダフィの『緑の書』は読まされた。竹中もカダフィに期待し、80年代後半、何度もリビアに行っている。特に、87年4月、リビアで開かれた「マタバ／環太平洋国際革命家フォーラム」では竹中は議長を務め、基調報告をしている。カダフィと会い、会議では連帯の挨拶もしている。

実は、「よど号」の若林さんたちも、リビアに行っている。じゃ、竹中労の誘いで行ったのかと思ったが違った。83年の「全アフリカ青年フェスティバル」に参加したのだという。北朝鮮で会ったリビアの人に大会のことを聞き、「参加したい」と言ったら認められたのだ。「その時のことは、確か『週刊プレイボーイ』の83年11月頃に出てますよ」と若林さんが言う。帰って調べたら、あった。『週刊プレイボーイ』83年11月15日号だ。

〈独占！大スクープ！平壌→モスクワ→トリポリ。あの〝よど号事件〟の日本赤軍が13年ぶりに北朝鮮を出国!!　NO・3若林盛亮が本誌に寄せたリビアからの熱いメッセージ！〉

記事の内容も熱い。写真入りの6ページの特集だ。今なら「容疑者」の寄稿をこんなに熱く、大々的に報道しない。不思議なのは若林さん本人名義のパスポートが写っている。パスポートなしで北朝鮮に来たのだし、容疑者のために日本政府が作ってくれるはずはない。そう思ったら、「レセパセ」という「亡命者用のパスポート」を北朝鮮政府が作ってくれ、モスクワ経由でリビアに行った。モスクワでもリビアでも大歓迎だった。

リビアには、同じような環境の亡命者や革命家が世界中から集まっていた。若林さんたちも実感し、確信したのだろう。俺たちは容疑者ではない、亡命者だと。ソルジェニーツィンがアメリカに亡命したが、ソ連が崩壊すると、話し合って「無罪帰国」した。いや、英雄としての凱旋《がいせん》帰国だ。自分たちだってそうなるかもと思っているのかもしれない（「そんなことは思ってません」と若林さんは否定したが）。

80年代のリビアは、いわば世界革命の拠点だった。70年代は北朝鮮がそうだった。少なくとも、そんな夢を抱かせる国だった。ピョンヤンは国際都市で、世界中のゲリラ・革命家が集まっていた。そこで軍事訓練を受け、祖国に帰り、革命をやる。実際、政権を取った人々もいた。北朝鮮の大きな集会の時にその事を報告する。ニカラグア、アンゴラ、モザンビーク、ジンバブエなどだ。それらの人々とも話し合った。自分たちもそうやりたいと思った。

「よど号」グループは北朝鮮に行き、半年ほど軍事訓練を受けて、日本に戻り、革命をやる。そういう計画だった。この話を聞いた時、まるで漫画だと思った。でも、アンゴラなどの話を聞くと、決して漫画ではない。だが、北朝鮮は軍事訓練は許さなかった。他の国と違い、日本では革命の起きる要素も土壌もない。「君たちの仲間が次々と捕まっている」と新聞を見せる。決定的なのは連合赤軍事件だ。日本の革命はダメだと思った。

ところが83年、リビアに行けた。ソ連が健在だったから、東欧や社会主義国家は自由に行けた。他の国々にも「レセパセ」で行ったのだろうか。世界中の反戦集会に出て連携を強めた。オルグ活動もしたのだろう。しかし、拉致はしていない。だから、日本に帰って裁判で全てを明らかにしたらいい。

帰ってきて何人かの政治家やジャーナリストに会って話をした。11月12日（土）、「連塾・本を聴きたい」で編集者の松岡正剛さんに会って北朝鮮の話をした。松岡さんはかつて学生運動をやっていた。今は編集者だが、世界のとらえ方、見出しの付け方、ここを強調し、ここを捨てる……など、編集も革命だ。革命とは、世界を編集することだ、と思った。「よど号」も早く帰国し、この国の、この世界の編集作業に参加してほしい。

第5回

42年目の「三島超え」

『創』12年2月号

東京大学先端科学技術研究センター教授の御厨貴《みくりや》さんが2012年3月に退職する。11年12月17日(土)、最終講義が行われたので聞きに行った。東大准教授の五百籏頭薫《いおきべ》さんがゲストで感想と疑問を語り、それを受けて御厨さんの「釈明と乱取り」がある。乱取りとは自由な質疑応答、討論のことらしい。風変わりな最終講義だ。宗教学者の島田裕巳さん、東京工業大学准教授の上田紀行さんも聞きに来て、「乱取り」に参加していた

午後1時から始まり、4時半まで。その後、「御厨さんと縁の深い方々」と研究室で忘年会。僕も呼ばれた。島田さん、上田さんとは久しぶりに会った。五百籏頭さんは初対面だ。「御厨さんとはどんな関係なんですか?」と3人に聞かれた。御厨さんとは結構、会っている。初めて会ったのは何の時だっただろう。「そうだ。皇居美術館ですよ」と言った。皇居に巨大な美術館を作ろうという奇想天外な、危ないシンポジウムがあり、そこで初めて会ったのだ。07年11月だ。皇居の中に、地上1千メートルの巨大美術館を構想する彦坂尚嘉さん(美術家)、南泰裕さん(建築家)、新堀学さん(建築

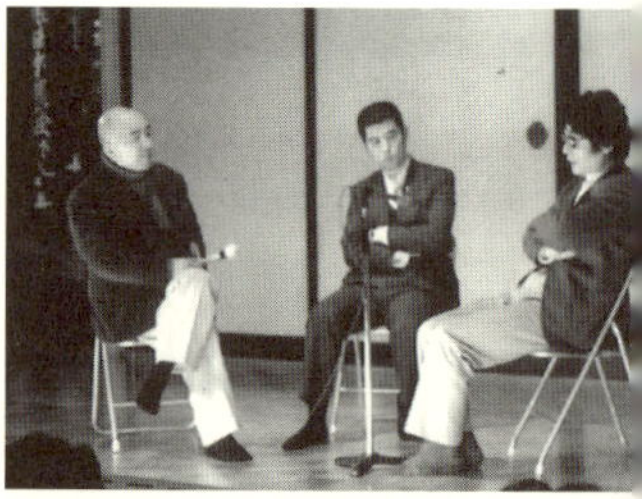

左から竹中労さん、鈴木、猪野健治さん
(1977年12月8日、木馬亭で)

家）の過激なプロジェクトが発表された。

第2部では、そのプロジェクトに乗っかって「政治学者・活動家」から話がある。御厨さんが「政治と都市」、原武史さんが「皇居をめぐる空間」、僕が「私と皇居」について話す。その後、討論。ルーブルやエルミタージュのような巨大美術館を皇居に作るという。でも住んでおられる人がいる。「京都にお帰りになられたらいいでしょう」という話になる。そうなったら、そこはもう皇居ではない。ただの江戸城跡だ。だったら1千メートルの江戸城をつくり、それを美術館にしたらいいと僕は言った。「なかなかお茶目な人ですね」と御厨さんに言われた。御厨さんだって、こんな危ないシンポジウムによく出席したもんだ。好奇心が強いのだろう。勇気があると思った。

そうだ。『新・言論の覚悟』（創出版）に詳しく書いてある。第2回「皇居美術館」と第9回「皇居とイルカ」に書いてある。島田、上田、五百籏頭の3人にはそう説明した。

2011年は、この『新・言論の覚悟』の他にもう2冊、本を出した。『愛国と憂国と売国』（集英社新書）と、『竹中労――左右を越境するアナーキスト』（河出書房新社）だ。テーマとしては関連しているし、特に『竹中労』だ。『新・言論の覚悟』の第6回に「三バカ大将の息子」を書いたが、その回の、さらに一人を拡大して書き、一冊にしたのが『竹中労』だ。

「三バカ大将」というのは竹中労、平岡正明、太田竜だ。3人の革命家だ。しかし新左翼を超え、国家を超え、イデオロギーを超えていた。60年代後半から70年代、80年代にかけて若者の心を鷲掴《わしづか》みにした。3人は「世界革命浪人」と自ら称した。3人に心酔する若者たちは畏敬と親しみの念を込めて「三バカ大将」と呼んだ。

この３人には僕はとてもお世話になった。多くのことを教わった。一水会を中心とした僕らの運動は「新右翼」と呼ばれることが多い。70年の三島事件を契機として生まれた運動だ。だから、三島の精神を継承する運動が新右翼だ、と言われる。間違いではないが、それだけではない。三島から生まれた卵が新右翼だとすれば、その卵を孵化《ふか》させたのは三バカだ。それほどの影響を与えられた。その中でも、竹中労に絞って書いてみた。

この本は「河出ブックス」の中の「人と思考の軌跡」シリーズの一冊として書いた。いわば「評伝」シリーズだ。今まで、丸川哲史の『竹内好――アジアとの出会い』、細見和之の『永山則夫――ある表現者の使命』、前田英樹の『信徒　内村鑑三』が刊行され、『竹中労――左右を越境するアナーキスト』は４冊目だ。

〈「人は、無力だから群れるのではない。あべこべに、群れるから無力なのだ。」――権力と組織に抗い孤軍で奮闘した無頼の生き様を追う体験的評伝〉

と表紙には書かれている。これは客観的評伝ではない。僕が体験した竹中労を書いたものだ。竹中労信奉者やファンから叱られるかもしれない。しかし嘘はない。これも真実の竹中労だ。巨人・竹中労の全体像はとても捉え切れなかった。しかし竹中労の肝腎な部分には迫れたと思う。特に第２章の「左右を弁別すべからざる状況」だ。

今思うと、竹中は「三島超え」を考えたのではないか。「いつまでも三島由紀夫に呪縛されていていいのか！」と我々を叱咤《しった》したのではないか。竹中の演説を初めて聞いたのは76年だ。三島事件から６年後だ。「三島に続け！」「三島の精神を継承しよう！」と叫んでも、実際には無理だ。勇ましいスローガンとは裏腹に、僕らの運動には虚脱感と無力感が漂っていた。そんな右翼青年に向けて竹中は言った。「そんなに天皇が大事ですか？　天皇で一致しなければ左翼と右翼は共に話し合えないのですか？　共に闘えないのですか？」と。

これは、「そんなに三島が大事ですか？」と聞かれたのも同じだった。だって三島は東大全共闘との討論で、「君たちが一言、天皇と言ってくれれば共闘できるのに」と言った。でも言わないから共闘はできないという拒絶宣言だった。それを逆手に取って竹中は我々に迫った。それだけ天皇は大事ですか。さらに、それだけ三島が大事ですかと。

冗談じゃない、とその時は反発した。竹中の誘いになんか乗るものかと思った。しかし、ずっと頭の中に残っていて、何度も何度も考えた。また、竹中には実に多くの人々を紹介してもらった。弁護士の遠藤誠さん、「人権110番」の千代丸健二さん、中山千夏さん、矢崎泰久さん、小沢遼子さん。また、竹中の出版記念会だと思うが、漫画家の手塚治虫さんの隣に座らされた。感動したが緊張した。僕の人脈は急に広がった。「思想ではなく人間だ」と思うようになった。天皇反対論者の中にもいい人はいるし、話し合える人はいる。今から考えたら当然のことだが、当時の僕には一大発見だった。逆に、天皇制支持で三島信奉者の「仲間」にも、酷《ひど》い人はいる。話し合えない人もいる。これも驚きだった。

「100％同じはずだ」と思うから、少しでも疑問や意見の違いは許されない。冗談も許されない。ユーモアも通じない。天皇は神であり、三島も神なのだ。三島が生きている時は、右翼に随分と批判され、攻撃された。『憂国』はエロ・グロで許せないと右翼は言っていた。『英霊の声』は天皇批判であり許せない。「英霊」ではなく、これは「怨霊」だ、と言っていた右翼も多かった。また、深沢七郎の『風流夢譚』を三島が絶賛し、それを聞いた右翼が「あんな不敬な小説を絶賛するとは何事か！」と抗議に押しかけ、地元の警察が駆けつける騒ぎになった。しばらくはどこに行くにも警察の護衛が付いた。

だが、不敬で猥褻《わいせつ》で軟弱な作家・三島由紀夫が市ヶ谷自衛隊で自決すると、状況は一変した。憂国の決起をした英雄になった。誰も、もう批判しない。三島は、いわば人間から神になったのだ。人のことは言えない。僕らだってそうだった。「楯の会」に対して、僕らは「おもちゃの兵隊」だと思い、「文士の遊び」だと思っていた。でも、三島は本気だった。僕らは間違っていたと反省した。「楯の会」の人間にしても三島があいう形で先に逝くとは皆、思わなかっただろう。皆、取り残されたと思った。「何故、連れて行ってくれなかったのか」と皆、悔み恨んでいる。42年間も、ずっと。

僕らも呪縛されていた。そんな時に、竹中に「そんなに三島は大事ですか」と問いかけられた。また、竹中を通して、大杉栄や里見岸雄を知った。いや、里見は右翼思想家だから前から読んでいたが、竹中は里見の革命性に注目しろと言う。「三島の『文化防衛論』は里見のコピーだ」と言う。そんな馬鹿な、と反発した。それから里見を勉強し直した。

竹中は距離感があるから三島のことは客観的に見ることが出来る。しかし、僕らは出来なかった。また、一水会では三島由紀夫、森田必勝を追悼する野分祭を毎年行ってきた。しかし、毎年お祭りだけをやっていていいのか。実際に行動に続くべきではないか——という声があり、僕も納得し、一時、野分祭を中止した。その直後、出所した野村秋介さんに叱られた。お祭りは大事だ。お祭りよりも行動だと言っても、三島、森田に続くような、そんな行動は出来るはずがない。思い上がりだと諭《さと》され、その後はずっと続けている。

竹中労の影響は大きい。竹中はアナーキストを自認し、『フォー・ビギナーズ・シリーズ31　大杉栄』（現代書館）の「あとがき」では、「大杉栄は、私である」と豪語している。『竹中労』を書いた僕はどうか。「竹中労は、私である」とはとても言えない。しかし、『新・言論の覚悟』を見てほしい。本の帯に田原総一朗さんがこう書いている。

「右翼というよりアナーキスト」

ありがたい。最大級の誉《ほ》め言葉だ。少しでも竹中労に近づけたのなら嬉《うれ》しい。今年は若松孝二監督の映画「11・25自決の日――三島由紀夫と若者たち」も上映される。11月25日に完成披露上映会が行われ、観た。この映画には「企画協力」で僕も少し参加している。いろんな資料も提供した。あの事件は単に三島の右翼的信条だけで起こされた事件ではない。金嬉老の立て籠《こも》り事件や、ベトナム戦争、安保闘争、そして「よど号」ハイジャック事件などの影響もあった。つまり、60年代という「政治の季節」が三島を追いつめていった。大局的な新しい見方で三島事件を描いている。三島や「楯の会」の若者たちの熱い思いが伝わってくる。三島に対峙《たいじ》し、若松監督も「三島超え」を狙ったのかもしれない。42年経って、また、三島が我々に突きつけ、問いかける。これでいいのかと考え込む。竹中労ならばまた、何と言うのだろうか。これからの重い課題だ。

第6回

連合赤軍40年

『創』12年３月号

左から植垣康博さん、渡辺文樹さん（12年1月20日）

２０１２年は「連合赤軍40年」だ。それに合わせた集会やシンポジウムが予定され、テレビ、週刊誌、月刊誌の特集も予定されている。単行本も出るようだ。１月３日（火）の深夜、「田原総一朗の遺言２０１２」（テレビ東京）で「永田洋子と連合赤軍」が放映された。事件後、拘置所の永田洋子に田原さんは面会に行き、あの事件を考えた。40年経って再放映されたのだ。その映像を見ながら植垣康博さん（元連合赤軍兵士）が解説する。

植垣さんは「査問・総括」に加わり、実際、８人の殺害に参加している。幹部ではなく、一兵士だったので懲役20年だ。裁判闘争もあり、獄中に計27年いた。23歳で捕まり、娑婆《しゃば》に出てきたのは51歳だという。過酷な人生だ。「オウム事件だったら死刑になっていたでしょうね」と植垣さんは言う。

植垣さんとはよく会っている。12月30日（金）には植垣さん経営のスナック「バロン」（静岡市）の忘年会にゲストとして呼ばれ、話してきた。１月20日には高円寺で行われた渡辺文樹監督と植垣さんの対談を聞きに行った。１月23日には植垣さん、金廣志さんと『週刊金曜日』の座談会に出た。

あの事件は森恒夫、永田洋子の「恐怖政治」で誰も物を言えなくなり、一般兵士は言われるままに仲間を査問、総括し殺した。そう思われている。しかし「やっちまえ！」「次はこいつだ！」と騒ぎ立て、異常な雰囲気を作り、追いつめたのは一般の兵士です、と植垣さんは言う。戦争中、一般の人達が、「鬼畜米英」を叫び、煽り立てた。同じ図式だと言う。

警察・検察・裁判所もマスコミも、あの事件を理解し切れなかった。だから自分で分かるレベルにまで落として〈物語〉を作り、「理解」したつもりになっていると、植垣さんは言う。幹部の命令に逆らえなかった。森・永田の異常な性格の為だ。他人を殺さないと自分が殺されるからだ……と。しかし、そんな皮相なものではない、と言う。

連赤事件の年（72年）は、僕は産経新聞の社員だった。記者ではない。販売局にいて、地方の販売店を回って集金したり店の部数を増やすように頼んだりしていた。学生時代は民族派学生運動をやり、かなり大きな運動になった。しかし、69年に内部紛争があり、僕は解任・追放された。1年間、郷里の仙台に帰り、本屋のバイトをしていた。

70年春、縁があって産経新聞に入る。この年3月、「よど号」ハイジャック事件があり、11月には三島事件がある。三島と一緒に自決した森田必勝氏は僕らが運動に誘った人間だ。「疾《やま》しさ」を感じた。それで昔の運動仲間が集まるようになり、72年に一水会を作る。連赤事件の年だ。ひどい連中だ、仲間を殺すなんて、と思った。左翼は終わったと思った。

ただ「終わった左翼」に取ってかわって我々が……という気持ちはなかった。一水会は、あくまでもサラリーマンの勉強会だった。新聞を作り、街頭でビラを撒《ま》いたりもしたが、あくまでもサークル活動だ。ところが73年に、（出勤前に）防衛庁に抗議に行き、揉《も》めて、逮捕される。それで会社をクビになる。生活にも困り、友人に紹介してもらったミニコミに、連続企業爆破事件のことを連載で書いた。それが三一書房の竹村一社長の目にとまり、本になった。『腹腹時計と〈狼〉』だ。

それが話題になり、左翼の人達とも知り合うことになる。その中でも、竹中労の影響は大きい。竹中に出会って以降のことを、実は２０１１年に書いた。『竹中労』（河出書房新社）だ。「人と思考の軌跡」シリーズの一冊だ。だが、むしろ竹中労に会ってから自分や自分たちの運動はどう変わったか。それを書いた。だからこれは「産経新聞をクビになって以来の僕の歴史です」と言っている。

この本を読んで、「著者インタビュー」をしたいと月刊『Ｗｉ Ｌ Ｌ』編集長の花田紀凱《かずよし》さんが言ってくれた。それで1月15日に会社に行って、話をした。いわゆる「新右翼」は、三島事件で生まれたというのは違う。三島事件にショックは受けたが、産経新聞を辞める気はなかった。「新右翼」が出来たのは会社をクビになって、さらに竹中労に出会ってからだ。そんな話をした。

その時、一人の社員が部屋に入ってきた。「鈴木さん、久しぶり！」と言う。「エッ？　誰？」「産経新聞の広告局で隣にいた宮城晴昭ですよ」。ビックリした。38年ぶりじゃないか。産経を定年で辞め、今ここにいると言う。僕は産経では、４年間で9カ所、部署が変わった。「幹部候補だから勉強のため全部見せるのかな」と初めは思ったが、違っていた。無能で使いものにならなかったからタライ回しにされていたようだ。販売局では開発センター、増減課、計算課、担当員助手をやり、販売局ではＳＤＭ、広告校閲課、地方整理などにいた。

「鈴木さんは仕事をサボって喫茶店で本ばかり読んでましたよ。上司に言われて僕がいつも探しに行きました」と宮城氏が言う。そうかな。自分では、バリバリ仕事をする熱血社員だと思っていたのに。「それに、よく仙台の実家に電話してました。かあちゃん、金ねぐなったから送ってけろ」と。「大学院出た社員がこれかよ」と思ったという。そんなことがあったのか。

サンケイビルの1階には流水書房が入っていて、社員は伝票にサインするだけで買える。ついつい買い過ぎて給料がなくなることもある。高い本はボーナスで買った。1階には洋服屋も入っていて、よく服を作り、ボーナスで払った。リッチな生活をしていたもんだ。

1月17日（火）、一水会フォーラムに中野剛志さん（京都大学大学院准教授）が講師で来てくれた。『TPP亡国論』が30万部売れたという。TPPの危なさについて話してくれた。略歴を見たら71年生まれだという。「じゃ、三島事件の次の年ですか？」「そうです」と言う。「三島事件なんて、つい昨日のように思ってたのに……」と言ってしまった。

あれから42年か。「それに今年は連赤事件40年で、いろんな本も出ますよ」と中野さんに言った。そしたら一水会代表の木村三浩氏に「一水会も40年ですよ！　今年の秋に記念大会をやりますから」と言われた。そうか、自分たちのことを忘れちゃいけないな。一水会機関紙の「レコンキスタ」も今年、400号を迎えるという。題字はスペインの「レコンキスタ運動」から取った。「失地回復」の意味で付けた。戦後日本の領土的・精神的な完全独立を目指す、という意味でつけたと説明しているが、民族派学生運動から追放された時の僕自身の悔しさもあるようだ。

『伝統と革新』（たちばな出版）第6号を読んでいたら、犬塚博英氏の「我が体験的維新運動史」（第6回）が目についた。〈「民族派学生運動」「新右翼」から「真右翼」への変遷〉とタイトルがついている。「尾を引く鈴木委員長解任問題」という見出しもある。民族派学生運動の全国組織でもある全国学協を作り、僕は初代委員長になった（69年5月）。ところが内紛で、1カ月後に解任。その後は郷里に帰った。と思っていたが、しばらくは東京にとどまり、「失地回復」の策謀をしていたようだ。麻布公会堂で行われた都学協（田原康邦委員長）1周年大会には殴り込みをかけている。壇上に駆け上がり、「全国学協結成大会で二千人の参加者に承認されて委員長に就任したのに、わずか十余人の中央執行委員会で委員長を解任された。この委員長解任は無効である！」と演説したらしい。なんとも、なさけない話だ。思い出したくもない。

その時、犬塚氏は「鈴木さんのいまやっていることは、左翼の連中と同じじゃないですか」と反駁《はんばく》したという。田原康邦氏や伊藤邦典氏は僕を止めようとして揉《も》み合い、僕によって壇上から突き落とされたという（伊藤氏談）。どうしようもない奴だな、と自分のことを思った。さっさと諦《あきら》めて、他のことをやったらいいのに。「小さい世界」にしがみついている。未練がましい。

三島事件に参加し、三島、森田を介錯《かいしゃく》した古賀浩靖氏も当日いたが、一切反撃せずに無抵抗を貫いたという。この時、日学同も乱入し、米良紘一郎氏は失明寸前の大怪我をした。恥ずべき内ゲバの歴史だ。もし、第三者のいない山の中などでこうした内部紛争が起きていたら、きっと連合赤軍のようになっていただろう。その意味では連赤事件は決して他人事ではない。

だが、この1年半後、三島事件が起こる。その衝撃は余りに大きかった。そして民族派学生運動の内ゲバ的状況を一掃した。こんな内輪争いをしている時でない、と思い知らされたのだ。かつて内ゲバした人間たちも一緒に会い、酒を飲み、何かやらなくては…と思った。犬塚氏、伊藤氏、田原氏…

など、かつて揉《も》めた人々も集まり、昔の運動の真似ごとを始めた。そして一水会になった。

「入るのも辞めるのも自由にしよう」「どんな時でも除名はやめよう」となった。僕を含め、かつて除名になった人間がいたからでもある。72年に連赤事件は起こり、同じ年に一水会はスタートする。

かつて重傷を負った米良氏は回復し、松浪ケンタ氏（自民党）の秘書的仕事をしている。松浪氏は空手大会に何度も出ているし、格闘家だ。僕は、空手大会で知り合い、松浪氏のパーティにはいつも出ている。米良氏とも会う。「あの頃はお互い、いがみ合い、乱闘した。いやでしたね」と反省し、慰め合っている。

大きな敵がいる時は民族派学生運動もまとまり、団結する。ところが、その大きな敵がなくなると、闘いの目は内部へ向く。全国学協と日学同の内ゲバになった。また、全国学協ではさらに内々ゲバが起き、僕は追放される。日学同もさらに激しく内々ゲバをし、除名を連発した。あのまま行ったら、もっと大きく陰惨な内ゲバ、内々ゲバになっただろう。それを阻止したのは三島事件だ。三島事件で僕らは目が醒《さ》めた。ところが左翼には三島事件に匹敵するものはなかった。

69年の5月に僕は全国学協の委員長になり6月に解任された。前年、68年から69年は熱心に全国を回り、オルグし、アジ演説していた。68年12月には、全国学協の下部組織の都学協結成大会があった。記念講演は三島由紀夫だ。ところが、日学同は民族派の全国制覇をめぐる対立から乱入した。僕は「大会は守る」と決意し、中で騒いでいる人間を引きずり出した。彼らは抵抗し、派手な殴り合いになった。大騒ぎになり、「何事か」と三島も出てきた。その時の三島の絶望的な顔が忘れられない。「こいつらは、もうダメだ」と思ったのだろう。疾《やま》しい、恥ずかしい思い出ばかりが甦《よみがえ》ってくる。

第7回

「日の丸」戦争

『創』12年4月号

石川真生さんと（12年1月26日）

「昨日のテレビ見ましたよ。よかったですね」と、一緒に稽古をしている村上さんに言われた。講道館で柔道の稽古をしている時だ。あれっ？ 昨日はテレビなんか出てないぞ。だって昼から中沢新一さん達と一緒に「グリーンアクティブ」の設立記者会見に出た。その後、打ち合わせがあり、夜は小林よしのりさんと対談した。「日の丸について、ゆっくり話し合う番組なんて、なかなかないですよ。勉強になりました。CSだから出来るんでしょうね」と言う。あっそうか、あの番組か。1月26日（木）、TBS・CSの「TBSニュースバード」に出た。その日は収録で、2月13日（月）に放映されたのだ。「ニュース番組でも地上波だと短いし、深く突っこまないでしょう。その点、CSやBS11、朝日ニュースターなどはいいですね」と言う。よく見ているし、よく勉強している。村上さんは61歳で4段だ。高校時代から柔道部で活躍していたから強い。ギターもやる。それに娘さんが以前、『創』の編集部にいた。そんな縁で、よく話をする。

「国歌について、これだけ激論している国なんて日本だけでしょうね」「そこが自由でいいんじゃないですか」と話し合った。1月中旬にTBSのプロデューサーから電話があった。日の丸にこだわって写真を撮っている人がいる。対談して下さいという。面白そうなので引き受けた。日の丸に対する各人の思い、たとえば敬意、愛情、あるいは批判、怨み……などを語ってもらう。いや、日の丸を使って表現してもらう。それを撮る。１５０人以上撮り、写真集にまとめた。その写真家・石川真生《まお》さんと対談したのだ。

「あれっ、昔、同じような写真を撮った人がいましたよ。作家の見沢知廉氏なんかも出てました。雑誌で見ましたよ」と言ったら、「それは私です」と言う。でも随分、昔だ。「20年以上前から、ずっと撮っているんです」と言う。凄い執念だ。そして写真集『日の丸を視る目』（未来社）を見せてくれた。確かに見沢知廉氏の写真もある。肩に日の丸を掛け、歩道橋の上からライフルを構えている。憂国のテロリストだ。狙うのは首相なのか。しかし、よくこんな撮影が出来たものだ。公道で。巻末には「撮影メモ」が書かれている。

〈見沢知廉（36歳）、作家。１９９６年8月20日、東京都。82年、統一戦線義勇軍に加盟。新右翼「一水会」の幹部にもなる。義勇軍に入り込んだ「スパイ」を仲間とともに「粛清（殺す）」し、12年間獄中に。小説『天皇ごっこ』で新日本文学賞を受賞した。「今の日本はアメリカの妾だ。白人や欧米にシッポを振り、アジアには札束でホッペタをぶつ豚に成り下がっている。日本が民族として独立の尊厳を取り戻す。見えない弾を撃つ必要がある」〉

撮ったのは今から16年前だ。格好いいよな、と当時、話題になった写真だ。写真集を見たら、右翼の人たちが随分と出ている。事務所に日の丸が掲げられ、皆がその前に並んでいる。街宣車で日の丸を掲げて演説をしている。義勇軍の若者が日の丸を背負ってピストルを構えているのもある。見沢氏を意識したのか。「日の丸の旗を使ってあなた自身を、日本人を、日本の国を表現してください」と写真集の帯には書かれている。

どう表現するかは各人に任す。考えつくまで何時間でも待つ。石川さんの方からヒントは与えない。注文もしない。16年前、見沢氏や多くの右翼の人に、この撮影依頼が来て、次々と発表された。それは知っていた。僕にも来るかもしれないな、と不安と期待を持っていた。しかし、声は掛からなかった。そのことを言ったら、「有名人には声を掛けなかったんです」。エッ、有名じゃないのに。「もし、その時、依頼があったら、どうしましたか」と司会のアナウンサーに聞かれた。ウーン、迷うな。日の丸を押し立てて何かやる度胸はない。ましてや、日の丸を肩に掛けてのテロなんて……。日の丸が血で汚れる。僕だったら、胸の中に、小さな日の丸がある。それを表現するために、背広を開いて、内ポケットの小さな日の丸を見せる。

「それじゃ写真として面白くないですよ。第一、見えないです」と即座に石川さんに言われた。そうか、ダメか。写真集には日の丸に批判的・反対の人も多数登場している。日の丸を蹴とばしている人、踏んづけている人（ここまでやるか、と思ったが）。また、日の丸を洗濯し、「でも赤は落ちない」と嘆く人。日の丸を引き裂こうとしている人もいる。

もし、こうした写真ばっかりだったら、攻撃・批判の嵐だったろう。「国旗を侮辱している！」「許せない！」と右翼が押しかける。でも（それを見越してか）、この本には右翼の人たちも大勢出ている。これじゃ、「本を回収しろ」なんて言えない。石川さんの作戦勝ちだ。

石川さんは沖縄生まれだ。日の丸を振って本土復帰運動をやった。しかし、復帰後は、日の丸は批判され、攻撃されている。沖縄国体では日の丸が引きずり降ろされ燃やされる事件もあった。だからこそ、沖縄の人や本土の人たちに聞いてみたいと思ったのだ。

沖縄では国体会場で日の丸が引きずり降ろされ、燃やされる事件があった、と書いた。この事件の衝撃が大きかったのだ、石川さんにも。だから、それ以来、「日の丸とは何か」をいろんな人々に聞き、表現してもらった。勿論、撮影した人と対話もしている。厖大《ぼうだい》な時間だ。それも対談集にまとめて出したらいいのに、と僕は思った。しかし、「全ては写真で勝負する」と言う。写真家としてのプライドだ。ただ、本の巻末には撮影した時のキャプションが書かれている。

この写真集を見て驚いたが、トップは知花昌一さんになっている。国体で日の丸を引きずり降ろし、燃やした本人だ。それにしても、よく出てくれたもんだ。さらに、もっと驚いたのは、日の丸を広げて、持っている。それも、大事そうに持っている。日の丸は焼き捨てるんじゃないのか。不思議に思って、「キャプション」を読んでみた。さらに驚いた。

〈知花昌一（45歳）、スーパー経営、1993年2月3日、沖縄県読谷村。87年の沖縄県海邦国体で、会場に掲げられた日の丸を引きずり降ろし焼き捨て逮捕された。敗戦で日本から切り離され沖縄が米軍統治下にあった60年代、教職員組合が『日の丸購入運動』を推進し、日本人としての誇りをもたせようと学校で生徒に売っていた。ずっとしまっていたその日の丸が家の中から出てきた。「この旗は米軍独裁から逃れるための旗だった。焼こうとは思わない」〉

エッ？　一体どういうことだ。ここには僕の全く知らなかった「日の丸の歴史」があった。「ＴＢ

Sニュースバード」の本番中も、このことを執拗に聞いた。かつて日の丸は米軍統治への「抵抗のシンボル」だった。だから、沖縄の本土復帰運動は日の丸の下に行われた。右も左もなかった。僕は大学時代、復帰運動のために2度、沖縄に行った。米軍統治下で、まだ「外国」だから、パスポートが必要だった。ドルが使われていたし、車は右側通行だ。

ところが本土復帰が実現したら、日の丸は変わった。「抑圧のシンボル」になった。だから知花さんは、「抵抗のシンボル」の日の丸は今でも大事にしているが、「抑圧のシンボル」の日の丸は焼き捨てた。でも、正確に言えば、日の丸が変わったわけではない。政治が変わったのだ。また、教職員組合の考え方が変わったのだ。日の丸に罪はないのに。

87年10月の沖縄海邦国体だから、もう25年前だ。この時は大変な騒ぎだった。全国の右翼が沖縄に押し寄せた。「日の丸の冒涜《ぼうとく》を許すな！」「知花昌一を許すな！」と。抗議は更に大きくなり、翌88年3月1日には、「日の丸焼却事件糾弾集会」になり、全国から600人の右翼が集結した。黒い街宣車が100台以上、沖縄に上陸した。この1カ月後の4月17日には、東京「水道橋会館」で「第十一回沖縄民権祭」が開かれ、これに知花昌一が出席するとのことで都内の右翼が抗議のために集結した。特に統一戦線義勇軍、一水会の若者たちは最も果敢に闘い、入口を防衛する中核派と激突、乱闘になった。流血の肉弾戦になり、双方に負傷者が続出した。これだけは絶対に許せないと思っていたのだ。

日の丸焼却事件は87年10月の沖縄海邦国体の開催中だったが、この年はもう一つ大きな事件があった。この5カ月前の5月3日だ。赤報隊事件だ。朝日新聞阪神支局が目出し帽の男に襲撃され、記者一人が射殺され、一人が重傷を負った。犯行声明文の内容が「新右翼に似ている」ということだけで僕らは犯人扱いされ、別件逮捕、ガサ入れが繰り返された。徹底的に警察には弾圧されながら、日の丸侮辱の知花は許せない、やってしまえと追いかけた。厳しい闘いだった。僕らにとって知花昌一は不倶戴天《ふぐたいてん》の敵だった。

この後も、一水会は警察の弾圧が続き、壊滅の危機が続いた。そして10年ほどが経ち、知花昌一さんと会う機会があった。河合塾の討論会だ。昔と違い一人で来ている。いきなり殴りかかるわけにもいかない。意見の違いは違いとしながらも、話し合いはできた。敵ながら天晴《あっぱ》れと認め合うものもあった。動機は反米の民族主義的なものだったのかもしれない。それから何回か公開討論会で会い、闘った。しかし、「抵抗の日の丸」を大切にしているとは思わなかった。

今回、写真集『日の丸を視る目』を見て、初めて知った。25年前に言ってくれたら、もっと生産的な討論が出来たのに。残念だし、悔しい。知花さんとはまた、ゆっくり話してみたい。大事にしている「抵抗の日の丸」も見せてもらいたい。それにしても可哀想なのは日の丸だ。人間の愚かな愛や期待や怨みのシンボルとして大切にされたり、踏みつけられたり、燃やされたりした。

日の丸は元々は「賊軍の旗」だった。徳川幕府が日本の旗として定めた。だから戊辰《ぼしん》戦争では、薩長側は錦の御旗で、幕府軍が日の丸だ。当時の絵巻物にもはっきりと描かれている。「あの日の丸を目印にして大砲を撃て！」と薩長軍は命令した。しかし薩長が天下を取ると、「賊軍の旗」だった日の丸を日本の旗にした。こんなことは歴史上、他にはない。アナーキーな旗なんだ。自由な旗なんだ。戊辰戦争の歴史を沖縄では縮小して再現したのかもしれない。テレビでは石川真生さんと、そんなアナーキーな話をした。

第8回

左でも右でもなく、前へ進む

『創』12年5・6月号

「右から考える脱原発デモ」（12年2月5日、大阪）

「デモしかないのか！」「他にやることはないのか」「こんなメンバーじゃダメだ」「お前らはオワコンだ！」……と、厳しい書き込みが「ニコ生」の画面に流れた。愉快ではないが、これが現実だろう。活動家、運動家といわれる人たちに対し、一般の人たちが持っている印象だ。「お前らは、いかがわしい！」という書き込みもある。正直な声だろう。

3月6日（火）、ロフトプラスワンだ。「東日本大震災から一年、放射能汚染が広がる日本。私たちは何をしてきたのか。どう生きてゆくのか」がテーマだった。「オワコンって何ですか？　ネオコンのことですか」と隣のノイエホイエさんに聞いた。「終わったコンテンツですよ。お前らは終わった人間だ。引っ込め！ということですよ」と教えてくれた。そう思われているのか、僕らは。でも、この日は若い世代もいたのに……。

司会は平野悠さん（ロフト席亭）、パネラーは、桃井和馬さん（写真家・ジャーナリスト）、岩本太郎さん（フリーライター）、三上治さん（評論家）、松沢呉一さん（ライター）、松本哉《はじめ》さん（「素人の乱」店主)、ノイエホイエ(菅野完。著述業)さん、そして僕だ。3・11以降、皆、ボランティアで東北に行ったり、デモに出たりしている。三上治さんたちは経済産業省前のテント村に泊まり込んで抗議をしている。また、今までのデモと違い「右から考える脱原発集会&デモ」も登場し、話題を呼んでいる。針谷大輔さんが主宰し、ノイエさんや松沢さん、僕などは毎回、参加している。

皆、各々の現場で闘っている。しかし、脱原発、東北復興にはまだまだ遠い。無力感も感じる。三上治さんは、長い間、新左翼運動をやってきた。ブント系のある党派の代表だった。学生運動が激しかった60年代や70年代ならば、連日、デモが日本中で行われ、全国の大学でストライキが行われ、労働者のストも呼応し、日本列島は大変なことになり、原発なんかすぐに止められただろう。「あの頃ならそうでしょうね」と三上さんは言う。

3月11日(日)の夜は、今度は阿佐ヶ谷ロフトAで「3・11 東日本大震災から一年」が行われた。司会は奥野テツオさん(店長)、パネラーは、村田らむさん(漫画家)、岡崎雅史さん(編集者)、原田あきらさん(杉並区議会議員。共産党)、藤倉善郎さん(「やや日刊カルト新聞」主筆)、そして僕だ。原発反対のデモだけでなく、原発賛成のデモも行われている。在特会や「幸福の科学」などだ。その映像も流される。一方、2月19日(日)には、左右を超えた「脱原発・杉並デモ」が行われ、話題になった。3・11以降、何百というデモが全国で行われたが、これは最も画期的なデモだろう。

阿佐ヶ谷ロフトAにこの日、出席した原田あきらさんは、その「脱原発・杉並デモ」の仕掛け人の一人だ。「共産党から右翼まで、よく集まりましたね。実行委員も大変だったでしょう」と原田さんに聞いた。デモの発起人には共産党、社民党、新社会党、素人の乱が名を連ね、さらに保守派の重鎮・西尾幹二さんがいる。また、僕もいる。当日、西尾さんは体調が悪くて来られなかったが、共産党と一緒に発起人になるだけでも大変だ。勇気がある。

それに、組織を離れ個人として来ているのではない。2月19日のデモ当日は、「日本共産党」の幟《のぼり》が林立し、会場を埋めつくしていた。社民党、新社会党、そして労組の幟も多い。昔だったら、共産党本部が許可しなかっただろう。保守反動の親玉や右翼と一緒に発起人に名を連ね、一緒にデモをやるなんて……。共産党も変わったのか。昔は共闘するにしても、「進歩的」「民主的」団体とだけ共闘した。今回は違う。西尾さん、僕らは明らかに反「進歩的」、反「民主的」勢力だ。

共闘といえば、もう一つ驚いたことがある。このデモには、「反日共系」の新左翼の人々も来ていた。そんな人たちを共産党は「トロツキスト」「破壊分子」と言い、絶対に認めなかった。元・ブントの三上治さん、元「反戦自衛官」の小西誠さんたちだ。昔ならば絶対にありえない光景だ。デモの前の集会では、世田谷区長の保坂展人《のぶと》さんが挨拶し、二番手は僕だった。「原発をやめさせるのに右翼も左翼もありません」と言ったら、「そうだ！　皆、仲よくだ！」と声が飛んだ。「仲翼」なんだろう。初めはミュージシャンの喜納《きな》昌吉さんが言い出したのだが、結構使われるようになった。

西尾幹二さんは車椅子でも来たいと言っていたそうだが、来られなかった。それにしても勇気があると思った。小林よしのりさんや竹田恒泰さんも脱原発を言い、それで保守・右翼の原発に対する考えが大きく変わった。西尾さんはお二人と違い、以前は原発推進派だった。原発は安全だし絶対に必要だと話し、書いてきた。ところが原発事故で、自分の考えは間違っていたと知った。自分のやってきたことを反省、謝罪し、これからは脱原発に回る、と言った。

２０１１年４月、テレビ（日本文化チャンネル桜）の討論会に出て、そう明言した。僕も出ていた。「歴史的現場」に立ち会ったのだ。感動した。普通、学者ならば、いろいろ理屈をつけて、ごまかす。あるいは黙っている。それなのに已れの過ちを認めて謝罪したのだ。潔い。

杉並デモの時も、ロフトのイベントでも西尾さんの話はよく出た。「保守派や右翼の方が正直だ。潔い」と言う人が多かった。保守・右翼が皆、正直なわけではないが、西尾さんや、あるいは「右から考える脱原発デモ」は評判がいい。「右から」と明言し、日の丸を先頭に掲げたデモなのに、何故か、左翼の人も多い。「共産党に入ってます」という人もいて驚いた。「マズイんじゃないの、右からデモに出ちゃ」と、こっちが心配になった。また、そんなことがあると昔ならば、「スパイだ」「査問だ」という危ない話になっただろう。時代は変わった、と思った。

それに、ネットやツイッターを見て来たという人も随分いる。僕らが右派学生運動をやっている頃には、こんなことはなかった。３・11以降、大きく変わったと思う。全く普通の人がツイッターで呟《つぶや》くだけで千人以上も集まるという現象も起きた。「ツイッター・デモ」なんて僕らの想像を超える。「右から」デモは集まる人は決して多くはない。１００人とか２００人だ。マスコミには無視される数だ。ところが、ＴＢＳや東京新聞、朝日新聞などでも大きく取り上げられた。脱原発デモは決して左翼だけがやっているのではない。右翼もやっている。全国民が反対している、と言えるからだ。

また、３・11以降の運動として、「グリーンアクティブ」の設立も画期的なものだと思う。２月13日（月）、設立記者会見が行われた。中沢新一さんを代表に、宮台真司さん、いとうせいこうさん、マエキタミヤコさんの４人が発起人だ。賛同人は内田樹さん、加藤登紀子さん、小林武史さん、鈴木幸一さん、鈴木耕さん、津田大介さん、松田美由紀さん、そして僕だ。中沢さんから電話があって即、賛同人を引き受けた。僕なんかが入っちゃ迷惑じゃないですかと聞いたら、「幅が広がっていい」と言ってくれた。記者会見で中沢さんはこう言った。

「『党』というよりも、ゆるやかなネットワーク。緑の意識を共通項に民衆からの改革を起こす」

「自然や環境、地域に根ざした暮らしを大事にする姿勢を『緑』で表現した。3・11の後、社会を変えていく力にしていきたい」

当面、脱原発、TPP反対などの政策に共鳴する人々と、ゆるやかな連帯を目指すという。僕も全面的に賛成だ。また、「経済部」「政治部」などを作り、多面的に働きかけてゆく、という。僕は中沢さんとは15年ほど前からの知り合いだ。康芳夫さんに紹介され、島田雅彦さんも含め、よく会っていた。勉強会にも来てもらった。

中沢さんも、3・11以降、我々に何が出来るのかと悩み、考え続けたのだと思う。「デモだけやっていていいのか」ということも考えたのだろう。では何が出来るのか。「自分たちはデモをやる。あとは政治家にまかせる」だけでいいのか。僕らが学生の頃は、右も左も、政治家に頼る人間はいなかった。政党、政治家を軽蔑していた。共産党、社会党の学生組織に入っている人間、さらに自民党の学生部も軽蔑されていた。大学出て政治家になりたいなんて不純だ、と思われていた。俺たちはデモをやり、ストをやり、俺達の力で世の中を変えるんだ、と思っていた。そのことを思い出した。

中沢さんに言ったら、同じ思いだと言っていた。グリーンアクティブの第一回会議が3月7日(水)、明治大学の中沢さんの研究室で行われた。明治大学で、中沢さんは「野性の科学研究所」を持っている。一体、何だろうと思った。ライオンや虎や過激派の生態を研究するのだろうか。絶滅寸前の過激派や新左翼を捕獲し、研究するのだろうか。

「違いますよ。人間の中の野性を取り戻す研究です」と言う。「日本人は皆、飼いならされている。今や家畜です。これではダメなんです。野性に目覚めてもらわなくては」

凄い話だ。それが学問なのか。だとしたら、かなり危険な学問だ。研究室には、大杉栄、バクーニン、クロポトキンなどの本が沢山あった。この人はアナーキストなのか。竹中労も好きだというので僕の『竹中労』（河出書房新社）を送りますと言った。

「赤（共産主義）の時代は終わりました。これからは緑です」と言う。環境、自然、脱原発だ。でも、黒（アナキズム）も大事だと言う。赤と緑を混ぜると黒になるからか。赤と緑は近い。赤の人が、緑の運動をやっているケースも多い、赤緑色盲のようだ。でも、ヨーロッパの「緑の党」のようなものは作らないと言う。これは賛成だ。あくまで、ネットワークでいい。デレク・ウォール著、白井和宏訳の『緑の政治ガイドブック』（ちくま新書）は中沢さんの運動にも影響を与えている。この本の巻末では中沢さんと鎌仲ひとみさんが対談している。タイトルは、「右でも左でもなく前に進む運動を」だ。中沢さんが考えたようだ。「これだ！」と僕は思った。それで「グリーンアクティブ」への参加を決意した。長い間、僕らは右だ、左だといって喧嘩してきた。力づくで相手を倒し、自分たちが勝つことだけを考えてきた。しかし、それは現状にとどまって横に揺れ動いているだけだった。それによって後退していただけだった。左右ではない。大事なのは、前へ進むことだ。こんな当たり前のことが何故、分からなかったんだろう、と思った。

第9回

革命歌・国歌・君が代

『創』12年7月号

左から田中哲朗さん、鈴木、金子遊監督

4月9日（月）から17日（火）まで北朝鮮に行ってきた。四度目の訪朝だ。9日は北京泊。10日にピョンヤンに行き、7泊だ。全体で9日間だ。ちょっと長いと、思っていたが、9日間という長さを全く感じなかった。今までとは全く違う北朝鮮を見た。歴史の転換期にいる北朝鮮を見た。歴史的現場に立ち会った。金正恩第一書記を見た。それも30メートルの近さで、三度も。また、軍事パレードを見た。金日成主席、金正日総書記の銅像の除幕式に出た。世界一の花火大会も見た。軍事境界線のある板門店にも行った。「よど号」グループの全員にも会った。

4月15日は金日成主席の生誕１００周年記念日で、世界中から多くの人達がお祝いに駆けつけた。訪朝希望者が多いので厳選し、この期間中、日本からは（全体として）60人だけが入国できた。この期間に行けなかった人々は4月末、5月上旬に多勢が行っていた。

本来ならば僕など入れないが、池口恵観さんのグループで特別に入れてもらった。恵観さんは北朝鮮とは太いパイプがあり、向こうでは親善勲章第一級をもらっていた。また、「チュチェ（主体）思想世界大会」に出て、「真言密教とチュチェ思想」と題する講演をした。このチュチェ思想大会だけでなく、およそ1週間、慶祝行事がある。世界大会、交流会、音楽会、マラソン大会……と。アジアはもちろん、南米、アフリカ、そしてヨーロッパからも多くの人々が来ていた。

大会場で、数万人の人々と「インターナショナル」を歌った時は、不覚にも涙が出た。「俺は左翼になったのかな」と思った。でも洗脳されたわけではない。それほど純粋ではない。きっと早稲田大学で、右翼暴力学生として暴れ、全共闘と殴り合いをしていた日々を思い出し、涙が出たのだろう。

思い出の学生時代は、いつも革命歌が背景に流れていた。「インターナショナル」「ワルシャワ労働歌」「国際学連の歌」…と。左翼には何ていい歌ばかりがあるのだろう、と思った。魂を揺さぶり、行動に駆り立てる歌だ。その点、右翼はダメだな。軍歌しかない。負けた戦争の歌なんか歌ってても仕方ない。左翼の革命歌が羨《うらや》ましかった。歌声喫茶に行っても、革命歌やロシア民謡ばかりを歌っていた。40年間の右翼運動の中でも、自分の心の中には革命歌があったようだ。

右翼の集まりでは、よく軍歌を歌う。街宣車でも大音量で流す。集まり、特に飲み会になると皆、軍歌を歌う。そういう雰囲気は僕は大嫌いだった。一水会代表だったときは、軍歌は一切禁止にした。軍歌は、戦争で命を賭けて闘った軍人が歌った。何ら闘わないで酒を飲みながら歌うなんて、失礼な話だ。死んだ軍人たちに申し訳ない。そう思っていた。

革命歌といえば、フランスの国歌も革命歌だ。ロシア、中国、キューバをはじめ、革命で国家を作った国の国歌は革命歌だ。近代国家は革命や独立戦争で国家を作ったところが多い。だから国歌は革命歌か軍歌だ。闘いの歌だ。勇壮で、人々の魂に響き、立ち上がらせる。日本の「君が代」のように平和的な歌は珍しい。今は闘いの時代だが、きっと闘いも終わり、平和な時代が来る。その平和な時代を先取りした歌だろう。だから、格闘技の試合の前に歌ったりするのは相応《ふさわ》しくない。大相撲の千秋楽に、「みんな頑張ったね。お疲れさま」という感じで歌うのがピッタリしている。

そして、オリンピックだ。闘いが終わった後に、国歌が流され、国旗があがる。そんな闘いの終わった場にこそふさわしい。外国と並ぶことで、あっ日本人だと（謙虚に）自覚する。それでいい。日常生活においては、日の丸も「君が代」も胸の中に大事にしまっていたらいい。学校や会社や日本人の集まりで、わざわざ露出することはない。ましてや学校で強制するなんて、とんでもない。

今、北朝鮮で最も歌われているのは、「金正恩将軍を命懸けで死守せん」だ。軽快だが力強くて、いい歌だ。本屋などを探してCDを見つけて買ってきた。「命を賭して守る」主体は我々人民だ。我々が主人公で、我々が守るのだ。昔ならば、指導者についていく、讃える…といった歌が多かったのに。

北朝鮮では歌が多かった。いろんな行事の時に革命歌が流れている。軍事パレードの時も、花火大会の時も。巨大な噴水とレーザーと、そして音楽と。それらと絶妙にマッチして20万発の花火が上がる。川の向こうのチュチェ塔を花火が駆け登り、屋上から四方に、鋭い花火が飛ぶ。まるでミサイルのようだ。全てはコンピューターで制御された花火だ。これだけの技術を持っているんだ。全世界に公開したらいい。ピョンヤンで世界花火大会もやったらいい。それこそ「平和の祭典」になるだろう。

革命歌で思い出したが、03年5月にフランスのニースに行った。フランス国民戦線の30周年大会に招待され、木村三浩氏（一水会代表）と行ったのだ。日本からは2人だけだ。国民戦線は先頃の大統領選挙でも注目され、大躍進を遂げた。今は娘さんが党首だが、僕等が行った時は父親のル・ペンさんが党首だった。

忙しいル・ペンさんだが、我々と特別に2時間会ってくれた。三島由紀夫の話やアメリカとの関係について熱心に語ってくれた。党大会は華やかで、世界中の人が来て挨拶していた。「極右」といわれるが、愛国的な国会議員と欧州議員の集まりだった。外国の来賓も国会議員が多い。「日本から来ました」と言ったら、参加者から「じゃ国会に何議席あるんですか?」と聞かれた。日本の右翼とは全く違う。ネオナチ的な若者はいない。そんな人たちからはむしろ妨害されているという。

ロシアの「極右」政党といわれる自由民主党のジリノフスキーさんも来ていた。30分挨拶したが、全部フランス語だ。他に4カ国語を話せるという。部屋に招かれて話したが、インテリだし、優秀な政治家だ。北方領土のことも突っ込んで話をした。それなのに、日本では「極右」と言われて切り捨てられる。新聞で読んで、「極右じゃダメだ」と日本の人々は思う。「右」という言葉で全てを消す。

ル・ペンさんが演説していた時だ。舞台を歩き回りながら熱弁をふるう。フランスの現状を憂い、フランスのよき伝統を取り戻そうという。そして突然、「ラ・マルセイエーズ」を歌い出す。国歌だ。そして革命歌だ。その瞬間、皆が起立し、一緒に歌う。これには驚いたし、感動した。目頭が熱くなった。革命歌を聞くと涙が出るようだ。

日本じゃこんなことはないな、と思った。政治家が国会で演説し、感極まって突然「君が代」を歌う、なんてことはない。おかしくなったのかと思われる。また、そんなふうには歌えない。必ず、「儀式」の中でしか歌われない。「儀式」だから必ず「全員」で歌えと、「強制」される。また、どれだけ強制したかの「手柄」競争になる。それが愛国者の証明になると思っている。

5月7日（月）、雑誌の対談で、根津公子さんと会った。根津さんは元中学校教諭だ。「君が代」起立を拒否し、10回以上も処分された人だ。中には停職6カ月という重い処分もある。「君が代」を歌わないだけで、この処分はないだろうと思う。でも、「君が代」が嫌いなら歌わなくてもいい職場はいくらでもある。予備校でも民間企業でも。「しかし、それでは逃げだ」と言う。「子どもに本当のことを教えたい。嘘を教えたくない」と思い、長い間、闘ってきた。不屈の人だ。偉いと思った。僕は、「君が代」は平和な時代を先取りした歌だと思うし、いいと思う。ところが教育現場では、憎しみの目で「違反者」を見つけ、厳罰に処している。

「君が代」が流れると、副校長たち数人が、バタバタと駆け回り、「立たない人間はいないか」「立っても口を開かない人間はいないか」「口を開いても本当に声を出しているか」をチェックして回る。酷《ひど》い話だ。チェックしている人間は歌わない。そこまでして無理に歌わせたいのか。

違反者は処分され、後で「服務事故再発防止」の名目で皆の前で尋問される。「なぜ、統一を乱すのか」「愛国心はないのか」と。日本人ならこの国を愛し、「君が代」を歌うのは当然だ。それなのに…と追及される。根津さんの話を聞いて、「これでは連合赤軍の総括ですね」と言った。革命は正しい。立派な革命家になるべきだ。それなのに…と、小さなことで追及する。追及の仕方も実に執拗だ。植垣康博さんに、連赤リーダーの森恒夫のことを聞いたことがある。「人の欠点を見つける天才でした」と言う。文科省や教育委員会、学校の校長なども同じだ。日本人としての愛も信頼も寛容さもなく、小さな相違点だけを指摘し合い、排除する。政治、経済、マスコミの世界でもそうだ。これでは、ますます「連合赤軍化する現代日本」だ。

5月16日（水）、渋谷アップリンクに行く。午後7時から、映画「田中さんはラジオ体操をしない」（マリー・デロフスキー監督）と「ベオグラード1999」（金子遊監督）の上映。終わって10時40分から主演の田中哲朗さんと、「ベオグラード1999」の金子遊監督、そして僕の3人でトーク。「ベオグラード1999」は一水会がかつて激しい闘いをしていた頃の貴重な記録で、金子監督とは何度も話している。「田中さんは……」は、田中さんと沖電気の30年間の闘いだ。沖電気では始業前に全社員にラジオ体操をやらせていた。田中さんはそれを拒否。会社は田中さんに転勤命令を出す。それも拒否するとクビにされた。それから30年、田中さんは毎日、沖電気の門前で抗議をする。孤独な闘いだ。そして株主総会に乗り込み、訴える。

その闘いをオーストラリアの監督が密着し、撮影する。凄《すご》い執念だ。凄い闘志だ。その秘密を探ろうと、トークの時、田中さんに必死に聞いた。この日は反「君が代」の根津公子さんも聞きに来ていた。この二人には頭が下がる。

僕なんか意志が弱いから、とてもこんな事は出来ない。カーッとなって瞬間的に突入したりは出来ても、30年も孤独な闘いを続けるなんて、とても出来ない。沖電気の話を聞いて、三島由紀夫の『絹と明察』を思い出した。社員を我が子のように思い、慈《いつく》しむ社長。大家族主義の押しつけだ。その押しつけに対し、田中さんは抵抗した。「いや慈しみではない。ラジオ体操を会社への忠誠心を試す踏み絵にしたのだ」と田中さんは言う。ラジオ体操など、どうでもいいだろう。そんなことで大事な社員をクビにするなんて酷い話だ。こんな馬鹿な話は日本にしかない。だから、オーストラリアの監督が撮る気になったのかもしれない。きわめて日本的な事件だと思って……。

第10回

死刑について話し合った

『創』12年8月号

左から池口恵観さん、鈴木、南野知恵子元法相（12年4月14日、ピョンヤンで）

ラジオにはテレビとは違った魅力と効果がある。ラジオを聞きながら運転する、仕事する、勉強する、という人は多い。それにテレビは映像が出るが、ラジオはそれがない。自分で想像し、頭の中で像を描く。小学生の頃、大相撲をラジオで聞いて興奮していた。自分の頭の中で土俵を作り、熱戦を再現していたのだ。頭脳のいい訓練になったと思う。

数年前、日本赤軍の和光晴生さんの面会に行った。小菅の東京拘置所だ。時々、ラジオが聞けるという。「サッカーの試合が楽しみです」という。驚いた。ラジオで聞いて分かるんだろうか。「それが、面白いんですよ」と言う。アナウンサーも大変だろうな、と思う。二人で闘う大相撲だって大変なのに、集団戦のサッカーじゃ、どう伝えるのか。聞く方だって、どう想像し、思い描くのか。最も高度な頭脳的遊びかもしれない。

ラジオは頭をフル回転させる。テレビでは、考える余裕もなく、「はい、これですよ」と「結果」を見せる。感動することもあるが、「えっ、こんなものか」と思うこともある。そうか、テレビは

「結果」を見せるが、ラジオは「考える過程」「考える時間」を与えてくれるのかもしれない。

1年8カ月前から、毎週水曜日、文化放送に出て、コメンテーターをやっている。だから、そんなことを考えたのかもしれない。午後3時40分から、「夕やけ寺ちゃん活動中」に出て、政治ネタや社会、芸能ネタについて寺島尚正アナ、貞包《さだかね》みゆきアナと話し合っている。ハードな話題も多い。僕の時だけ特にそういうテーマが多いのかもしれない。

三島事件、連合赤軍事件、よど号ハイジャック事件、北朝鮮問題、憲法改正問題、日の丸・君が代問題、死刑問題……などだ。タブーはない。そして時々、ビッグなゲストを迎えてくれる。鈴木宗男さん、東国原英夫さん、中沢新一さんなどだ。それに、『父・金正日と私　金正男独占告白』（文藝春秋）を書いた五味洋治さん、『検事失格』（毎日新聞社）を書いた市川寛さん、『転落の記』（飛鳥新社）を書いた本間龍さんなどだ。歌手の小林旭さんなども来てくれた。

ゲストは一人だから、じっくりと話を聞くことができる。これはラジオのいい点だ。10人以上の激論はテレビではできても、ラジオではできない。顔が見えないから、誰の声かわからなくなる。でも、それがいい。2人か3人でじっくり話せるし、「結論」を急がず、「経過」を考え、伝えることができる。テレビだと、そういう寛容なことは許されない。いきなり試合場に投げ込まれ、「さあ闘え！」となる。相違点を探し、それを大きく取り上げて激論する。たとえ相手がいい事を言っても頷《うなず》いてはいけない。そんな気分になる。余裕がない。「こっちは無知なので教えてください」とは言えない。

ラジオなら言える。東国原さんが来た時、僕は聞いた。「なぜ最近、政治家の失言が多いのですか」と。「それは、面白いことを言おうとするからです。それと、たとえ話をするからです」と東国原さん。なるほど、と思った。元芸人だから、「面白いこと」を言うことに命をかけてきた。でも、それは先輩に叱られたり、これを言っちゃダメだとか言われ、いろんな苦労をして覚えたことだ。政治家がいきなり、それを真似《まね》ても無理だという。他にも、ゲストの人に教わったことは多い。

6月13日（水）は、小川敏夫前法務大臣が来てくれた。「小川前法務大臣が語る、指揮権発動の真意」が、この日のテーマだ。しかし、それ以前に、小川さんといえば3月に3人の死刑執行をした法務大臣だ。4月5日（木）、文京区民センターで、「小川敏夫法相による死刑執行に抗議する緊急集会」が開かれ、僕も参加した。「小川法相を許すな！」と僕も叫んだ。

その小川前法相と、こうして会えるとは思わなかった。台本は送ってあるし、「死刑反対」の僕の立場も知っていて来てくれたのだ。それは勇気があると思った。だから、「激突」などしないで、小川さんの話を聞き、小川さんの土俵の上で質問をしようと思った。まず、指揮権発動だが、この言葉にはあまりいいイメージはない。昔、灰色の政治家を庇《かば》って逮捕させなかった。それしか覚えていない。しかし、それは「指揮権」のほんの一部でしかない。法務大臣は、個別の事件について検事総長を指揮することができる、と法律で決まっている。陸山会事件の検察の捜査報告書は検事の「記憶違い」だと言っているが、小川さんによれば、ほぼ全部が架空だという。これでは検察は全く信用されなくなる。キチンと指導し、注意しなければいけないと思った。それも指揮権発動だ。ところが検事総長を呼ぶ2日前に、内閣改造で法相をクビになった。

そういう話だったのか。だったら、ぜひ「指揮権発動」はやってもらいたかった。それに死刑執行があったので小川さんは超タカ派かと思ったら、違う。裁判官、検察官を務め、弁護士になる。はじめは「新党さきがけ」において、98年の参議院議員選挙に民主党公認で初当選した。永住外国人の地方参政権を認めようと運動したり、従軍慰安婦、靖国問題でも排外主義的ではない、リベラルな発言をしてきた。そのことを聞いたら、

「そうなんです。右翼からも左翼からも同時に攻撃されました」と言う。永住外国人の参政権や慰安婦問題では右翼の街宣車が押しかけた。また、死刑問題では左翼から攻撃された。僕も昔、「永住外国人の参政権を認めるべきだ」と討論会で発言し、右翼から猛反撃を受けた。「鈴木は売国奴だ！」と右翼の新聞に大々的に書かれて批判された。うーん、ちょっと似たところがあるな、と思った。

それから、死刑問題に行く。何故、死刑執行にサインをしたのか。迷いはなかったのか。今は制度として死刑があるが、ない方がいいとは思わないのか……などと聞いた。署名しなかった法務大臣もいたが、「自分はそんな態度は取らない。だったら初めから法務大臣を引き受けない」と言う。「南野《のおの》さんも同じことを言ってましたね」と僕は言った。

4月に9日間、北朝鮮に行った。鹿児島のお坊さんの池口恵観さんが団長で連れて行ってもらった。南野知恵子・元法相も一緒だったので、いろいろ話を聞いた。南野さんは助産師さんから議員になり法務大臣になった。小泉首相の時だ。死刑も執行した。悩みに悩んだ。人間の生命を奪うなんて、そんな資格が自分にあるのだろうかと悩み抜いた。でも逃げたら卑怯《ひきょう》だと思い、向き合ったという。「もしその問題に向き合いたくなかったら、初めから法務大臣を引き受けてはダメだと思った」。この時のバッシングは凄まじかった。助産師さんは赤ちゃんを取り上げる仕事だ。この世に生命が生まれるのを助ける。その助産師さんが人を殺していいのか！と批判が集中した。「あれは辛かったし、苦

しかった」と言う。

死刑という制度が日本にあるから、裁判官も「極刑」といったら死刑を宣告するしかない。法務大臣も苦しみ、悩む。悩みながら署名する人もいる。拒《こば》み続けた人もいる。死刑という制度があるが為の悲劇だ。そう思う。死刑になる人間だけでなく、求刑する人間、宣告する人間、署名する人間、立ち会う人間…と、多くの人々に苦しみを与えている。悩ませている。死刑のかわりに終身刑を考えるとか、あるいは、「死刑がないと凶悪犯罪が増えるのではないか」と不安を持つ人々のことを考え、死刑は制度として残す。しかし執行は極力避けて、「死刑停止国」を目指すとか、いろいろな方法があるだろう。

でも、今まで、この問題では冷静な討論は行われてこなかった。一方には、「殺された遺族の気持ちが分からないのか！」という人々がいて、他方には、「命を奪うことは個人でも国家でも許されない」という人々がいる。常に平行線だ。僕は死刑反対論者として、死刑反対の集会しか出たことがない。南野元法相のように死刑執行に署名した人には初めて会った。だから、ピョンヤンでは、かなり話を聞いた。

また、今回は小川前法相に、じっくりと話を聞いた。これは勉強になった。かなり細かいことまで聞いた。「そんなことは答えられません」と言ってもいいはずなのに、丁寧に答えてくれた。これには正直驚いた。現在、死刑確定者は約130人いるが、何も、早く確定した順に執行されているのではない。130人全員について法相が調べて署名するわけではない。何人かにしぼって「候補」を現場が挙げてくるのではないか。また、宗教事件や政治運動に絡んだ事件などは後回しにされるのではないか…と僕は疑問に思っていた。外に支援者がいなくて、誰もが認める凶悪犯罪で、さらに本人が早くお迎えが来てほしいと覚悟を決めた人から、死刑にしているのではないか、と僕は思っていた。

「そんな基準はありません。しかし、仲間がハイジャックで奪還され海外にいるとか、共犯者が捕まっていない場合は、まだその事件が完全に終わっていると言えませんので…」と小川さんは言う。他にも、かなり具体的に答えてくれた。こちらの偏見や思い込みもあるだろうし、これからも教えて下さいとお願いした。「小川さんを糾弾する集会にも出て、〝小川許さんぞ！〟と叫んだんですよ。すみません」と言ったら、笑っていた。

そうだ。この日は、『福島原発の真実 最高幹部の独白』（朝日新聞出版）を書いた今西憲之さん（ジャーナリスト）もゲストで出てくれ、小川さんにもいろいろ聞いていた。「初めまして」と今西さんに挨拶しようとしたら、「やあ、久しぶり」と言われた。『創』のイベントなんかで、よく会いましたね」と。いかんな、ボケてる。

小川さん、今西さんに会って6日後、民主党の村越祐民《ひろたみ》さんの勉強会に呼ばれて話をした。村越さんは「死刑廃止を推進する議員連盟」（亀井静香会長）の事務局長だ。死刑廃止の集会でよく会うし、文句なしに偉いと僕は尊敬している。だって、「死刑反対」と言うだけで、「あんな極悪人の味方をするのか！」「それでは日本の治安は守れない！」とバッシングされる。票にならないどころか、落選するかもしれない。それなのに、「いやこれは政治家としてキチンと考えるべき問題だ」と言って堂々と討論している。僕は「愛国心」について話したが、途中から死刑の話になって、村越さんの話を聞いた方が多かった。この日は台風で、外は暴風雨だったが、誰も帰らないで熱心に話し合った。

第11回

漫画の力

『創』12年9・10月号

畑中純さんと（09年9月5日）

そんな馬鹿な！と思った。それは間違いだよ。この前も会ったばかりだ。まだ若いし、いつも元気一杯だ。そう思いながらも気が動転した。「漫画家の畑中純さんが亡くなったそうです」と、知り合いの編集者からメールがあったからだ。慌ててネットを見たら、確かに出ている。愕然《がくぜん》とした。翌日（2012年6月14日）の産経新聞にも訃報が出ていた。本当だったのか。

写真も出ていた。坊主頭で、ガッチリした体格で、九州男児だ。一見すると格闘家のようだ。「いや、ただの肉体労働者ですよ」と本人は言っていた。漫画を描くのは、それだけ肉体を酷使するのだろう。だが本人だって頑強な肉体には自信を持っていたようだ。それなのに……。

6月13日（水）、「腹部大動脈瘤破裂のため死去、62歳」と書かれていた。前日まで東京工芸大学で元気に授業していたという（畑中さんはそこの教授だった）。産経には経歴が載っていた。

〈昭和52年、「月夜」で漫画家デビュー。54年から旅館の一人息子の青春を描いた「まんだら屋の良太」を「週刊漫画サンデー」に連載。同作で56年に第10回日本漫画家協会優秀賞を受賞した。ほかに

「百八の恋」など。版画家としても活躍し「猫日和版画館」「宮沢賢治、銀河へ」などがある〉

畑中さんとの付き合いは長い。多くのことを教えてもらった。ライターとしての覚悟や表現方法を学んだ。初めて会ったのは25年ほど前だ。『週刊ＳＰＡ！』で、「夕刻のコペルニクス」の連載が始まる前だ。「ただの右翼」だった頃だ。その頃知り合い、畑中さんの奔放な漫画に夢中になった。そんな中で思った。「もしかしたら、俺達の右翼運動も世間の人から見ると漫画かもしれないな」と。

つまり、「客観的な眼」を与えられたのだ。広角、望遠、魚眼……の高級レンズを貰《もら》ったのだ。そのレンズで見ると右翼も左翼も宗教の世界も、面白い世界だ。ライターとしての僕の出発点がそこにあったようだ。漫画には結構、深入りした。漫画を読みまくり、22年前、漫画評を連載したことがある。呉智英さんや畑中純さんが推薦してくれ、『コミックボックス』に90年から漫画評を書いた。タイトルはズバリ「新右翼の漫画論」だ。

子供の頃から漫画は好きで読んでいたが、狭い範囲だし、最近の漫画は知らない。「じゃ、こちらの指定する漫画を読んでもらい、それで書いて下さい」と編集部の人に言われた。課題図書を与えられ、読書感想文を書く生徒のようだ。シリーズものの漫画が中心だから、毎月、大量に読んだ。知らないものばかりだ。こんな機会でもなければ一生、出会うこともない漫画だ。右翼思想で固まっていた頭の中を、グチャグチャに掻《か》き回された。その混沌の中から生まれたものがあった。

どんな漫画を読んだのか、調べてみた。山本おさむ『遥かなる甲子園』。吉田秋生『ＢＡＮＡＮＡ　ＦＩＳＨ』。史村翔・すぎむらしんいち『右向け左！』。吉田戦車『伝染《うつ》るんです。』。本宮ひろ志『大と大』。相原コージ・竹熊健太郎『サルでも描けるまんが教室』。さくらももこ『ちびまる子ちゃん』……などだ。漫画評は3年位続いた。その中で、多くの漫画家を紹介してもらい、対談や座談会にも出た。雑誌社が主催する花見にも行った。生まれて初めてコミケにも行った。ナチスのコスプレをさせられて体験記を書いた。ヒトラーやナチスが多かった。どこかからクレームが来たようで、翌年からナチスの制服は禁止になった。

この直後、96年から、何と『ガロ』に僕の連載が始まった。「文化サーフィン」という題の、交友録だ。思想的な話はない。漫画家、落語家、お笑い芸人、格闘家との交友録だ。それだけをピックアップしたのか。あるいは、当時は、そういう人たちとしか付き合っていなかったのか。こんな人たちだ。大槻ケンヂ、つのだ☆ひろ、山本小鉄、山藤章二、立川志の輔、快楽亭ブラック、エスパー清田、春風亭昇太、林由美香、四谷桃子、大川興業、電撃ネットワーク、浅草キッド、天龍源一郎、鶴見済《わたる》……。右翼運動なんか忘れて、こういう人たちと連日会い、遊んでいたようだ。毎日がサブカルだし、毎日が漫画だった。そんな生活の成果なのか、畑中純さんの『まんだら屋の良太』に解説を頼まれ、書いた。株式会社ふゅーじょんぷろだくとが出した『まんだら屋の良太』後期選集の2巻「愚か者の楽園」の解説だ。95年12月だから17年前だ。「解説」のタイトルが凄い。ぶっ飛んでいる。「マルクスやレーニンが夢みたユートピア」だ。

実を言うと、初めはそんなことは思わない。いやらしい、エッチな漫画だと思っただけだ。九鬼谷という温泉郷の宿の子供が主人公だ。温泉街だから男と女のドロドロした話ばかりだ。色恋沙汰の事件ばかりだ。セックスのことしか頭にないのか、この連中は、と思ってしまう。良太のような子供まで が、いやらしい妄想に生き、いやらしい行動に走る。エロガキだ。

でも読んでいて、ハッと気がついた。人間が考える「理想の社会」なんて、案外こんなものかもしれないと。左右の革命家たちは現政権を打倒し、世の中を変えようとする。武力に訴えても変えようとする。政権を打倒した後はどうするのか。自由で平等な社会を作ろうとする。では、九鬼谷の温泉街は、その自由で平等で、アナーキーなユートピア社会ではないのか。不倫も浮気も喧嘩《けんか》もある。ヤクザだっている。でも、権力に頼らず、自分たちの力で解決する。自治がある。反権力意識がある。マルクスやレーニンや、北一輝や三島由紀夫が夢みたユートピアは、これかもしれない。懐かしい〈原郷〉だ。そう思ったのだ。

本当は、個人が自由で平等に暮らせたらいい。国家はそれを保障する最低限度の存在でいい。それなのに、今は、国家の存在意義や体面ばかりが最優先され、個人の自由や平等は従属されている。「国益」の為には個人は耐えろ、我慢しろと言われる。おかしな話だ。福沢諭吉が『学問のすゝめ』で言うように、「一身独立して一国独立する」だ。今は、「強い国を！」と叫ぶだけの、弱くて、従属的で、不自由な国民ばかりではないか。

ここで話を戻す。6月17日（日）、畑中純さんの葬儀・告別式に参列した。セレモニアル調布で行われた。漫画評論家としても有名な呉智英さんが弔辞を読む。「俗にあって俗を超えた漫画家だった」と言っていた。それが印象に残った。畑中さんはもの凄い勉強家だった。福岡で生まれ、玄洋社の歴史もよく知っている。だからといって自分の知識をひけらかすことはない。説教じみたことも言わない。俗な漫画だ、と言われても、それでいいと思っていたのだろう。しかし、呉さんのように読む人が読めば、分かる。畑中さんは、硬派で、志のある人だった。

その畑中さんが、「三島由紀夫を描きたい」と言ったのだ。最後に会った時だ。「遺族の許可が必要ですかね」と相談された。三島にも『不道徳教育講座』とか、『美徳のよろめき』のような軽い作品はある。それを『まんだら屋の良太』のように明るく、エロチックな漫画にしたいのだろうか。「いや違うんです。三島の凄絶な人生を描きたいんです」という。これには驚いた。そうか、最近は宮沢賢治の世界をずっと描いてたから、次は三島の世界を描きたいのか。

「だったら遺族の許可はいりませんよ。作品を漫画化するわけではないですから」と言った。その頃、ちょうど若松孝二監督が三島と「楯の会」の映画を撮っていた。「11・25自決の日——三島由紀夫と若者たち」だ。「楯の会」と共に自決に至るまでのドキュメントだ。この映画では資料集めや企画について僕も協力した。畑中さんが漫画にするのなら僕も及ばずながら協力します、と言った。

呉さんと話している時、「鈴木さん、久しぶりです」と子供づれのご婦人に声をかけられた。「青木が生前とてもお世話になりまして」と言う。あっ、青木雄二さん（漫画家）の奥さんだ。青木さんは、『ナニワ金融道』で一世を風靡《ふうび》した漫画家だ。一方的に僕の方がお世話になっていたのだ。青木さんは高校卒業後、苦労に苦労を重ねて漫画家になる。ビヤ・ホール、パチンコ店、キャバレーのボーイ等、30種類以上の職を転々とし、45歳で漫画家としてデビュー。遅咲きの漫画家だった。ところが、03年9月、肺癌のため亡くなった。58歳だった。余りにも若かった。

青木さんが亡くなった後も、『週刊ＳＰＡ！』で、「新ナニワ金融道」が続いている。「青木雄二プロダクション」が描いている。「これは凄いね。青木さんが亡くなった後も、全く質が落ちないから」と呉智英さんが言っていた。呉さん、青木さん、畑中さんとは僕もよく一緒に会っていた。

「鈴木さん、今度じっくり対談して本を作りましょうよ」と青木さんに言われた。9年前に亡くなったから多分、10年前だ。「右翼とマルクスの対談なんて面白いですね。ぜひ、うちでお願いします」と同席していた出版社の人が言っていた。「光栄です。ぜひ、お願いします」と言ったが、じっくり企画を練ってやるのだと思った。それに、青木さんは60前だ。急ぐことはない。ところが、その直後に亡くなってしまった。残念だ。

青木さんの漫画は、金とエロの話が中心だが、本人は、「マルクスとドストエフスキーが好きだ。この二人が自分の漫画の原点だ」と言っていた。資本主義の矛盾を感じたからこそ金融漫画を描き続けたのだろう。「ドストエフスキーの中では、どの作品が好きですか」と聞いた。『カラマーゾフの兄弟』か『悪霊』という答えを期待したが、『罪と罰』だと言う。そして、いきなり始まりの部分を暗誦する。驚いた。かなり長い部分を暗誦する。青木さんの頭の中、いや体の中に、ドストエフスキーが入っているのだ。そしてマルクスが……。

「対談の話は残念でしたね」と奥さんに言われた。本当だ。青木さんは遅く結婚し、奥さんは19歳下だ。一緒に来ていた子供は小学生だ。「漫画は好きなんですか」と呉さんが聞いた。誰も教えないのに描いてるという。じゃ、お父さんのような大漫画家になるだろう。青木さんは「マルクスが好き」と公言していたので左翼の集会にもよく呼ばれていた。「塩見孝也さんからも夜よく電話がきて、長話をしてました」と奥さん。元赤軍派議長の塩見さんは「日本のレーニン」と言われていたし、「レーニンとマルクス」の対談本も出来たら面白かった。そうだ、畑中純さんと僕も入れてもらって、「マルクスやレーニンが夢みたユートピア」について話し合ってみたかった。

第12回

一水会結成40周年

『創』12年11月号

一水会結成40周年記念大会
（12年9月14日）

もう40年になるのか、と感慨無量だ。一水会結成40周年記念大会が9月14日（金）、アルカディア市ヶ谷で行われた。全国から４００人もの人が駆けつけてくれた。そして、運動を支えてくれた先輩、先生、大学教授、評論家、政治家の人達も来て、激励してくれた。

70年11月に三島事件があった。それに衝撃を受けた右派学生運動のＯＢたちが集まり、２年後の72年に一水会を作った。それから40年が経ったのだ。ついこの前のような気もするし、逆に、長い茨の道だったような気もする。

一水会が結成された72年は、連合赤軍事件があった。２０１２年は「連合赤軍から40年」ということで、新聞・雑誌でいろんな特集がされていた。僕も書いたし、喋っている。連合赤軍の当事者たちによる集会にも呼ばれ、シンポジウムにも参加した。

でも72年当時、一水会の結成と連合赤軍には何の関係もない。連赤事件が教訓・反面教師となって一水会が作られたわけでもない。影響を受けたのはあくまで70年の三島事件だ。連赤事件については、

「だから左翼はダメなんだ。これで左翼も終わった」と思った。それだけだ。三島事件の8カ月前、「よど号」ハイジャック事件が起きているが、感動も衝撃もない。敵ながら、あっぱれだ、とは思った。あくまでも「敵」だった。

それなのに今は、「よど号」の人たちとも連合赤軍の人たちとも親しい。むしろ、（右翼の人以上に）腹を割って話せる。不思議だ。「距離感」があるからこそ、自由に、遠慮なしに話せるのかもしれない。それに、右と左と立場は違ったが、あの激動の時代を闘ってきた〈戦友〉のようにさえ感じる。初対面の人でも、全共闘出身と聞くと「あの闘いを体験した世代だから」と無条件で信じてしまう。自分の甘さであり、ノスタルジアだろう。

反対に、闘いを体験していない、純粋培養の保守派やネット右翼には違和感を感じてしまう。一水会40周年大会には、かつて左翼運動をした人たちも多く来てくれた。西部邁《すすむ》さん、猪瀬直樹さん、有田芳生さん、高野孟《はじめ》さん……などだ。猪瀬さんは元信州大学全共闘議長だった。その頃の映像も残っている。田原総一朗さんが当時、取材していたのだ。また、三島由紀夫と共に自決した森田必勝氏の映像も田原さんは撮っている。「田原総一朗の遺言」として今、甦《よみがえ》っている。貴重な資料だ。

一水会40年の歴史の中で、僕が代表をやったのは30年。それから木村三浩氏が10年やっている。木村氏になってから運動は飛躍的に伸びているし、世界にも雄飛している。もっと早く交替すべきだったと思った。「新しい運動」を作ろうとはしたが、自分の中に、まだまだ古いものがあったのだろう。組織論や生き方、運動論についても。それを「責任」と勘違いして、30年もやってしまった。

来賓で挨拶した山口敏夫さん（元衆議院議員）が面白いことを言っていた。「一水会は、『全て言論でやる』と言っているし、開かれた、信頼できる組織だ。だったら、もっとオープンにし、代表も公開選挙で決めたらどうだろう。私も立候補したい！」

これにはビックリした。僕にだって全くなかった発想だ。自民党、民主党の総裁選、代表選が騒がれていた頃だったので、ウケ狙いで言ったのかもしれない。いや、これが「政党」と（左右の）「党派」の違いかもしれない。右翼でも左翼でも、公開選挙で代表を決めることはない。大体、トップは変わらない。変えようという発想がない。一水会などは珍しいのだ。

大会に出席していた右翼の人に言われた。「鈴木さんは何故、代表を譲ったんですか？何があったんですか」と。（左翼もそうだろうが）右翼は「人間＝組織」だ。一人の人間がリーダーになって組織を作る。その人間のやりたいこと、理想を実現する為に「組織」はある。だから、リーダーが替わることはない。替わるとしたら、死ぬか、組織が分裂する時だ。

これは何故だろう。政党の場合は、国民から選ばれた議員が中心だ。その議員が集まった政党も、だから、代表を選ぶ時は選挙にする。ところが、右翼・左翼は、国政に出ることを考えていない。「反体制」だ。だから選挙には縁がない。もしも何人も立候補し、選挙になったら、「論戦」「対立」のしこりが残る。そう思う。下手をしたら分裂だ。そこに権力はつけ込んでくる。そう思うから選挙などできない。「組織」は常に一枚岩で、強固でなくてはならない。そう信じているからだろう。

敵権力は強大で、それに立ち向かって闘うのだから、一枚岩でなくてはダメだ。革命的警戒心を持って団結し、組織を守るべきだ。そう思うのだ。自分たちは腐り切った現体制を倒すのだから、「強固な組織」を作らなくてはダメだ。そういう理屈になる。

組織を作る時、（右も左も）強そうな団体名を考える。そして、綱領、規約を作る。組織内において、「言論の自由」は一応はある。当面の闘争目標についても一応は自由に討議する。しかし、一旦決まったことについては異議を許さない。批判できないし、外部に漏らすことも禁止される。どこだって、「民主集中制」だ。決まったことは一丸となって実行する。

決まった後で批判したり、外部に漏らすことは「裏切り」になる。敵権力に通じ、利することになる。利敵行為であり、スパイ活動だと弾劾《だんがい》される。右も左も、どんなに小さな団体でも、それ自身が〈正義〉だと思っている。だから、自由に辞めることも許されない。辞めるというのは、自分の組織（＝正義）を否定することだ。辞める人間が出るのは、「我々の組織は間違っている」と世間に公表することだ。だから、必死に説得して引きとめるか、あるいは殺すか（これは極端な場合だが、連赤事件などではあった）、除名する。辞める人間が悪いのであり、権力に寝返った人間だ。だからこんな腐敗分子は組織から切り捨てる。そのことによって組織の〈正義〉を守る。そういう理屈だ。

右派学生運動をやった時、運動の素晴らしさと共に、今言ったような欠点も感じた。身にしみて痛感した。左翼組織の場合は、辞めた人間は、「資本主義に魂を売った者」「金で権力に買収された者」「スパイ」として罵倒され、放り出された。右派組織では、「日本精神を失った者」「売国奴」「共産主義者に魂を売った者」として除名された。本当は、別な形で運動をやりたいと思っても、許されない。自分の組織は100％正義だから、そこを辞めた者は「悪」になる。結果的には敵権力に魂を売ったことだ、となる。除名通知状が来る。組織を辞めようとしただけなのに、この人間はこんなに悪いことをした、国家を裏切ったと書かれている。そして、この人間が訪ねて来ても会わないでくれ、相手にしないでくれ。もし会ったりしたら、我々に対する敵対行為と見なす、と書かれている。怖い話だ。

そんな、閉じられた正義感、組織論を嫌というほど見せつけられたので、40年前に一水会を作った時は、「どんな時でも除名はやめよう」と誓った。組織を辞めた人間たちが多かったからでもある。僕自身も69年に全国学協の委員長を解任され、運動の世界から追放された。「リーダーとして無能だ」「こんな人間がいるから運動が伸びないのだ」と糾弾されて……。そんな僕に対しての同情があったのかもしれない。一水会を作った時の世話人の皆には……。

69年に、学生運動から追放された時、僕は運動をやりたかったができなかった。失意の中で故郷に帰り、書店でバイトをしていた。その時、縁があった産経新聞に勤めた。その年に三島事件は起こった。三島に対し、また、共に自決した森田必勝氏に対し、申し訳ないと思った。俺達は内ゲバをやって、運動をやめ、会社に勤めている。罪悪感を感じた。

初めはサラリーマンの勉強会だった。第一水曜日に集まって昔のように勉強会のまねごとをし、終わって酒を飲み、俺達はダメだなと言い合っていた。4年後、僕が会社をクビになり、運動に専念するようになった。75年、機関紙「レコンキスタ」を発行し、『腹腹時計と〈狼〉』（三一新書）を出した。内ゲバを繰り返す左右の運動に対する絶望もあったのだろう。連続企業爆破事件の東アジア反日武装戦線〈狼〉の命がけの闘いに関心をもって書いた本だ。「ここまで言う人間は、もはやこれまでの右翼とは違う。新右翼だ」と言ったのは評論家の猪野健治さんだった。40周年大会にも猪野さんは来てくれ、その話をしてくれた。

今、気がついたが、三島事件以降、昔の仲間たちが集まった。昔、内ゲバをしていた人もいる。僕を追い出した人もいる。でも、三島事件で、全ては吹き飛んだ。内ゲバして追い出したり、レッテル貼りをしたり、それに反撃したり……そんな小さなことをしている時ではないと思った。規約や綱領や、「組織の正義」など、どうでもいいことだ。そう思い知らされたのだ。だから、三島事件がなかったら、いまだに内ゲバを繰り返していただろう。連合赤軍事件を笑えない。

ただ、何度か危機はあった。昔の苦労を知っている人が多い時はいいが、80年代、90年代になると、いろんな人たちが入ってきた。左翼運動や宗教運動に絶望して入ってくる人もいる。目も届かない。自分勝手なことをやり、捕まることも多くなる。そんな時だ。ある事件があり、「これは組織とは別に個人としてやって、皆に迷惑をかけた。だから、除名すべきだ」という声があった。「除名しないなら、組織全体の犯行だと誤解される」とも言う。それでも除名はしなかった。僕は、優柔不断だと批判された。しかし、今となっては、よかったと思う。

２０１０年には、フランス国民戦線のル・ペンさんを始め、ヨーロッパの右派国会議員を招いて「愛国者世界平和会議」を開いた。これは僕が代表の時なら考えもつかなかったことだ。素晴らしいと思った。どこの国でも何か問題があると、愛国者が政府を突き上げ、衝突したり、ときには戦争になる。だったら最初から愛国者同士が話し合い、談判したらいい。どうしても武力に訴える必要があると思うなら、愛国者同士が闘えばいい。少なくとも、（無関係な）一般国民を巻き込んで戦争し、大量の殺し合いをするよりはいい。それだけのリスクと覚悟を持った愛国者の「平和会議」だ。次はぜひ、愛国者のアジア平和会議を開催してほしいと思う。40周年大会の「閉会の挨拶」で、僕はそんな話をした。これは、決して夢物語にはしたくない。できると思う。

第13回

若松孝二監督と三島事件

『創』12年12月号

左から鈴木、若松監督、
元「楯の会」の田村、篠原裕氏

人間は死の瞬間に、一生分の光景を走馬燈《そうまとう》のように見るという。日本という、滅びに向かう国家も同じなのか。三島由紀夫・森田必勝両氏の自決から42年。その42年の歩みを、この1年間に凝縮して見せたのか。そんな気がした。

走馬燈の始まりは、2011年11月25日（金）、テアトル新宿だ。若松孝二監督の映画「11・25自決の日――三島由紀夫と若者たち」の完成披露上映会が行われた。凄い映画だった。若松監督でなければ撮れない映画だ。上映後、僕は森達也さんと壇上で対談した。この映画には、「企画協力」として参加させてもらった。歴史に残る映画に、こうして参加できて光栄だ。元「楯の会」の人たちも何人か、招待されて見ていた。

三島事件の8カ月前、「よど号」ハイジャック事件が起きるが、その時、三島は「楯の会」会員の家に電話をかけ、「先を越された！」と叫んだ。その電話を受けた元「楯の会」本多清氏も上映会に来ていた。「こんなに忠実に事件や皆の心情を描いてるのは初めてです」と興奮して語っていた。右翼による右翼的事件という表層的・単線的な描き方はしていない。「よど号」ハイジャック、金嬉老事件、全共闘、ベトナム戦争……などに影響を受け、その〈時代〉の中で、国を憂い、思いつめてゆく。その過程が重層的・複線的に描かれている。

12年4月、僕が北朝鮮に行った時、「よど号の連中に見せてくれ」と、若松監督から、この映画のDVDを預かった。「実録・連合赤軍」の時は監督自ら訪朝し、見せた。自分たちの仲間が犯した事件だ。自分たちが日本に残っていたら……と号泣しながら見ていたという。今回は監督は映画祭出席の為に行けなくて、僕が持っていった。「先を越された！」と三島は叫んだが、でも三島は「敵」だ。だから客観的に、安心して見れると「よど号」グループの人々は言っていた。ところが、見た後の話を聞くと、「思いつめ、決起に至る過程は全く同じだった」と驚いていた。

実は、「よど号」グループには高校時代、右翼的だった人間が何人かいる。でも大学に入ったら、右翼的な仲間はいない。気がついたら赤軍派に入っていたという。世の中を変えようという志は同じでも、大学・友人関係で、右翼になったり、左翼になったりした。三島と共に自決した森田必勝氏は高校時代は、左翼的な青年で、全共闘運動をやろうと思い、早稲田に入る。ところが、余りに横暴な全共闘に反発し、「少数派」の右派学生に同情し、その運動に入る。

8月20日（月）、若松監督の最新作「千年の愉楽」の試写会があり、そこで若松監督と満島真之介さんに会った。満島さんは「11・25自決の日」で森田必勝役を演じた人だ。「千年の愉楽」は中上健次さんの原作だ。映画化不可能といわれていたが若松監督が撮った。素晴らしい映画だった。中上さんには僕は随分とお世話になり、教えてもらった。全共闘をテーマにした討論会に一緒に出たこともあった。野村秋介さんや阿部勉氏（元「楯の会」）などとも親しかった。「じゃ、映画のパンフレットにそのことを書いてよ」と若松監督に言われた。「千年の愉楽」は13年春に上映されるという。

満島真之介さんとは森田必勝氏の話をした。「11・25自決の日」の撮影の前に、満島さんは四日市にある森田必勝氏のお墓参りをしている。さらに実家を訪ね、お兄さんにお会いし、貴重な話を聞かせてもらったという。アポイントなしで突然、訪ねたという。満島さんを見て、お兄さんは驚き、立ちすくんだという。後で聞いたら、「弟が帰ってきた！」と思ったという。満島さんは22歳だ。森田必勝氏は事件当時25歳。今生きていれば67歳だ。それなのに「弟が」と思ったという。不思議な話だ。「僕も久しぶりにお墓参りに行かなくちゃ」と思った。

9月14日（金）。一水会結成40周年大会が開かれた。若松監督も来てくれた。元「楯の会」の人たちも7人ほどいたので監督に紹介した。「感動しました。三島先生や森田さんの事件に向けての決意や心情がよく出てました」と元「楯の会」の人々は言っていた。若松監督は上機嫌で、「次は原発事故の映画を撮りたい。国家が隠していることを全て暴いてやる！」と言っていた。「他にも撮りたい映画が沢山あって困るよ」と言っていた。だが、この日が、若松監督に会った最後になってしまった。

9月29日（土）。四日市に行き、森田必勝氏のお墓参りをした。久しぶりだ。申し訳ないと謝った。その後、実家に行き、お兄さんの治さんに会った。庭には必勝氏の銅像が建っていた。00年11月25日に建てられたという。「ＮＨＫの『梅ちゃん先生』見てますよ。満島さん、大活躍ですね」と言っていた。「目のきらきらと輝いた、いい青年ですね。また会いたいです」と言う。じゃ伝えますよ。でも、どうして、「弟が帰ってきた！」と思ったんですか、と聞いた。必勝氏は生きていたら67歳だ。

お兄さんが言う。「でも、私にとって弟は、いつまでも25歳です」。ハッと思った。そうだったのか。必勝氏の遺影のおかれた部屋で、合掌し、学生時代の話をした。「弟も喜んでいますよ」とお兄さんは言う。「写真を見て下さい。不思議なんです。正面を見つめていますよね。でも、こうして右側に寄って見ると、弟はこっちを見るんです。左側に寄ると、そっちを見つめるんです。いつもピタリとこっちを見てくれるんです」。

僕も、左右に動いて見た。本当だった。学生時代も、ひたむきな、まっすぐな青年だった。明るくて、よく冗談を言って皆を笑わせていた。学生運動ばかりの毎日だったが、暇を見つけて映画にも行ったし、ダンスパーティにも行った。「ダンスもやったんですか？」とお兄さん。大学のいろんなサークルが資金稼ぎでダンスパーティをやり、そこに行ったのだ。ロクに踊れなかったが、初歩的なものはやった。フォークダンスもやっていた。それに、「新撰組の土方歳三が好きだ」と言っていた。彼に言われて司馬遼太郎の『燃えよ剣』を読んで土方にのめり込んだ。必勝氏の思い出話は尽きない。

お兄さんは、「11・25自決の日」を名古屋まで行って見たという。「感動しました。弟の気持ちをあそこまで忠実に描いてもらって」と言う。本当に嬉しかったという。「鈴木さん、お願いがあるんですが」と改まって言う。何だろう。「若松監督にお会いできないでしょうか」。そりゃ監督も喜びますよ。すぐ伝えます、と言った。

そうだ、四日市で上映会をやったらいい。そこに監督を連れて来ますよ、と言った。「こんなに素晴らしい映画を作ってもらいお礼もいいたいし、お話も聞きたい」と楽しみにしていた。帰京して監督に報告したら、とても喜んでいた。ぜひ行きたいと心待ちにしていた。だが、この約束は実行できなかった。

10月17日（水）。若松監督が亡くなった。「そんな！　嘘だろう！」と叫んだ。12日にタクシー事故で怪我をして入院したという話は聞いていた。でも命に別条は無いと聞いていた。何度も大病を克服したし、映画でも不可能を可能にしてきた監督だ。今度も大丈夫だ、と思っていた。ところがこの夜、容態が急変し、亡くなった。何も考えられなかった。残念だ。悔しい。

10月19日（金）夜、東京會舘で「山本美香さんを送る会」に出る。山本さんはシリアで取材中に銃撃を受けて亡くなった。ジャーナリストだが、戦死だ。山本さんのこと、そして若松監督のことを皆で話し合った。若松監督も戦死だ。国家に反逆し、闘い続けて死んだ。03年、イラクに一緒に行ったPANTAさんが来てたので、イラクの話、山本さんの話をし、「11・25自決の日」の話になった。

「あの映画を見て、石原都知事はあせったのかもしれない。三島に負け続けている自分に苛《いら》立ったのかもしれない」と、突然、僕は口走った。きっとそうに違いないと思った。僕らが学生時代、右派学生にとって三島由紀夫、石原慎太郎は「仰ぎ見る巨大な星」だった。左翼全盛の中で、体を張って闘っていた。二人ともスポーツをやる肉体派作家だ。でも石原の方が一歩抜きんでていた。そして参院選でトップ当選し、国会議員になった。三島は焦った。

その後、自民党から立候補を要請されても三島は断り続けた。石原の後塵《こうじん》を拝すのは嫌だった。石原への嫉妬《しっと》もあっただろう。政界とは別な世界で勝負を賭けた。「楯の会」を作り、自衛隊を動かして日本を変える。その計画に没頭した。70年、自衛隊に決起を訴え、果たせず、自決した。しかし、自衛隊以上のものが動いた。決起した。70年以降の左右の学生運動、いや日本の政治、日本そのものの歩みは、三島の言う通りになった。三島が動かした42年だ。

42年前の三島事件に一番衝撃を受けたのは石原だ。今度は、石原が三島に嫉妬《しっと》する番だ。これから何十年生きても、もう三島には勝てない。その焦りが、あったのだろう。尖閣問題に対する闘いも、「戦争を辞さずの覚悟を持て」という叫びも……。若くして自決し、そのことで永遠に生きている三島への嫉妬かもしれない。

10月22日（月）夜、「三島由紀夫研究会」に参加する。三島事件の生証人が講演した。あの時、人質になった益田兼利総監を救出しようと飛び込み、三島に背中を斬られて重傷を負った人だ。寺尾克美さん（元陸上自衛隊中央会計隊長）だ。益田総監の胸元に短刀を突きつけていた森田必勝氏の腕首を掴《つか》んで捻《ねじ》り伏せて短刀をもぎ取った。この間に、三島に四太刀斬りつけられ、重傷を負ったという。奇蹟的に回復した。三島夫人の瑤子さんが負傷者9名への謝罪廻りをした。「かえって三島さんの計画を邪魔してしまい申し訳ありませんでした」と寺尾氏が言ったら、瑤子夫人はポロポロと大粒の涙をこぼしたという。凄い話だ。42年前なのに、つい昨日の事のように話す。貴重な証言だった。また、詳しく話を聞きたい。

10月23日（火）。午後6時から若松監督のお通夜。青山葬儀所で。10月24日（水）、午前10時半から、若松監督の告別式。全国から多くの人々が参列していた。今でも信じられない。信じたくない。それなのに、亡くなったことを確認するのは辛い。残酷だ。親族を代表し三女の尾崎宗子さんが挨拶した。「いつも次の作品のことで頭が一杯でした。沖縄戦、七三一部隊、白虎隊……などを撮りたいと言っていました」。撮ってもらいたかった。残念だ。悔しい。こんな凄い監督はもう出ないだろう。

第14回
ヒーローのいた時代

『創』13年1月号

「藤本敏夫　没後10年を語る」
松本楼にて（12年11月17日）

「藤本敏夫　没後10年を語る～〝土と平和の祭典〟の前夜に～」が２０１２年11月17日（土）、日比谷・松本楼で開かれた。超満員だった。10年経っても、これだけ藤本さんを慕う人々が多いのだ。「今、藤本が生きていたら……」と悔しがる、学生運動の「戦友」たちも多い。学生時代は「敵」だった僕でさえそう思う。闘いの時代は多くのヒーローを生む。「いい敵」に出会えて幸せだったと思う。

藤本さんは68年、全学連委員長になり、佐世保の米原子力空母エンタープライズ寄港反対闘争や防衛庁突入を指揮した。その時、僕は両方とも現場にいた。その闘いを目撃した。僕ら右翼学生の出る幕などは全くなかった。本当に革命が起きるのではないかと恐怖した。まるで内戦だった。同時に、「敵ながら天晴《あっぱ》れ」という思いも持った。悔しいが、彼らこそが日本を揺さぶり、動かしていた。

藤本さんは輝かしき変革の時代の、輝かしきヒーローだった。演説がうまかったし、いい男だった。「関西ブントの石原裕次郎」とも言われた。俳優になっても成功しただろう。「学生運動映画」「革命映画」を作り主演する。それによって更なる革命状況をつくる。そんな道もあっただろう。しかし72

年、3年8カ月の刑を受けて下獄。歌手・加藤登紀子さんと獄中結婚する。

74年の仮出所後は有機農法に取り組み、75年、「大地を守る市民の会」をつくる（この直後に僕は藤本さんと知り合った）。81年には自然生態農場「鴨川自然王国」をつくる。92年、何と政党「希望」を作り、参院選に出るが落選。政治への夢を捨て切れなかったのか。あるいは農をやり、農を変えるためにも政治を変えなければ、と思ったのか。

その後、藤本さんは体調を崩し、糖尿病になる。だが、転んでもただでは起きない。不屈の革命家魂がある。96年4月、有楽町マリオンで『藤本敏夫の糖尿病変革論』の出版記念会をやり、アジ演説をぶつ。「糖尿病は文明病だ。現代文明を問い直す闘いが必要だ！」と。「全糖連」を結成し、「全国600万人の糖尿病者よ団結せよ！」と訴える。名乗りたくない人の為に「秘密党員」も受けつけるという。加藤登紀子さんも歌をうたい、夫の革命闘争を熱烈支援していた。

パロディでやっているのかと思ったら、本気だった。楽屋を訪ねて話した時も、その本気度、真剣さを感じた。生涯、革命家だったのだ。92年の選挙戦の時も真剣だった。学生運動の卒業生たちが政・財・マスコミ界などに大勢いる。その支援で当選できると本当に思っていた。「人民」を信じていた。

この時、右翼の先輩・野村秋介さんも立候補していた。新党「風の会」を立ち上げて……。何故か、2人とも楽観的だった。「希望」「風の会」、両方とも10人の候補者を立てている。支援者の熱気も凄かった。左右のヒーローに、両陣営は燃え、賭けていた。支援者の熱気を、全国民の熱気と思ったのかもしれない。2人とも全く同じことを言っていた。「2〜3人は当選する。最悪でも自分1人は当選できる」と。

藤本さんは「当選を確実なものにするために話題づくりをしたい。野村秋介さんと週刊誌で対談したい。鈴木さん、紹介してよ」と言う。これは面白いと思い、野村さんに話をした。ところが野村さんに断られてしまった。僕の言い方が悪かったのか、野村さんの機嫌が悪かったのか。「嫌だよ。そんな暇はない。それに何が『希望』だ。俺には絶望しかねえよ」と言う。藤本さんも残念がっていた。

野村さんは右翼の大同団結で絶対に選挙は勝てると思っていた。「鈴木君も候補者で出てくれよ」と言われた。「僕は右翼の人に嫌われてますから、大同団結になりませんよ。票も入りませんよ」と言ったら、「それもそうだな」と、あっさり撤回された。それだけ、「大同団結」に賭けていた。そんな時だから、元全学連委員長との対談は、「今はマズイ」と思ったのだろう。

話を戻す。11月17日の「藤本敏夫　没後10年を語る」集会だ。きっと昔の激しい学生運動の映像が紹介され、「イギナーシ！」と皆が叫ぶ。そこから始まるんだと思った。そして終わりは、皆で肩を組んで「インターナショナル」を歌う。当然そうだと思っていた。ところが、それはない。学生運動も革命もない。第1部は、トーク・セッションだ。これは〈農〉の話ばかりだ。「『青年帰農』から始まった10年　若者たちの新しい生き方」と題し、〈農〉に携わる5人のパネラーが出て、加藤登紀子さんが司会だ。

記念講演は中沢新一さん（明治大学野生の科学研究所所長）で、『今こそ農業の時代～藤本敏夫から託された未来～』。「初めは『レッドからグリーンへ』という題にしようとしたら、困ります、ここには、まだレッドの人が3分の2はいるんですからと言われ、この題にしました」と前置きして話し始める。でも見回しても、レッドはほとんどいない。

中沢さんは、なぜマルクス主義があれだけもてはやされ、今失墜したのか、の話から始める。〈自然〉、農の視点が欠落していたからだ。藤本さん達は、そこに気付いた。「農業の時代」こそが本当の革命の時代なのだ、と。内容は、まさに「レッドからグリーンへ」だ。中沢さんは、「グリーンアクティブ」の代表だし、加藤登紀子さんはそこのメンバーだ（僕もそうだが）。だから、〈農〉を中心として藤本さんを語る会になったのだろう。

第2部の立食パーティ「藤本敏夫さんを偲びながら」も、〈農〉の関係者が多い。レッドの発言はない。藤本さんと学生運動を闘ったという人、何人かに話しかけられた。「あの時代の藤本も紹介し、伝えていきたいんですが」と言う。92年の選挙を手伝ったという青年は、「藤本さんから鈴木さんのことはよく聞いていました」と言う。「仲良しだし、信じられる人だ。右と左なんて関係ない」と言ってましたと。光栄だし、嬉しい。

藤本さんと知り合ったのは36年前だ。「大地を守る市民の会」を作ったのが75年で、その翌年に、住宅産業研修財団理事長の松田妙子さんに紹介されたのだ。75年は藤本さんにとって転機だが、僕にも転機だった。産経新聞を辞め、再び右翼運動の世界に入っていた。また、この年、『腹腹時計と〈狼〉』（三一新書）を出版した。連続企業爆破事件について書いたが、右翼からは総スカンだった。逆に左翼の人から評価され、多くの人達と会って左翼人脈が一挙に広がった。太田竜、平岡正明、竹中労、遠藤誠、千代丸健二、小沢遼子……と。

小沢遼子さんのパーティで松田妙子さんに初めて会った。「鈴木君は学生時代から右翼だったんだってね」。はい、そうですが。「三島由紀夫の『楯の会』に対抗して『ヨコの会』を作ったのよ」と言う。ただの駄洒落《だじゃれ》じゃないか。「通産省の若手官僚や建設会社の社員が集まって月に一回、勉強会をやってるんだよ。来なよ」。ハアと答えたが全く行く気はなかった。「元全学連委員長の藤本も来てるよ」と最後に言う。エッ！と驚いた。「行きます！　行きます。今月から行きます」と即答した。

会ってすぐに意気投合した。松田さんに言われた。「あんた達、変ね。敵同士でしょう。右と左の運動に命を賭けてきたんでしょう。それなのに、会うなりすぐに仲良くなっちゃって」。確かに不思議だ。お互い、自分のやってきた運動に疑問を持ち、「思想よりも人間だ」と思っていたからだろう。学生時代から、「敵ながら凄い人だ」と憧れていた。その藤本さんと会い、話をし、多くのことを教えてもらった。僕にとって、この時間は貴重な財産だ。

藤本さんから学んだことは多い。魅力的な人だった。学生時代に出会っていたら、すぐに付いて行っただろう。藤本さんが亡くなって10年が経つ。今は、奥さんの加藤登紀子さん達と「グリーンアクティブ」に僕は参加している。縁だ。藤本さんも喜んでいるだろう。パーティの最後は加藤さん、そして娘さんのＹａｅさんの歌とトークだ。加藤さんの「知床旅情」を皆で歌う。「鈴木さんも来なさいよ」と加藤さんに呼ばれ、一緒に腕を組んで歌った。大歌手と歌えて感動した。「最後はインターナショナルじゃないの」とは言えなかった。閉会挨拶はＹａｅさんだった。学生運動出身のおじさん、おばさん達に向かって言う。「残りの人生、悔いなく生きて下さい。私たちの足枷《あしかせ》にならないで下さい！」。凄いことを言う。Ｙａｅさんは歌手活動をしながら、旦那さんと共に鴨川農場を継いでいる。藤本さんも「イギナーシ！」と叫んでいるだろう。

そうだ。11月はもう一人、全学連委員長に会った。11月3日（土）、函館に行き唐牛《かろうじ》健太郎さんのお墓参りをしてきた。60年安保闘争の輝ける全学連委員長だ。運動を辞めてからは全国を放浪。そして居酒屋経営、漁船乗組員、工事現場などを転々とする。放浪する革命家。伝説の英雄だった。82年3月、唐牛さんと初めて会った。スケールの大きな人だった。この年の6月、一水会勉強会の講師で話してもらった。テーマは「甦れ60年安保、反米愛国の熱狂はいま」。「右翼の集まりで話すのは生まれて初めてだよ」と言いながら、楽しそうに話してくれた。

「安保闘争当時、デモで警察に追われて商店や民家に逃げ込むと、皆、助けてくれた」

いい時代だった。人々は優しかった。今ならすぐに一一〇番される。

「あれは理屈じゃない。警察や政府、アメリカに対する反感だった。だから女の子が一人死んだために代々木は負けたんだ。安保闘争も盛り行きだけど、張った目がよかったんだ。マルクス主義は〈生活〉がないからダメなんだ。うまくない酒は皆やめちゃうよ」

大好きな酒にたとえて語っていた。死んだ女の子とは樺美智子さんだ。60年安保といえば樺さんと唐牛さんをすぐに思い浮かべる人も多いだろう。

もう一人、全学連委員長を知っていたし、お世話になった。三派全学連委員長だった斎藤克彦さんだ。学生運動を辞めた後は、『情況』編集長をやっていて、僕も原稿を書かせてもらった。確か、この人の後は中核派の秋山勝行さんが三派全学連委員長になった。この人は間近で見、演説を聞いたことがある。早大在学中、左翼の同級生に誘われて行った集会で聞いた。これが4人の全学連委員長の思い出だ。いい時代だった。本物のヒーローがいた時代だった。

第15回

君の考えには反対だが…

『創』13年2月号

民主主義とは何だろう。政治・権力・愛国心・自由……などを考える時、何らかの短い言葉によって、規定しようとする。慣用句、ことわざ、政治家・作家の名言などだ。そこに真理を見ようとする。たとえば、「人民の、人民による、人民のための政治」（リンカーン）。「権力は腐敗する。絶対的な権力は絶対的に腐敗する」（アクトン卿）。「愚者は経験に学び、賢者は歴史に学ぶ」（ビスマルク）。「愛国心はならず者の最後の避難場所である」（サミュエル・ジョンソン）。

政治や権力、愛国心について、ずばりと本質を衝《つ》いている。最後の「愛国心は…」は、最近よく引用される。声高に愛国心が言われる現状に対して、こんな言葉があるぞ、気をつけろ、という気持を込めて言われる。でも、慣用句や西洋の有名な言葉を引くのは、ちょっとずるい。卑怯《ひきょう》でもある。これは自戒の念を込めて言っている。僕も有名な作家や政治家の言葉を引用して、ほら見ろ、こんな偉い人だって言ってるんだと書いてきたと思う。他人の権威を借りて自分の言葉の正当性を主張し、他人を黙らせようとする卑《いや》しい気持ちが、どこかにあったと思う。

「ガイサンシーとその姉妹たち」の上映後、班忠義監督と対談（12年12月8日）

テレビや新聞で解説者もこの手を使う。愛国心を言い立て、日の丸を持って騒ぐ人たち。それはうるさい右翼や、ネット右翼たちが多い。ならず者ばかりじゃないか。でも、そうは言えないから、「サミュエル・ジョンソンはこう言ってます。そういう危険性もあると警告しています。だから我々も気をつけましょう」と。自分の本心を隠し、きれいにまとめる。そういう時によく使われる。でもずるい。腰が引けている。有名人の言葉に逃げ込まないで、自分の体験・自分の言葉として語るべきだ。愛国心、日の丸、君が代は、戦争をやりたい奴や、粗暴な右翼や、ヤクザなどが大声で言い立ててきた。それを自分は見てきた。だから気をつけよう、と言えばいい。しかし、勇気がなくて、そうは言えない。だから西洋人の言葉として言う。

「西洋人の有名な言葉・慣用句は、マスコミ人の最後の避難場所である」

今、考えたんだが、これも言えると思う。それに、サミュエル・ジョンソンは、いつ、どんな場面でこの言葉を言ったのか、実はよく分からない。本人の書いたものにはない。お弟子さんの書いた伝記を読むと、ちょっと出てくる。友人たちと楽しく食事をしている時に、ポロッと言ったのだ。祖国イギリスの話だとか、嫌な政治的事件があったとか。それは何も書いてない。ならず者のような人間が、愛国心を言い立てて、それが不愉快だ、といった背景もない。僕の調べ方が足りないのかもしれないが、唐突に、何の背景もなく、この「名言」は語られている。そして一人歩きして、「愛国心」について語られる時、必ず引用される。

もう一つ、気になっている言葉がある。高校の社会科で習い、それ以来、これこそ民主主義の基本・本質であり、人間の生きる指針だと思ってきた。ヴォルテールの言葉だ。

「私は君の意見には反対だ。だが、君がそれを言う権利は命をかけて守る」
凄い言葉だ。カッコいい。高校の先生も、「これこそが人生で一番大切なことです」と興奮して教えていた。「今、すぐに分からなくても、大人になったら分かります」と言っていた。高校はミッションン・スクールだったから、聖書の言葉も引用して先生は話していたようだ。「右の頬を打たれたら左の頬を向けよ」という言葉だ。つまり、愛や寛容を説くために引用されたのかもしれない。

そんなことが出来るのかな、と高校生だった僕は思った。なにか偽善的な臭いを感じた。あるいは自分を殺し、他人の為に尽くす絶対的な愛なのだろうか。それに、社会に対し、まだ「自分の考え」もないし、「君の意見」も知らない。大学受験のことで頭は一杯で、他の事を考えられない、利己的な高校生だった。大学に入り、政治・経済・哲学を学び、会社に勤めて社会人になったら、このヴォルテールの言葉も分かるだろう。それが「大人になる」という事だろう。そう思い、そう信じていた。

ところが社会に出て、対談、座談会に出ることが多くなったが、ヴォルテールのような人は一人もいなかった。逆に、ちょっとでも考えが違ったら、「命をかけて」つぶそうとする。相手が喋っていると、大声で怒鳴り、割り込み、遮断《しゃだん》する。自分だけが喋り、相手には何も喋らせない。また、そうした喧嘩状況の対談が「面白い」とみえ、どんどんやらせようとする。どこにも民主主義はない。言論の自由もない。ヴォルテールもいない。

学生になって以来、ヴォルテールのこの言葉を探した。しかし著作集にはない。別の人間が「ヴォルテールはこう言ってた」と書き、それが後世に伝えられたようだ。では、誰に向かい、どんな状況の中で言われた言葉なのか。これもよく分からない。一説では、友人への手紙で言ったというが、現物は残ってない。女性への手紙の中で書いたらしい、と言う人もいる。男女間の恋のもつれで非難され、「もういいや、何でも言ってくれ。勝手にしろ！」という状況で言ったのか。いくら何でも、それはないだろう。

どんな状況・背景で言われた言葉か知らないが、この言葉だけが一人歩きした。そして、民主主義、言論の自由の本質を言い当てた名言として残った。それはそれでいいのだろう。それを契機として言論の自由を考え、実践しようと努力すればいいのだから。

僕だって、この言葉の出自は知らないまま、いい言葉だと思った。出来ないだろうが、この真理に少しでも近づこうと努力してきた。かなり無理をしながら。背伸びしながら。何も、「寛容な心」「愛」が動機ではないが、自分がやってこなかった運動には興味がある。また、理解できないような考えも聞いてみたいと思う。好奇心だけで、左翼やアナキストや、いろんな犯罪者たちと話し合った。そんな人達と話したのは、何も彼らに「発言の場」を提供しようという博愛の気持ちではない。ヴォルテールのような寛大な精神でもない。単なる個人的な好奇心だ。

それに、自分だって世の中の一般の人々から見たら、「怪しい」「危ない」「近づきたくない」犯罪者だ。そんな自分にも「ものを言う権利・自由」を認めてくれた人がいる。その人たちこそヴォルテールだ。多くのヴォルテールが僕に発言の場を与えてくれた。だから、そのほんの一部を左翼や他の異端者たちに、「おすそ分け」しているのだ。利己的で、自分のことしか考えない高校生だった僕が、そのまま大人になっただけだ。

何度も言うように、多くの「現代のヴォルテール」に助けられて僕は生きてきた。本も書いてきた。

その「体験」から学んだのだ。とても歴史から学ぶことは出来なかった。でも、いいだろう。遠藤誠弁護士はマルクス主義者にして仏教徒だった。「俺は釈迦マル主義者だ」と言っていた。よく出版記念会などをやり、左翼、右翼、弁護士、判事、検事、大学教授、犯罪者……と、あらゆる人間をゴッタ煮で呼んでいた。皆に挨拶をさせるが、条件が一つあった。「俺を誉めるな。批判しろ！」と言うのだ。皆に「自分を批判する権利だけ」を認めていたのだ。ヴォルテール以上だ。筑紫哲也さんが『若者たちの神々』で取り上げてくれた。田原総一朗さんが「朝まで生テレビ」に出してくれた。命がけの決断だったと思う。だって、当時はまだ危ないこともやっていた。何か破廉恥《はれんち》な事で捕まったら、この人たちは、責任を取る覚悟だったのだろう。

さらに取りとめもなく思い出す。辛淑玉《シンスゴ》さんと2人、地方の講演会に呼ばれた。直後、地元の反対があり、「右翼はマズイ。辛さんだけでお願いしたい」と言ってきた。まあ、よくあることだと僕は了承した。しかし辛さんは納得しない。「鈴木さんを降ろすのなら、私も行かない」。それで2人の講演を向こうは渋々認めた。ここにもヴォルテール以上の人がいる。

戦旗派の荒岱介《あらたいすけ》さんは学生時代の〈敵〉だ。でも、ブントと組織名を変えた時、シンポジウムに僕を呼んでくれた。「いくら路線を変えたといっても右翼を呼ぶのは認められない」と幹部も反対した。「そんなことをしたら我々は辞める」と。「じゃ、辞めていいよ」と言って僕を呼んでくれた。実際、何人か辞めたようだ。僕だったらこんなことは出来ない。

そして急に最近の話になる。12月1日（土）、新潟の日教組に呼ばれて講演してきた。4日（火）には山形の社民党の人が主催する「佐高塾」に出て佐高信さんと対談した。8日（土）にはオーディトリウム渋谷で、従軍慰安婦の映画「ガイサンシーとその姉妹たち」を見て、班忠義《バンチュンイ》監督と対談した。右翼の襲撃があるのではないかと心配され、警察が警戒する中で実行された。

昔の〈敵〉が、僕なんかを、よく呼んでくれたと思う。感謝感激だ。内部では随分と反対があったと思うが。新潟・日教組は正確には、日教組加盟の新高教だ。新高教（新潟県高等学校教職員組合）第39次教育研究集会だ。僕は「教育と〝愛国〟」のテーマで講演した。それから質疑応答。活発な質問が出た。「右翼の人と話すのは生まれて初めてですから」と言う。「なぜ右翼の人は日教組を目の敵《かたき》にするんですか」とも聞かれた。

街を走っている黒い街宣車のボディには、今でも「日教組打倒」「北方領土奪還」と大書されている。あとは「憲法改正」だ。その中でも、憲法と日教組は「諸悪の根源」だと言う。僕らも昔はそう思っていた。日教組大会や日教組教研集会には、全国の右翼が抗議に集まる。最盛期は全国から何百台もの街宣車が集まる。初めて右翼団体を作った人も、まず日教組大会に押しかける。これが右翼と認められる条件だ。日教組大会への抗議は「民族派の祭典」と呼ばれる。オリンピックと同じで、参加することに意義があるのだ。警察だって、右翼を煽りながら、ギリギリのところで阻止する。そして、「俺たちがいるから大事件にならないのだ」と存在をアピールする。わざと「話し合い」をさせない。「対立」を煽る方が警察にとっては楽なのだ。いや日教組にとっても、右翼にとってもそうだろう。

不毛な時代だった。しかし、話し合えない状況はずっと続いてきた。「対立」を煽って味方の団結を維持する方が楽だからだ。それは国家についても言える。「反対の意見」の人を呼んで話を聞く。とても勇気のいることだ。そんな最先端の現場で、「ヴォルテール体験」をしてきた。

第16回

三島事件の「陰の主役」

『創』13年3月号

寺尾克美さんと（12年1月7日）

70年の三島事件の時、三島由紀夫に日本刀で斬られ重傷を負った元自衛隊幹部に話を聞いた。貴重な証言だし、まさに歴史の証人だ。瀕死の重傷で、救急車で運ばれる時、「間に合わない！　もうダメだ」と話している救急隊員の声が聞こえた。だが奇跡的に助かった。助かってよかった、と思った。もし死んでいたら、「三島事件」はなかった。いや、事件は全く違ったものになった。三島らの一方的な「殺人事件」「テロ」になり、三島の〈訴え〉は人々に届かなかっただろう。その意味では、この元自衛隊幹部が（三島に四太刀も斬られながら）、三島を救った。「三島事件」にしてくれた。

この人は寺尾克美さんだ。当時、陸上自衛隊中央会計隊長だ。43年前、人質になった総監を救出しようとして総監室に飛び込み、三島たちに追い出された自衛官が何人かいた、という話は聞いていた。何人かは怪我をした、とも聞いていた。でも、これほどの重傷者がいたとは思わなかった。

寺尾さんの話を聞くのは2度目だ。初めは２０１２年の10月22日だ。アルカディア市ヶ谷で行われた三島由紀夫研究会の公開講座で寺尾さんの講演を聞いた。「三島由紀夫事件の真相」と題したこの話は余りに衝撃的だった。それで、13年の1月7日、もう一度、話を聞かせてもらった。月刊『紙の爆弾』で対談の連載を持っているので、そこに来てもらった。詳しく話を聞いた。その後も近くの居酒屋でさらに話を聞いた。

事件の時（70年11月25日）、何が何だか分からないまま総監室に飛び込んだという。中では益田兼利総監が三島、それに「楯の会」4人と和気あいあいと話していた。約束をして三島らは面会に来た。総監にとっても大事なお客様だ。だから部下の立ち会いもない。益田総監も安心しきっていた。

当時はまだ、自衛隊に対し「憲法違反だ！」「税金泥棒だ！」と言って批判し、白眼視する人も少なくない。そんな中、三島らは何度も体験入隊し、それを週刊誌に書いた。自衛隊にとってはありがたい話だ。いわば「広告塔」だと思っていた。だから三島のことは大事にした。寺尾さんによれば、「友軍」だと思っていたという。たった１００人の「楯の会」を「友軍」と認めていたのだ。三島らはＶＩＰ待遇だ。事件の日も、三島らは日本刀、短刀、特殊警棒などを持って正面から堂々と入っている。「友軍」だから身体検査はない。荷物検査もない。車に大量の武器や、総監を縛るためのロープ、演説時に使うための垂れ幕、ビラなどを積んだまま、堂々と入った。

当日の新聞、テレビには「三島由紀夫、自衛隊に乱入」と報じられたが、「乱入」ではない。堂々と入っている。市ヶ谷にある自衛隊東部方面総監部で益田総監と会い、話をしていた。「客」は、三島の他に、「楯の会」の4人。森田必勝、古賀浩靖、小賀正義、小川正洋だ。

三島が持ってきた日本刀、「関の孫六」を見て、総監自身が「そんなものを持ってよく入れましたね」と驚いている。「これは美術品で、所持証明がありますから」と鞘《さや》から抜いて見せる。「波模様の三本杉が特徴です」と三島は説明する。そして、「楯の会」の隊員に合図して、いきなり総監を椅子に縛りつけ、人質にする。「中庭に全隊員を集めろ」と要求する。

お茶を持って総監室に入ろうとした自衛官が異変に気付く。中から鍵がかけられ、ドアには机や椅子でバリケードが築かれている。近くの部屋で会議をしていた寺尾さんたちも駆け付ける。中で何が起こっているか全く分からない。皆で体当たりし、ドアを破って入る。「初めは何が起きたと思ったんですか」と寺尾さんに聞いた。「何か、突然学生だけが暴れ出したのかと思いました」と言う。

ところが中に入ると三島が木刀（と見えた）を構えている。総監は椅子に縛りつけられ、学生が総監の胸に短刀を突き付けている（それが森田必勝だとは後で分かった）。「部屋から出ろ！」「出ないと総監を殺すぞ！」と三島らは叫んでいる。そして三島は日本刀で、学生は特殊警棒で自衛官を追い出す。警棒をよけながら寺尾さんは総監の傍に行った。短刀を総監に突きつけている森田を見て、「これなら短刀を奪い取れる」と思った。さすがは武人だ。普通の人なら、そんなことは思わない。そこが違う。突きつけても、そのままでは刺せない。少なくとも深く刺せない。一度、腕を引いて、「ため」を作ってからでないと刺せない。その瞬間に飛び込めばいい。そう思い、実行した。短刀を持った森田の手首をつかみ、前に引き倒し、その腕を踏んづけた。そして右手で森田を殴りつけた。

43年も前の話だが、聞いていて、いい気持ちはしない。森田とは早稲田で一緒に右派学生運動をした。むしろ彼を運動の世界に誘ったのは僕らだ。寺尾さんの話を聞きながら、内心は複雑だ。チクショウ！と思うところもある。話は43年前の寺尾さんに戻る。森田を殴ったら、その右手に赤い液体が流れてきた。後で知ったが血だった。三島が後ろから日本刀で斬ったのだ。それでも森田を押さえつけている。三島はさらに三太刀、背中を斬りつけた。ただ痛みは感じない。まさか日本刀とは思わない。三島は木刀を持っていると思ったからだ。

短刀を奪い取って部屋を出る。「大変だ！　斬られてる」と同僚に言われ、初めて大怪我に気づく。そして救急車で運ばれた。

後で分かったが、この時、怪我をした自衛官は9人。そのうち6人が入院した。最も重傷だったのは寺尾さんだ。自衛官を総監室から追い出し、三島はバルコニーから演説。そして部屋に戻り、自決。森田必勝も続いた。そのことを寺尾さんは病院のベッドの上で聞いた。事件後、入院をした6人を、三島夫人が見舞いに来た。お詫びに来たのだ。一人一人に、謝罪して回った。「なんで俺がこんな目に遭うんだ」「友軍だと思っていたのに……」と怪我をした自衛官は思っていたはずだ。ただ寺尾さんの対応は違っていた。

夫人が謝ると、「いや、こちらこそ三島さんのやろうとしたことを邪魔してしまい、申し訳ありませんでした」と寺尾さんは言った。その瞬間、奥さんは大粒の涙をポロポロと流したという。凄い話だ。よくそんな心境になれたもんだ。もしかしたら死んでいたかもしれないのに。

「前から三島の作品は読んでましたし、それにあの直後に自決した。なぜだろうと随分と本を読んで勉強しました」と言う。今では三島事件のことを「義挙」と言う。「もっとも自衛隊にいたときは、そこまでは言えませんでしたが」と笑う。

三島、森田は自決し、あとの3人は逮捕され、刑務所に入る。そして何と、出所後3人は寺尾さんの所に、お詫びに来たという。森田必勝のお兄さんが連れて来た。43年目にして初めて知る話だ。この話を聞いて、左翼とはそこが違うな、と思った。たとえば、左翼は企業に爆弾を仕掛けて逮捕され、刑務所に入る。たとえ出所しても、その企業や会社の人に謝罪に行くことはない。「敵」は今も「敵」だし、それに謝罪するのは「変節」であり、「転向」だと思うのだろう。

12年は連合赤軍事件から40年、ということで、「連赤事件を考える集会」があったり、新聞、雑誌でも特集された。僕もシンポジウムに呼ばれた。また、テレビにも植垣康博さん（元連合赤軍兵士）と一緒に出た。初めは、当時警備に当たった人たちも含め、一緒に出てもらい、「あの事件は何だったのか」という番組にしようとした。40年も経ったんだ。当時、警察側は何を考えていたか、聞いてみたい。いろんな方面から〈歴史〉を見ることも必要だ。植垣さんも僕も了承した。ところが、向こうが拒否した。「仲間の警官が2人も殺されているのだ。そんな奴らと話せるか」と言う。「それに、一度も謝罪に来てない」。

謝罪に行ったらいいのに、と僕は思うが、「権力」に謝罪することはありえないのか。少なくとも、亡くなった警察官個人、遺族には謝罪すべきだと思うが。それも出来ないのか。

再び寺尾さんの話に戻る。事件後、益田総監からは、「貴公は一番勇敢で沈着且つ冷静だった」と褒《ほ》められたという。もし冷静さを失い、カーッとなって行動したら、どうなっていたか。たとえば、森田から奪い取った短刀で益田総監の縄を切り、連れ出そうとしたら……。あるいは三島に向かって行ったら……。「そのときは貴公の命はなかったかもしれないし、私の命もなかっただろう」「あの場で死人が出たら収拾がつかなくて大混乱になったと思う。よくぞ沈着、冷静であった。これが真の勇気というものだ」と益田総監は言った。

三島は剣道、居合道の達人だから、手加減して斬った。もしカーッとなっていたら、思い切り斬りこむ。あるいは刺す。殺す方が簡単だ。あの時は、脅しで斬りつけ、部屋から追い出そうとした。もし寺尾さんが武器を持って向かって行ったら、あるいは益田総監を救出しようとしたら、三島は本気になって斬っただろう。益田総監も武士だ。自分が殺されるのは覚悟をしていたと思う。だが部下が殺されたら責任上、自分は生きておれない。命をもって責任を取る。そういうことを言いたかったのだろう。ともかく、三島にとっても自衛官にとっても、危機一髪の事件だった。

1月14日（月）、四日市へ、森田必勝氏のお墓参りに行く。寺尾さんの話を聞いたよ、と報告した。もう今は恨みもないだろう。帰り、必勝氏の母校・海星高校を訪ねた。大雨の中、必勝氏の後輩たちがサッカーの公式試合をやっていた。校長先生とも会い、必勝氏のことを話し合った。

1月17日（木）、新宿で若松孝二監督の遺作『千年の愉楽』（3月全国公開）の先行上映会。夜、2回上映があり、出演者が挨拶する。佐野史郎さん、高良健吾さん、寺島しのぶさん、高岡蒼佑さん、井浦新さん……。映画の話よりも若松監督の思い出の方が多かった。

この日、若松プロの人から、「11・25自決の日――三島由紀夫と若者たち」のDVDをもらった。2時間の本編の他に、先行上映会のトークショー、公開時のトークショー、撮影時のメイキングビデオなども入っている。若松監督、三島役の井浦新さん、森田必勝役の満島真之介さん、そして森達也さんや僕も、トークショーには出ている。これは貴重だ。僕も「企画協力」で名前が出ているし、光栄だ。いい記念になる。井浦新さんとは森田必勝氏の墓参りに行ってきた話をした。それから、三島に斬られた寺尾さんの話をした。「そんなことがあったんですか。凄い話ですね」と驚いていた。

第17回

教会で宗教体験を語る

『創』13年4月号

フランス国民戦線のゴルニッシュ顧問と

「鈴木さんの宗教体験を話して下さい」と言う。そして「キリスト教について話して下さい」と言う。それも日本キリスト教団名古屋教会で話してくれという。驚いた。それ以上に嬉しかった。僕のことをよく知っている。本も読んでくれているからだろう。40年以上、右翼運動をやっているが、実は運動に入るキッカケは〈宗教〉だ。宗教の運動が原点で、その延長線上で右翼運動に入ったのだ。「生長の家」の学生運動だ。乃木坂にあった「生長の家学生道場」に入り、毎朝4時50分に起床して、お祈りし、修行した。大学でも布教活動をした。また、「今は日本が危篤だ。宗教者も日本を救わなくてはならない」と言われて、左翼学生と闘った。乱闘もした。闘う僧兵のような気持ちだった。そして、「右翼学生」と呼ばれるようになり、本物の「右翼」になった。その経過を語ったらいいのだろう。

それに僕は高校はミッションスクールだ。そこでの体験は大きい。悩み、苦しんだ。学校に反発し、「キリスト教なんて嫌いだ」と思った。その頃の話もすればいいのだろう。面白そうだ。キリスト教に対する疑問、反発、批判も話せる。それも教会でだ。だって、僕の演題は、「私の宗教体験を通して＝キリスト教を外から見れば＝」だ。さらにこの集会のテーマは「いま、『愛国』について考える＝排外主義への異論＝」だ。それも踏まえての僕の「宗教体験」告白だ。

2月11日（月・休日）午後1時から、日本キリスト教団名古屋教会で行われた。初めに開会礼拝があり、久しぶりに讃美歌をうたい、牧師さんの説教を聞いた。説教をしてくれたのは後藤香織さんで日本聖公会中部教区司祭だ。「鈴木さんの後輩です」と言う。東北学院榴《つつじ》ヶ《が》岡《おか》高校の出身だという。牧師さんになった人もいたのかと驚いた。僕の印象では、県立高校を落ちて入ってきた生徒ばかりで、必死に勉強ばかりしていた。キリスト教には皆、無関心だと思っていたのに……。

この集会の主催者は名古屋中村教会の牧師さんで岩本和則さんだ。会場に着いたら「第47回　名古屋キリスト者集会」と看板が出ている。その横に、「2・11『建国記念の日』反対」と書かれている。その集会だったのか。案内状は送られてきていたが、それは見落としていた。教会から呼ばれた、と感激して、2・11の意味なんて考えないで来たのだ。それに、「反対集会」というが、もう47回を迎え、今は様変わりしている。いろんな立場の人を招いて、話を聞き、討論しているようだ。現に、「建国記念の日」に触れた人はいなかった。僕も「愛国心」と「宗教」の話を中心にした。

「今はキリスト教の素晴らしさも分かるし、ミッションスクールを出てよかったと思っています。こうして教会にも呼んでもらえるし」と初めに言った。学校では日の丸・君が代は一切ない。その強制がなかったので、排外的ではない穏やかな愛国心を持つことが出来た。命の大切さも教えられた。自分の命は神から与えられたもので、自分勝手に処分してはいけないと教えられた。高校が出来て50年になるが、自殺した人は一人もいない。

「だから全国の中学・高校は全てミッションにしたらいい。穏やかな愛国心が生まれます。年間３万人の自殺者もゼロになります」と言った。満員のキリスト者がドッと沸いた。極論だ。それに、これも「強制」になるからマズイか。高校で日の丸・君が代の強制はなかったが、キリスト教の強制はあった。それで嫌いになった。今は、キリスト教の良さも分かるし、世界の文学、音楽、美術などを理解するのにも役立っている。いい体験だったと今は思えるが、そう思うまで30年もかかった。先生にも反論し、喰ってかかった。その頃のことを思い出しながら、教会で講演した。

学校はスパルタ教育だった。遅刻した、服装が乱れている、授業中に私語をした……そんな些細《ささい》なことで教師は生徒を殴る。日常的に殴る。「何が神の愛だ！」と反発した。朝は30分、礼拝がある。さらに「聖書」の授業があり、試験もある。「三位一体について述べよ」とか、「宗教改革について述べよ」という問題がある。さらに新約聖書の目次を暗記させられた。そんな形式を覚えてどうするんだ。大切なのは内容だろうと反発した。しかし、正課の授業だし、落としたら卒業も出来ない。この地獄のような状況から脱出しなくては、と必死で覚えた。「マタイ伝、マルコ伝、ルカ伝、ヨハネ伝」……と。何の意味があったのか、今でも疑問だ。

一番疑問に思ったのは宗教改革についてだ。プロテスタントの学校だったから、宗教改革を最大限に評価する。それまでのキリスト教は腐敗し、堕落していた。金を出して「免罪符」を買えば罪は許されると言った。そんな教会のあり方を批判し、ルターやカルヴァンは宗教改革をやった。それは立派なことだと思う。だったら、腐敗・堕落し、宗教改革によって打倒されたはずのカソリックは何故、今も残っているのか。それが疑問だった。先生に聞いたら、「理屈ばかり言うな！」と怒鳴られた。

カルヴァンは「正義の人」だ。宗教改革をやった。自己にも厳しいが他人にも厳しい。小さな悪でも見逃さない。「正義」を行うことに躊躇《ちゅうちょ》する者も許さない。「正義」の強制だし、従わない者は徹底的に弾圧する。この偏狭さ、峻厳さが原因かもしれないと思った。だから、カソリックが残ったのだろう。同じ頃、『世界の名著』で「ルター」を読んだ。宗教改革以後のルターは、カルヴァンと似ている。自分の正義に反対する者、ついて来れない者は徹底的に排除し、弾圧する。ドイツ農民戦争の時は、反逆する農民を殺す者が天国に行ける、と言っている。

カルヴァンやルターに対する僕の理解は浅いかもしれない。間違っているかもしれない。そう思って、宗教に詳しい佐藤優さんに聞いたことがある。書店でトークした時だ。その時の佐藤さんの答えに驚いた。「そうです。カルヴァンはビン・ラディンです。ルターは麻原彰晃です」と言う。そこまで言うか、と思った。じゃ麻原は100年後、評価されてルターのようになるのか。「それはありません。ただ、宗教改革は何だったのか。それが問い直されるでしょう」と言う。

難しい話だ。それは今後の僕の課題でもある。ただ、正義や普遍的な〈愛〉について考えさせられた。三島由紀夫は、「愛国心という言葉は嫌いだ」と言っていた。自分だけ高見から日本を見て、犬や陶器をめでるように日本をめでている。また、権力者が上から押しつけるイメージがある。さらに、〈愛〉は普遍的なはずなのに、国境で区切られた愛なんておかしいと。僕もこれは分かる。迷い、悩みながらも、高校で「普遍的な愛」について考える機会があったからだと思う。

さらに思うのだが、「愛国心」「愛国者」には愛がない。愛というのなら穏やかに胸の中にしまっておけばいい。声高に言わず、行動で示したらいい。でも今は言った者勝ちだ。「俺は愛国者だが、他の人間は愛国心がない」と、他を糾弾し、陥れる言葉になっている。これでは言葉ではない。兇器だ。

いや、問題は「愛国者」だけではない。自分の正義にしがみついている人は右翼にも左翼にもいる。宗教活動家にもいる。僕はいろんな宗教の友人がいる。誘われて多くの集会に行った。ただ、嫌だったのは、「体験談」だった。信仰を持って、こんなに幸せになりました、というのはいい。理解出来ないのは、たとえば飛行機に乗り遅れた。そしたらその飛行機が事故にあい全員が死んだ。私はこの信仰があったので救われたのです！と誇らしげに言う体験談だ。亡くなった人々への同情や悼みはない。信仰を持っていた「正義の人」だから自分は救われたという「思い上がり」だけだ。こんな人間一人を救う為に神は飛行機を落としたのか。天罰として。そんなことはない。また、信仰者なら、「私だけが助かって申し訳ない。私が死んで他の人が助かってほしかった」と思うべきではないのか。

〈正義〉を持って〈正義運動〉をしている人は、陥りやすい欠点だ。愛国心も〈正義〉だ。国民として当然のことではないか、と言われたら誰も反論できない。そして暴走する。僕は右翼運動の正義も、その中にいる心地よさも知っている。宗教活動の使命感と幸福感も知っている。若い時は、一生を聖なる宗教活動に捧げようと思ったほどだ。その楽しさと尊さを知ると同時に、〈正義〉運動の怖さも知っている。〈正義〉のために、どれだけ多くの闘いがあり、戦争が起こされたかも知っている。そうならない為にも、もっともっと寛容になる必要がある。また自分がどう思われているか、「外からの眼」が必要だと思う。

〈正義〉の為ならば暴力もテロも時としては必要だ、と昔は思っていた。「外からの眼」がなかったからだ。名古屋の教会ではそんなことを話した。とても有意義な時間だったと思う。

第2章 ヘイトスピーチとの闘い

2013年3月24日、排外・人種侮蔑デモに抗議する国会集会

第18回

よいデモも、悪いデモも

『創』13年5・6月号

排外・人種侮蔑デモに抗議する国会集会(13年3月14日)

たとえ遊び半分や悪戯《いたずら》でも、ネットに「○○を殺す」とか、「○○を襲う」と書き込んだら即座に逮捕される。ところが、「朝鮮人首吊レ」「良い韓国人も悪い韓国人もどちらも殺せ」といったプラカードを持った排外的なデモは野放しだ。堂々と行われている。マイクで「射殺しろ」「殺せ」と叫び、差別的発言を繰り返す。警察も、こんな暴言連呼デモを許可し、守っている。奇妙な話だ。

こんな民族排外デモが行われていては、オリンピックを開く資格はないだろう。韓流の街、東京・新大久保や、在日の人の多い大阪・鶴橋などで頻繁《ひんぱん》に行われている。果たして、これがデモなのか。「言論の自由」なのか。内容は「殺人教唆《きょうさ》」ではないのか。そう思っている人が多いが、声をあげない。

「あんな下劣な連中と同じレベルで闘いたくない」「皆が、おかしいと思っている。無視したらいい。すぐに消える」……そう思っている人が多い。ちょっとでも批判したらドッと組織的な逆襲が来る。ブログやツイッターも炎上する。それが怖い。トラブルに巻き込まれたくない。そう思うのだ。そして、「警察は何をしているのだ」と叫ぶ。こんな連中と係わり合いになりたくない、と思う。マスコミも取り上げない。「困ったことだ」「異常だ」と、皆、思っていても、声をあげる勇気がない。及び腰だ。

だから、この集会は勇気があると思った。この排外的なデモはおかしいと、声をあげたからだ。それも、国会議員11人が呼びかけ人となって、３月14日（木）、参議院議員会館で行われた。「排外・人種侮蔑デモに抗議する国会集会」だ。午後４時から始まった。定員２００人の会場には３００人もの人が集まり超満員だ。関心の高さがうかがわれる。「これではダメだ」「何とかしなくては」と皆、思っているのだ。発起人になった国会議員は勇気がある。文句なしに偉い。有田芳生、田城郁、平山誠……の議員たちだ。

この日初めに挨拶した安田浩一氏（ジャーナリスト）は、「集会が開かれた意義は大きい。しかし在特会とつながっている政治家もいる。政治家としてこの問題に対して具体的に検討してもらいたい」と訴えた。在特会は「在日特権を許さない市民の会」で、一連の民族排外デモを主催する団体だ。安田氏は『ネットと愛国――在特会の「闇」を追いかけて』（講談社）で彼らの実態を克明に描いた。

在特会は「在日コリアンをはじめとする外国人が日本で不当な特権を得ている」と訴えて勢力を広げてきた市民運動団体だ。差別用語を連発し、口汚く罵《ののし》るので、テレビの討論番組には出せないし、彼らも出ようとしない。ニュースでも取り上げない。たとえ批判的に報道しても、「差別用語を流した」「排外主義的な言葉を何故紹介するのか」と視聴者からクレームが来る。

マスコミは一切無視だ。彼らはそれを逆手に取って、ネットで自分たちの主張や行動を流す。「よくぞ言ってくれた」と賛同する人もいる。僕らにだってあるかもしれない。でも、言ってはいけないと自制している。そういう小さな差別や排外主義の芽だ。だから、「在特会はあなたの隣人だ」と安田氏は言う。「彼らは、われわれ日本人の〝意識〟が生み出した怪物ではないのか?」と言う。

また「在特会とつながっている政治家もいる」とも言う。彼らの集会で挨拶したり、また、対中国・対韓国問題で激越な発言をすれば在特会やネット右翼が「よく言った」と評価してくれる。それで「国民の多くが支持してくれている」と錯覚する。今の自民党だって、そういう強硬、排外的な〈風〉に支援されている。漠然とだが、与野党を問わず国会議員はそれを感じている。だから、こんな集会には出たくない。火中の栗を拾いたくないのだ。有田芳生議員は、かつてオウム真理教と闘った。統一教会とも闘った。闘士だ。今回も、「排外デモ」に立ち向かっている。国会集会では言う。

「『殺せ、死ね』などの言葉が、日常用語化しており、歯止めをかけないといけない。この問題については国会でも質問していきたい」

有田議員が司会で、初めにこう挨拶をし、安田浩一氏、上瀧浩子氏(弁護士)、金尚均氏(龍谷大学法科大学院教授)の報告。それから、僕、木村三浩氏(一水会代表)、森達也氏(作家)の挨拶があった。森氏は「学校のいじめと同じ構図だ」と強調。木村氏は、「排外デモをしている人は右翼ではない。右翼は差別などしない。権力に対して闘うのが右翼だ」と断言した。

上瀧氏や金氏は、なぜこんな排外的なデモが許されているのか、外国の例や法律的な問題点を挙げながら話をする。

暴力や差別を煽り侮蔑的表現を行うことを、ヘイトスピーチ(憎悪表現)と呼ぶ。特定の個人や団体への攻撃ならば、名誉棄損罪や侮辱罪になる。だが、相手が「朝鮮人」というだけでは抽象的すぎて、刑法の適用は難しいという。この二人の報告を受けて、いろんな人たちが発言する。だったら、法改正すべきではないか。警察にデモを認めないように言うべきではないか。いや、それはマズイ。警察の力を強めるだけだ。ヘイトスピーチを口実に、他の政治的デモも弾圧される危険性がある。「言論・表現の自由」が規制される……と。

金尚均氏は、「ドイツで実施されている『民衆扇動罪』のような法律が日本でも検討される必要がある」と指摘した。ドイツはヘイトスピーチを厳しく処罰する。ナチス下のホロコーストの事実を否定するような言動も禁じている。英国やカナダにも規制法がある。朝日新聞（3月16日）は、この国会集会を取り上げ、〈規制〉について、こう書く。「人々の尊厳を守るため、表現の自由をどれだけ制約できるかは難しい問題だ。日本では戦前の言論統制の経験もあり、憲法学者には消極論が多い」

国会集会で木村三浩氏は言っていた。「新しい法を作ることも、デモを規制することも反対です。我々自身が反対の意思表示をするべきです」

僕もこれに賛成だ。安田浩一氏が言うように、これを「自分の問題」として考えるべきだ。安易に、法改正、警察に頼るべきではない。それに、警察にとっては、今ほどいい時代はない。何か問題があると、「警察は何をしているのだ」「しっかりしろ」という声が大きくなる。それだけ国民は警察を頼りにしているのだ。国民を守ってくれるのは警察しかないと思っているのだ。その空気が更に熟成するのを待っているのだ。

さらに言うならば、排外デモは警察（公安）の庇護《ひご》の下にやられている。極端に言うならば、警察

（公安）がやらせているのだ。『創』誌上でも報告したが、映画「靖国」や、映画「ザ・コーヴ」の上映をめぐり、反対するネット右翼の人たちと僕は闘った。

たとえば映画館の前で、1時間以上も、「こんな反日映画を見るな！」と集団で演説している。もし右翼が街宣車で来て同じことをしたら即、逮捕だ。また、彼らは映画館支配人の家に押しかけ、年とったお母さんを脅しつける。それをネットで流す。右翼が同じことをやったらすぐに捕まる。

彼らが街宣していいのなら、「僕にも喋らせろ」「ここで討論しよう」と言ったら、警察に阻止された。邪魔しないでくれ、と。ある日は彼らのハンドマイクで殴られた。カッとなって殴り返そうと思ったが、やめた。殴り返した僕の行為だけを取りあげて、僕だけが逮捕されるだろう。そう思ったからだ。

警察（公安）は騒ぎを押さえ、事件を防ぐ為にあるのではない。騒ぎや事件が全くなくなったら、自分たちの存在意義もなくなる。適度に騒ぎや事件があった方がいい。そこに駆けつけ、大きくならないように止める。「公安がいてくれたから大事件にならなかった。この程度で済んだ。やっぱり公安は必要だ」となるのだ。だから警察に過度に頼るべきではない。我々が声を上げ、立ち上がるべきだ。僕の挨拶の時は、そう言った。

田城郁議員は集会の最後に宣言文を読み上げる。

「私たちは韓国や北朝鮮との間の国際問題を原則に基づいて解決をはかっていく。しかし在日韓国・朝鮮人などを差別し侮蔑する行為は、公共の平穏を乱し、人間の尊厳を傷つけるもので、決して許されるものではない。私たち集会参加者は、排外主義、レイシズム（人種差別）の広まりを押しとどめる意思をここに表明し、これからも行動していく」

これはいい。デモの規制を求めたり、法の改正を求めるのには僕も反対だ。「ここに集まった300人で排外主義に反対するデモをやろう！」「ここに彼らも呼んで討論集会をやろう」と僕も訴えた。

この集会を報じた朝日新聞（3月16日）の最後には、「法規制の前に市民が動こう」と題した五野井郁夫氏（高千穂大准教授）のコメントが載っていた。

「五輪招致や日中韓自由貿易協定などを考えれば、彼らのデモが国益を害するのは間違いない。まずは市民が抗議の意思表示をし、やめさせる努力をすべきだろう」。

五野井氏は『「デモ」とは何か』（NHKブックス）の著書もあり、デモの必要性を強調している。脱原発デモ、官邸前デモにも積極的に参加している。だから安易なデモ規制は危険だという。

「法規制となると、政府に都合の悪い言論を権力側が恣意的に『ヘイト』とする恐れもある。表現の自由への制約の前に、できることは多くあるだろう」

さすがは「デモ」の研究家、権威の五野井氏だと思った。実は、五野井氏とは二回、「ニコ生」に出て、デモの効用について話したことがある。12年夏、脱原発デモが全国で盛り上がっている頃に一回。デモは日本を変える、と話し合った。そして二回目は13年の2月26日（火）だ。この時のテーマが何と、「脱原発デモはどこへ消えたのか？」。衆院選で自民党が圧勝し、「ほら見ろ、結果は出たじゃないか」と言わんばかりだ。原発推進派は勢いづき、再稼働に向けて進んでいる。参院選に勝利したら、憲法だって変えられる。デモは無力なのか。さらに、どうしたら有効なデモが出来るのか。非暴力の直接参加、直接行動の可能性についても話し合った。

第19回

「憲法論議」を嗤われた

『創』13年7月号

「激論!クロスファイア」。村上祐子アナ、鈴木、田原総一朗さん、山口二郎さん(13年5月3日)

昔は、「数は力」だと思っていた。右派学生運動をやっていた頃、その後の右翼運動の40年間、そう思っていた。数を集めてこそ我々の主張や〈正義〉は証明されると思った。集会をやり、デモをやる。「今は、集まった人が少ないから我々の声は人々に届かない。マスコミも取り上げない」と思った。だから、オルグ(勧誘)し、一人でも多くの人を集めようとした。右翼、左翼、市民運動を問わず、「運動」する人々はみなそう思っている。僕の中にもそんな思いこみは、まだある。

それなのに、こんな小さな集会が新聞に取り上げられるなんて、驚いた。「数は力」という「運動の定理」が崩れた。5月4日(土)、『創』の篠田編集長から電話があり、「今日の朝日に出てましたね」と言われた。何かの間違いだ。だって5月3日、憲法記念日の集会には出てない。取材もされてない。近くのコンビニに行って朝日新聞を買った。アッと叫んだ。社会面のトップに写真が出ている。前夜、ネイキッドロフトで行われた憲法についてのトークだ。民主党の小西洋之さん、憲法制定の映画「太陽と月と」を撮った福原進監督、そして僕のトークだ。でもお客さんは40人もいない。そんな小さな集まりが社会面のトップだ。

5月3日は改憲、護憲集会が全国で行われた。自民党が「日本国憲法改正草案」を発表し、参院選で勝利したら改憲すると言うし、その勢いに乗った改憲集会、それを阻止しようとする護憲集会が開かれた。5千人以上集まった集会もいくつもある。ところが、それらではなく、たった40人の集会が載っている。本来なら無視されてもいい小さな集会なのに。

そして5月6日の中日新聞だ。〈左右の論客「改憲」語る。中区で講演会〉と、大きく報道されている。呉智英さん（評論家）と僕が、5月5日（日）、名古屋で講演した。この時も参加者は50人ほどだ。こぢんまりとした集まりだ。まさか新聞に報道されるとは思わなかった。

また、北海道新聞（5月3日付）では、「安易な右傾化に警鐘」として、小林よしのりさんと僕が出ていた。

〈小林さんは自民党改憲草案を「おかしな所だらけ」と批判する。「9条改正を言うならまずイラク戦争を総括しなければならない。日本は米国の大義なき侵略戦争に加担した。それを総括しないまま改正するのは危ない。徹底的に防がなければ」〉

僕も自民党の「日本国憲法改正草案」には危険なところが多いと思う。だから言った。

「改正案では個人の権利や自由が束縛される。自由のない自主憲法ならば、自由のある押しつけ憲法の方がいい」

僕らは、「アメリカから押しつけられた憲法」を改正しろ、と言ってきた。しかし今の安倍政権の改憲では、よりアメリカ寄りのものになる。アメリカの侵略戦争に自衛隊も使われる。自主憲法ではない。また改憲派の小林節さん（慶応大学教授）は「96条改正はとんでもない。裏口入学と同じだ」と朝日新聞で言っていた。これは説得力がある。

昔ながらの護憲論者、「9条さえあれば平和だ」と思っている人々では、もう説得力がない。嵐のような「改憲ムード」を前にしては闘えない。そんな時、小林よしのりさん、小林節さんなどは、心強い。「ほら見ろ、改憲派の人々でも今の自民の改憲には反対している」と言える。そんな背景がある。僕もそうかもしれない（微力ながら）。だから取材がやたら多かった。テレビ朝日の「モーニングバード」に2回出たし、5月3日の「激論！クロスファイア」に山口二郎さん、田原総一朗さんと一緒に出た。改憲・ナショナリズム論議では、リベラルが霞《かす》んでいる。声高な右派が優勢だ。どうやったら今、リベラル勢力を結集できるか、というテーマだった。山口二郎さんは勿論《もちろん》だが、「最近は鈴木さんもリベラルと言われることが多いので」と田原さん。それは光栄だ。「現実」を語るばかりで、「理想」を語る人がいなくなった。いや、そんな場がなくなった。そんな話をした。「押しつけ憲法」ではあるが、憲法を作った人たちは、それなりの理想や夢を持っていた。憲法14条、24条を書いたベアテ・シロタ・ゴードンさんとは何度も会って話したが、その理想を感じた。当のアメリカでさえなかった理想を書いた。今、その憲法を改正しようというのなら、ベアテさん達以上の理想や夢を持っていなくてはならないはずだ。ところが、それがない。単なる「現実」追認だ。そして、昔に還ろう、だけだ。今の日本の状況は「右傾化」ではない。単なる「後戻り」だと、僕は言った。

そうだ、5月5日の呉智英さんとの対談でも、この話をした。中日新聞（5月6日）から引こう。

〈冒頭、鈴木さんが「昔は極右とされたが、最近はリベラル勢力ともいわれる」と自らを皮肉ると、

左翼運動の活動家だった呉さんは「最近は私の方が保守だと言われる」と笑いを誘った〉

まるで「左右逆転」だ。当初のテーマは「右からの脱原発」だったが、それは前半に話し、後半は憲法の話になった。呉さんは僕と同じ頃、早稲田にいた。全共闘だ。僕の敵だった。しかし今は左を超え、「俺は封建主義者だ」と言う。ただ、単なる「右派」「保守」ではない。だって今の改憲論議に対しては冷ややかに見ている。改憲派、護憲派を共に批判している。

〈呉さんは「理想の憲法を語るのだけでは単なる酒場論議。議論を深めるには憲法制定権力を考慮すべきだ」として「九条の改正は近隣諸国に危険視される。前文の『諸国民の公正と信義に信頼』を改正し、謀略戦を行えるようにするのが最も効果がいい。」などと語った。詰め掛けた五十人は、熱心にメモをとりながら聞き入った〉

「五十人」とちゃんと出ている。それでも、中日新聞は大きく載せている。「数」ではなく、呉さんの話の「質」に考えさせられたからだろう。

改憲・護憲論議を「単なる酒場論議」と斬って捨てる。あの時と同じだ。昔、憲法論議の本をまとめ、呉さんに「解説」をお願いした。そしたら、「こんなのは単なる酒場論議だ」と言ったのだ。そこまで言うかよ、とムッとした。その時の話から僕は始めた。「あっ20年前の本でしょう。覚えてますよ」と呉さん。当日、その本を僕は持って行ったので奥付を見たら、「一九九三年三月発行」と出ていた。本当に20年前だった。

当時としては画期的な本だと思ったし、挑発的で、かつ建設的な本だと思った。改憲・護憲論者がリレー形式で改憲を語る。この方法も画期的だ。『僕の憲法草案』（ポット出版）という本だ。〈護憲

・改憲：公式通りの建前から一歩はみ出す憲法論争〉と銘打っている。橋爪大三郎、景山民夫、鈴木邦男、伊藤成彦の4人による本だ。でも4人の座談会ではない。大体、4人は一度も会っていない。
第一部は「リレー討論。憲法草案を考える」だ。まず橋爪さんが草案を語り、そのゲラを見て景山さんが語る。同意、反論を含め、自らの憲法草案を語る。さらに2人のゲラを見て僕が喋る。その3人のゲラを見て伊藤さんが語る。第二部は「意見。憲法草案を読む」だ。第一部の全体を読んで、さらに自分の考えを書く。編集作業も大変だし、喋り・書く方も大変だ。でも座談会ではとても出来ない建設的な憲法論議が出来たと思う。

ところが「解説」を書いてくれた呉智英さんは、この4人の真摯《しんし》な議論をバッサリと斬る。第三部として「異見。憲法私案を嗤う」だ。「解説」を頼んだが、余りに激しいので「第三部」として論争の中に入れたのだろう。「憲法第十五条第四項の危うさこそ民主主義の危うさの本質である」と書いている。今読むと、建設的な提案もあるのだが、当時は「嗤う」だけに目を奪われて、「それはないだろう」と思ったのだ。言い方もきつい。初めから、こう書いている。

〈この本の読者や執筆者には悪いんだけど、「憲法草案」だの「憲法私案」だのという出版企画はねぇ、私は笑っちゃうんですよ。だって、月給二十万ほどで社員寮暮らしの安サラリーマンたちが家を建てるなら白金台の六百坪がいいか芦屋の八百坪がいいねっていうんで「北の家族」でチューハイ飲みながら喧嘩腰で議論しているようなものでしょ（笑）。議論だけならまだしも、家の設計図まで引いちゃおうっていうんだよ。酒に酔って朦朧とした頭で（笑）。こりゃ友達がいなくなるよ、精神が御不自由なんじゃないかって思われて（笑）。おまえが憲法草案なんて作って何の意味があるのって、

誰でも思うよね〉

「誰でも」は思わない。失礼な。5月5日に、この本を紹介したら、20年経った今でも呉さんは同じ考えのようだ。「単なる酒場論議」と言ってるし。

でも今は、こうした「酒場論議」を国民皆がやっている。それも、呉さんの言う「憲法制定権力」や「民主主義の危うさ」などは論じられない。「国防軍にしろ！」「戦争を辞さずにやれ！」「中国・韓国などやっちまえ！」という。それこそ酒場の、喧嘩腰の思考が飛び交っている。堂々とテレビでも週刊誌でも。中国・韓国への不信感を煽る。「断固として戦え！」と絶叫する本が書店には並んでいる。またそれを喜んで買う人々も多い。新大久保などでは、「朝鮮・韓国人を殺せ！」という在特会の民族排外・侮辱デモが堂々と行われている。民族排外デモは支持しないが、中国、韓国にはその位のことを言ってもいい。と、どこかで「容認」しているのかもしれない。それらを「国民の声」だと誤解するから政治家もつい口が滑って、民族差別を口にする。侵略戦争、慰安婦の問題でも、「日本だけが悪いわけじゃない」と居直る。日本が真摯に反省し、謝罪し、そのことによって（間接的に）他国の戦争犯罪を批判するといった政治家としての当然の知恵も見識もない。

今となっては呉さんの「批判」「嘲笑」も分かる。理解できる。それに呉さんは罵倒だけではない。民主主義とは何か、憲法とは何かをしっかりと考え、論議しろと言う。9条なども笑い飛ばすかと思ったら、違う。「九条の改正は近隣国に危険視される」と言う。自主憲法を作るといいながら、その結果、近隣諸国から危険視され、敵を増やす。これではマズイ。もっと現実的、したたかな〈眼〉を持てというのだ。これは賛成だ。名古屋集会では多くのことを教えられた。

第20回

討論の仕様

『創』13年8月号

「朝まで生テレビ」に出演
（13年5月31日）

7年ぶりに「朝まで生テレビ」に出た。もう出ることはないと思っていたので、出演依頼が来た時には驚いた。「僕なんか全く喋れませんよ。元気のいい右派の人は一杯いるじゃないですか」と言った。「それはそうですが、この前のBS朝日の話がよかったんで、ぜひにと田原さんが言ってるんですよ」と言う。前回のこの欄で書いた「激論！クロスファイア」（BS朝日）だ。山口二郎さん（北海道大学教授）と僕の二人だ。司会は田原総一朗さん。進行は村上祐子アナだ。右傾化の動き、憲法改正などについて話した。

今、急激な右傾化が進み、それに対する反対勢力が全くない。その中で山口さんはリベラルの代表として孤軍奮闘がんばっている。「また、最近は鈴木さんもリベラルと言われることが多いのだし」と田原さんは言う。どうしたら、リベラルの結集ができるのか。そうした問題について話し合った。「現実」追随派ばかりで「理想」を語る人がいなくなった。それが大きな原因だ、と僕は言った。昔は、「非武装中立」とか「有事駐留」などと言う人がいた。「自衛隊は憲法違反だから解散しろ」と言う人もいた。「愛国心なんかがあるから排外主義的になるんだ。戦争になるんだ」と言う人もいた。「日の丸・君が代はいらない。そんなシンボルに国民をまとめようとするから、戦争になる」と言う人もいた。乱暴だが、無限の言論の自由があった。

今、そうした人々はいない。「現実」状況が厳しいからか。ソ連崩壊以降、左翼がいなくなり、「理想」や「夢」を語る人がいなくなったからか。そんな話をした。BS朝日の時は少人数だし、ゆっくりと落ち着いて話すことができた。右派の中にも理想を追求する人々はいる。今の改憲、排外主義は決して「右傾化」ではない。単なる「後戻り」だ、という話もした。

国防・憲法を語る時も、単なる「現実追認」だけでなく、「理想」を語る面があっていいのではないか、と田原さんは考えたようだ。BS朝日だけでなく、朝生でもそれをやろうと考えたのだろう。だって5月31日（金）深夜の朝生に出たら、山口二郎さんもいる。田原さん、村上アナ、僕。BSの時の4人がいる。それを拡大し朝生でやろうというのか。それにこの日はパネラーが座る大きな円卓とは別に、3人だけの特別席がある。そこに防衛の専門家3人が並ぶ。火箱芳文さん（第32代陸上幕僚長）、古庄幸一さん（第26代海上幕僚長）、そして森本敏さん（前防衛大臣）だ。この3人に問題提起をしてもらい、それを受けて他のパネリストで前向きな討論をしてもらおう。そんな意向を感じた。

だって元「べ平連」活動家だった小沢遼子さんがいる。精神科医の香山リカさんがいる。元沖縄・宜野湾市長の伊波洋一さんがいる。元米国務省日本部長のケビン・メアさんがいる。軍事ジャーナリストの田岡俊次さんがいる。またジャーナリストの山際澄夫さんがいる。今までの朝生とは違う。建設的・前向きな議論を期待しているのか、と思った。これは朝生の構造改革だ。

もしかしたら、あの本のことを気にしているのかもしれない。それで朝生の大改革を考えたのかもしれない、と思った。鈴木寛氏（参議院議員）の書いた『テレビが政治をダメにした』（双葉新書）だ。本の帯にはこう書かれている。

「視聴率が永田町を操り、バラエティ番組に出れば選挙に勝てる。政治家はTVに完全敗北した！」

さらに、大きな活字でこう書かれている。「元凶は田原総一朗！」

これは凄い。政治をダメにした元凶・戦犯は田原総一朗さんだと名指しで批判し、槍玉に挙げている。見出しを見てもこんなのがある。「イエスかノーかを迫る田原総一朗の新手法」「政治家の感情を引き出す田原総一朗の功罪」「政治家のクビを獲るバッシング報道」…などだ。その通りと思うところもあるし、そこまでは…と思うところもある。

この本は、出てすぐに読んだ。テレビの政治討論番組については僕も同感するところがある。もっと冷静に、相手の意見を聞きながら話したらいい。喧嘩腰で怒鳴り合って、それで視聴率を稼ごうとしているのではないか。そんな不満を持っている。朝生に限らず民放は皆、そんな傾向がある。発言は自由というが、声の大きい者勝ち。弱肉強食だ。おとなしい人は、一言も喋れない。その点、NHKの政治討論は「平等・公平」だ。出席者に同じ回数・同じ時間を喋らせる。つまり問題はNHK的「平等」か、民放的「自由」かだ。

NHKアーカイブスで20年以上前の原発討論をやっていた。原発は危険だ、安上がりだ、廃棄物はどうする…と論争点は今と同じだ。討論は冷静だし、怒鳴ったり、相手の話を遮《さえぎ》ったりしない。実に紳士的だ。これこそ理想の討論だ、と思った。と同時に、全く面白くないのだ。そしてハッと気が付いた。こういう日本の将来やエネルギー問題を考える時にも、僕らは「面白さ」を求めている。堕落していると思った。「僕ら」ではなく僕だけかもしれないが。

朝生が始まったのは1987年だ。初期はテレビではとても出来ないと思われていた巨大なタブーに挑戦していた。天皇、右翼、差別、憲法、原発…などだ。今まで怖がって取り上げなかった問題を取り上げた。当事者、そして反対派を同時に登場させ、生で激論させる。全く新しい「闘いの場」を作ったのだ。そこで多くの人々を闘わせた。僕も「右翼」「憲法」「天皇」「連合赤軍とオウム」の時などに出た。貴重な体験だった。テレビ局のスタッフも司会の田原さんもパネリストも、タブーに挑戦している。歴史をつくっているという興奮と意気込みがあった。朝生の功績は大きいと思う。田原さんはかつての全共闘の熱気を甦《よみがえ》らせようとした。池袋文芸座で元全共闘の活動家たちを集めて徹夜の討論会をやった。その2年後に朝生はスタートしている。権力を恐れない、タブーに挑戦する全共闘的討論番組を作ろうとしたのだ。テレビ局のスタッフにも、パネリストにも元全共闘はいた。いや、その前の全学連世代もいた。

そのせいか、初期の朝生に政治家は出ていない。政治家になんか頼るもんか、俺達が俺達の発言と行動で世の中を変えてやるという覇気《はき》があった。それは全共闘世代の覇気だ。僕らが学生の頃、自民党から社会党・共産党など、政党は皆、学生からは嫌われていた。その学生部は特に嫌われていた。学生のくせに外の政党の手先になって…と批判された。たとえ左翼政党であっても外部勢力であり、権力・警察と同じだ。それらを排除して「学の独立」はあった。

朝生草創期にもその意気込み、反権力意識はあったのだ。ところが大きなタブーはやり尽くし、一巡した。メンバーは固定化した。スタジオで怒鳴り合っているだけではダメだ。現実の政治を動かそう、変えようという野望が生まれた。そして政治家をドッと出すようになった。効果も大きかった。「イエスかノーか」その場で政治家を問い詰める。政権交代だって朝生の力は大きい。また、「3人の首相の首を飛ばした」と田原さんは言う。

朝生を初めとした政治討論番組は確かに政治を変えた。ところが逆に、政治家に利用された面もあったのではないか。鈴木寛氏の『テレビが政治をダメにした』は、その点を衝《つ》いている。5月5日のBS朝日に出た時、この本のことを田原さんに聞いた。読んでいた。「そんなに僕の力はないよ」と言っていた。初めはムッとしただろうに。この本は要は田原さんの力を認めているのだ。「まだまだ田原さんの力はありますよ」と僕は言った。「もうそんな力はないよ」と言いながら、この本のことは気にしていた。それで5月31日の朝生「大改革」になったのだろう。特別席を作り問題提起をさせる。国会議員は呼ばない…と。ただ「改革」朝生の意気込みは全員に理解された訳ではない。だから、相変わらず騒々しく、怒鳴り合い、潰し合いが行われていた。

6月14日（金）午後8時から角川書店で東郷和彦さんと対談した。それをユーストリームで全国に放送する。『内心、「日本は戦争をしたらいい」と思っているあなたへ』（角川ｏｎｅテーマ21）の出版記念トークだ。この本には、東郷和彦さん、保阪正康さんら8人が書いている。僕も入っている。今は、「中国・韓国になめられるな！」「戦争も辞さずの覚悟でやれ！」と無責任な主張が溢《あふ》れている。そんな本が売れている。でも売れさえすればいいのか。たとえ売れなくてもいい。出版社の良心・良識を示そう。そう思って出したのだろう。出版社は勇気があると思った。対談の時、そのことを言ったら、「いや、売れてますよ」と角川の人は言っていた。日本人も捨てたもんではないと思った。

そう思っている時、衝撃的な映画の試写を見た。7月27日（土）全国公開の『終戦のエンペラー』だ。噂には聞いていたが凄い映画だった。これもタブーへの挑戦だ。監督はピーター・ウェーバー。「ハリウッドが壮大なスケールで描く、歴史サスペンス超大作」と謳《うた》っている。これは誇張ではない。誰が戦争を始めたのか。天皇に戦争責任はあるのか。あるとすれば裁くべきか。本国ではその声が大きい。しかし、マッカーサーやフェラーズ准将は苦悩する。天皇を処罰したら日本は内乱になる。でも安易に「免罪」は出来ない。

あの終戦秘話を、天皇とマッカーサーの会見を描く。僕らは知っているようで、よくは知らない。その謎に、そのタブーに迫る。「日本の運命を変えた知られざる物語が今、始まる」と言う。

自決に失敗し東條英樹は占領軍に逮捕される。誰が戦争を開始したのか、その証言を拒否する東條に占領軍のフェラーズ准将は言う。まだ裁判は始まらないのに、「あなたは絞首刑になる、首相殿。天皇にもそれを望むか」。多分、こんな脅しを言ったのだろう。ハリウッド映画でありながら、日本の首相閣僚、将軍たちは毅然としている。日本の残虐・卑劣な侵略戦争を批判するフェラーズ准将に近衛文麿は答える。「もし武力で領土を奪うのが国際犯罪ならば、アメリカやフランス、オランダは誰が裁いたか。日本はあなたたちをお手本にしただけだ」と。これは日本人の自尊心をくすぐる。「誇り」を与えるかもしれない。しかし、なぜ無謀な戦争をやり、天皇の意志をも超えて戦争に突き進んだのか。誰が戦争を止めたのか。そうした歴史を考えさせる。昭和天皇もやっと〈歴史〉として語られるようになった。なり得たのだと思った。

第21回

負ける強さ

『創』13年9・10月号

内田樹さんと（13年7月7日）

前々から会いたいと思っていた。内田樹《たつる》さんだ。神戸女学院大学名誉教授だ。『日本辺境論』『下流志向』『私家版・ユダヤ文化論』など、ベストセラーが多い。それに武道家だ。ご自分で合気道の道場を作り、教えている。武道に関する本も多い。東大在学中は学生運動も体験している。「合気道と学生運動」。この二つなら僕とも共通する。ぜひ話を聞いてみたいと思っていた。出版社や雑誌社の人に頼んでいたが、実現しなかった。

「右翼なんかを紹介して何か迷惑がかかっては申し訳ない」と思ったのかもしれない。今でも「右翼となんか対談したくない」「同席したくない」と断られることがある。右翼ゆえの「原罪」だ。ある時、対談した人に言われた。「どんなに頼まれても署名やカンパには応じないように」と編集している人に言われたという。そういうイメージなんだろう、「右翼」は。気をつけろ、と言われたらしい。そんなイメージでしか人を見てないのかと愕然《がくぜん》とした。

内田さんとも無理かな、と諦《あきら》めていた。ところが、7月7日（日）、西宮の「鈴木ゼミ」で実現した。これは嬉しかった。2カ月に一度、西宮で「鈴木ゼミ」をやっている。鹿砦社《ろくさいしゃ》が主催だ。この社の福本氏がとても熱心で、ネットで内田樹さんの講演会を調べ、実際に行き、終わって話しかけた。「鈴木邦男さんがぜひお話をしたいと言ってるんですが」と。断られて元々だと思って言ったのだ。そしたら何と、「僕も鈴木さんと会って話したいと前から思っていたんです」。それで対談が実現した。「相思相愛でしたよ」と福本氏は言う。嬉しいことだ。ただ超多忙な人で、「半年後のこの日しか空いてません」と言う。それが7月7日だ。

この日のテーマは〈溶解する国民国家＝グローバリズムと新自由主義経済のその後〉だ。〈その歪《ひずみ》で巻き起こる雇用や貧困問題と、そこから発露する「ナショナリズム」や「排外主義」などの問題について語ってもらいます〉とチラシには書かれている。午後2時から始まり、5時まで内田さんと話し合った。というより、僕が一方的に内田さんに質問したのだ。かなり興奮して、自分の聞きたいことを聞いていた。終わり頃、参加者の呟《つぶや》き声が聞こえてきた。「なんだ、合気道の話ばっかりじゃないか」と。ハッと我に返った。いけない。時計を見たら終了20分前だ。「じゃ内田さん、憲法改正についてはどう思いますか」と聞いた。急な方向転換で内田さんも苦笑していた。

そんなわけで、ほとんどが合気道の話だった。そして武道論だ。ただ、個人的な興味だけでなく、合気道の話を通し、万人にとっての「生き方」「危機の避け方」を教わったと思う。

格闘技や武道は何の為に学ぶか。強くなるためだ。漠然とそう思っていた。肉体的に強くなれば、それが自信になって精神的にも強くなれる。僕もそう思ってきた。柔道や合気道を習ってきて、精神的な強さも、かなり得られたと思う。しかし、肉体的には強くとも、精神的に弱く、小さなことでガックリくる人もいる。試合場で「敵」と闘う時は強くとも、人生の闘いにおいては「弱い」のかもしれない。一方、格闘技など全くやらなくても精神的に強い人もいる。本当に強い人とは、そういう人ではないか。それに、一般社会では腕力で決着つけられる場は、ほとんどない。テレビの討論会でカッとなって殴りつけたら、相手が倒れても自分は勝ちではない。「負け」だし、永久追放だ。警察に逮捕されるかもしれない。

だったら、弁が立ち、論争に強いのが最強かもしれない。「いや、友達が沢山いて、敵がいないのが強いのではないか」と言う人もいる。内田さんに聞いたら、「敵」は人間だけではない、と言う。襲いかかってくる「敵」とは、他にもっと多い。交通事故も敵だし、天候の急変も敵だし、家庭内のトラブルやストレスも敵だ。誹謗《ひぼう》中傷のメールも敵だ。試合場で闘う敵など、たかが知れているという。なるほどと思った。（昔と違い）試合で負けても殺されることはない。それ以外の敵によって人間は襲われ、殺されている。武道を修業することによって、それらの敵に勝てる。あるいは、さばき、自分が近寄らなくなる。そう出来るという。そのことについては7月20日に出る『修業論』（光文社新書）に詳しく書きました、と言う。

ちょっと話は先走るが、20日にこの本を買った。本の帯にはこう書かれていた。〈合気道の修業を通じて開発されるべき能力とは、「生き延びるための力」である。それは「あらゆる敵と戦って、これを倒す」ことを目的とするものではなく、「自分自身の弱さのもたらす災い」を最小化し、他者と共生・同化する技術をみがく訓練の体系である〉という。

他者と共生する勇気・自信を与えてくれるのが武道の修業かもしれない。自分の周りの人だけで群れ、自分の好きな本しか読まない。今の若者はそんな傾向が強いが、それは「弱い」からだろう。昔、僕らは同じ思想の人達だけで集まり、同じような本ばかり読んでいた。考えの違う人と会い、考えの違う本を読むと、不愉快だった。また、「論破されたらどうしよう」と思い、勇気がなかったのだ。弱かったのだ。内田さんの『修業論』の帯には更にこう書かれていた。

〈道場での稽古を「楽屋」と位置づけ、道場の外の生業の場を「舞台」とする。新たな学びを阻止する無知と弱さといったものを「居着き」ととらえ、これを解除し、「守るべき私」を廃棄する。すると修業は自分も、予想もしなかった場所へ連れていく――。〉

7月7日の「鈴木ゼミ」に話を戻す。「倒すべき敵」は他人ではない。敢えて言えば、「昨日の私」だ、と内田さんは言っていた。「守るべき私」を廃棄する、も同じことだろう。内田さんと話していて、「敵」という概念が変わった。敵を少なくし、味方を多くする。それが社会運動の鉄則かと思ったが、他人に敵を求めること自体が間違いかもしれない。

また、勘違いに気付いたことがもう一つある。「頑張って勝て！」と僕らは教えられてきた。努力すれば報われる。努力して人生を勝ち抜けと……。受験競争、就職競争、出世競争……と。しかし、人生は必ず勝つとは限らない。勝つときもあるし、負ける時もある。負けた時にガックリと挫折し、自殺しないように、「人生の受け身」が必要だろう、と僕は思ってきた。内田さんの『昭和のエートス』（文春文庫）を読んでいたら、こんな箇所があって驚いた。

〈家庭でも学校でも会社でも、私たちは「どうやって競争に勝つか」を教えられる。（中略）しかし、現実の生活では、私たちは決して「勝ったり負けたり」しているわけではない。むしろほとんどの場

合、私たちは「負けたり、負けたり」しているのである〉

エッ、勝つことはないのか。負け続けなのか。人生のあらゆる勝負、競争を含め、なぜ人は勝負事にこだわり、熱中するのか。それは「勝つため」ではない。「適切な負け方」「意義のある敗北」を習得するためだという。そんな馬鹿なと思ったが、こう言う。

夏の甲子園高校野球には4000校近くの高校が参加するが、勝利するのは1校だけで、残りは全て敗者だ。しかし高校野球が有効な教育事業だと社会的合意が成立している。

〈参加者のほとんど全員が敗者であるイベントが教育的でありうるとしたら、それは「適切に負ける」仕方を学ぶことが人間にとって死活的に重要だということを私たちが知っているからである〉

そうか。「負け方」を学ぶためだったのか。これは全く気がつかなかった視点だ。「受け身」の重要さを言っている。柔道でも合気道でも、初めから投げ技は教えない。まずは受け身の練習だ。いわば「負け方」の稽古だ。投げ飛ばされた時、どうする。どうやったらダメージが少ないか。「負け方」を練習する中で、「負け」が怖くなくなる。そして強くなる。

内田さんは「適切な負け方」について、さらに言う。三つの効果があるという。

〈第一は、「敗北はすべて自分自身にある」というきっぱりとした自省である。負けたのはチームメートのエラーのせいだとか、監督の采配が悪かったからだと言い逃れする高校球児は、誰からのリスペクトも得ることができないだろう〉

自分でも反省した。負けると、言い訳をする。他のせいにする。体調が悪かった。審判が悪かった。野次がひどかったからだ、と。これは政治や社会運動についても言える。歴史認識についても言える。

我々は頑張ったのに憲法があるから自立できなかった。慰安婦は世界中にいた。日本だけが批判されるのはおかしい…と。まず自分達の問題だと引き受ける〈強さ〉がないのだろう。

〈第二は、「この敗北は多くの改善点を教えてくれた」と総括することである〉

〈第三は、「負けたけれど、とても楽しい時間が過ごせたから」という愉快な気分で敗北を記憶することである〉

そうか。負けることで、こんなに多くのことを教わるのか。そして成長し、強くなる。読書もそうかもしれないと思った。右派学生運動をやっていた頃、自分の考えに近い右派的な本しか読んでいなかった。左翼と闘うために本を読む。「知的武器」を手に入れるために読書した、反対の立場の本は読まなかった。自分の武器にならない。それに、その本に反論され論破されたらどうしよう、という怖さがあった。「弱い読書」だったと思う。今は逆だ。内田さんの本がそうだが、本によって今までの自分が論破され粉砕されるのが楽しい。新しい発見がある。小さい自分が負けることが嬉しい。

柔道や合気道を長い間、稽古してきたが、こんなふうに考えたことはなかった。稽古が身についていなかったのだろう。7月にもう2回、別の人達と合気道について話す機会があった。7月21日(日)、『週刊金曜日』で坂本龍一さんと対談した。音楽、映画、そして合気道の話をした。最近習っているというし、詳しい。また、翌7月22日(月)は物理学者であり合気道の先生でもある保江邦夫さんと対談した。保江さんはノートルダム清心女子大学の教授だ。東大教授の矢作直樹さんも加わって合気の不思議な魅力について語り合った。代官山の「山羊に、聞く?」というお店のトークライブだ。いろんな人と話し合えるのも「合気」の力かもしれない、と思った。

第22回

池口恵観さんと「よど号」

『創』13年11月号

池口恵観さんと(13年9月20日)

毎月一回、ホテルニューオータニで池口恵観《えかん》さんの「恵観塾」が行われている。9月20日(金)の「恵観塾」に行ったら、受付で6ページのコピーを渡された。見たら、月刊『文藝春秋』(8月号)の中の安田浩一さん(ノンフィクション作家)が書いたルポのコピーだ。題して、〈「炎の行者」池口恵観、怪僧の正体〉だ。ドキッとするし、厳しい批判もあるが、正確なルポだと思う。多くの人に取材している。安田さん自身の疑問や批判も率直に書かれている。

「あっ僕も安田さんに取材されたんだった」と思って読み進めていたら、出ていた。

〈池口と一緒に訪朝したことのある新右翼団体「一水会」顧問の鈴木邦男は法衣のままで平壌を歩き回る池口を見て、「純粋な人だなあと思った」と言う。「北朝鮮に対して何の偏見もない。だから、金正日観音像なんてものをプレゼントしちゃう(笑)」〉

あの「観音像」には驚いた。日本から、大変な苦労をして運んだ。12年の4月に僕は恵観さんに連れて行ってもらった。30人ほどの訪朝団だ。「行きませんか」と恵観さんに誘われた時、「行きたいけど絶対に無理でしょう」と言った。「いや、大丈夫ですよ」と恵観さんは軽く言うが、僕は信じていなかった。だって金日成さんの生誕百年で国を挙げての祝賀の時だ。外国からの一般旅行客は全て断っている。招待客も厳選の上の厳選だ。僕などとても無理だと、初めから諦《あきら》めていた。

ところが、行けたのだ。驚いた。恵観さんのとてつもない力を感じた。軍事パレード、金日成さん・金正日さんの銅像除幕式を見られたし、金正恩さんを間近で見た。二度も。「日本人で金正恩さんを見た人は70人ほどしかいません」と北朝鮮の人は言う。その70人に僕は入っているのか。歴史の現場に立ち会った、という感じだった。

恵観さんは向こうから勲章を受けたり、チュチェ（主体）思想研究会の大会で講演したりもした。「チュチェ思想と真言密教」について独自の解釈で講演したようだ。この時は恵観さんは別行動だ。ミサイル発射の時も招待された。政治家や学者だけでなく、お坊さんとも随分と会っていた。我々も一緒にお寺をいくつか回った。それまで、北朝鮮にお寺があるなんて知らなかった。実際は沢山の、広大なお寺があった。韓国の仏教者とも密接な交流があるという。

「拉致問題は政治家だけでは解決できない」と恵観さんは言う。学者、宗教家を含め、民間レベルでの交流・交渉が必要だと。マスコミに叩かれた「総連ビルの落札」もその交渉の一つだ。安田さんのルポの中で恵観さんは言っている。「決して北朝鮮や総連側からの要請で動いたわけではない」と。「私はね、いずれはあの場所に大きな広場でもつくって、慰霊塔でも立てたいと思っていたんです。それまでの間、総連にビルの一部を貸出してもいいと考えていた」

壮大な話だ。でも大真面目だ。我々とは違った、宗教者としての次元の違う構想力だ。しかし、その平和への構想力を理解できない人々の圧力で総連ビルの買収は失敗した。残念だ。

安田さんのルポを読み終わった時に、ちょうど「恵観塾」は始まった。6時半から始まり、前半に恵観さんが最近の政治・社会情勢について話す。休憩をはさんで第二部は恵観さんが宗教的な講演をする。その休憩の時に2人ほどの話がある。出席者から恵観さんが選んで指名する。「今日は、サルキコフさんと鈴木さんに話してもらいます」と言う。驚いた。サルキコフさんは親日家のロシア人で、北方領土問題解決の道筋について話す。その中で恵観さんの役割についても言及した。

僕は何を話したらいいんだろう。そうだ、2012年4月に北朝鮮に連れて行ってもらったことから話そう。そして今書いたようなことを話した。実は、僕はその6月にまた訪朝しようとした。ところが、ビザが下りなかった。理由は分からない。恵観さんの力の大きさを痛感した。

それにしても恵観さんと知り合ったのはいつだったんだろう。話す前に考えた。恵観さんは、「三無事件」のクーデター未遂で逮捕された。それは知っていたので、「右翼運動の大先輩」だと勝手に思っていた。でも、クーデター以後、右翼運動には係わっていない。安田さんのルポのリードにはこう書かれている。

〈クーデターに連座、〝政界の指南役〟と呼ばれ、朝鮮総連ビル買収を画策――その実像に迫る〉

「怪僧」「政界の指南役」「フィクサー」…とマスコミには書かれる。でも、それでは僕らとの接点はない。安田さんのルポを読んでいて、あっ、これだったんだと分かった。「よど号」なんだ。「恵観塾」で僕が話した時も、安田さんのルポを指し示しながら説明した。ルポにはこう書かれている。

〈池口と北朝鮮とのつながりは一九九六年にまでさかのぼる。この年、平壌で客死した「よど号グル

ープ」のリーダー・田宮高麿の葬儀が東京でおこなわれた。そこで読経を任されたのが池口だった〉

もう17年前か。そこで恵観さんと初めて会った。恵観さんは「よど号」とも北朝鮮とも全く関係がなかった。読経は誰も引き受け手がいないと泣きつかれ、じゃ私がと義侠心《ぎきょうしん》で引き受けたようだ。頼んだのは佐々木道博氏。京都の出版社社長だが、元々京大で自治会委員長を務めた新左翼活動家だ。恵観さんとは何度かイベントで顔を合わせた程度だが、頼むと快く引き受けてくれたという。以下、佐々木氏の話だ。

〈「田宮の話をすると『田宮さんというのは大塩平八郎のような人ですね。ぜひ、私に供養させてください』と言ってくれたのです。お布施も交通費も受け取らず、自腹で引き受けてくれた」〉

これが縁になって、恵観さんは北朝鮮、「よど号」に関心を持ち、「よど号」問題を考える集会にも出てくれた。僕はそこでじっくり話す機会を得た。恵観さんは佐々木氏の誘いで09年に初訪朝を果たし、以来5回にわたって北朝鮮を訪ね、「国賓《こくひん》並みの待遇」（佐々木氏）を受けるまでになった。

そうか。17年前の田宮高麿さんの葬儀から全ては始まったのだ。死して世の中を動かした。まさに田宮さんは大塩平八郎のような人だったんだ。「不思議なことがあるんです」と僕は恵観塾で話した。「今、突然、話せと言われて喋ってるんですが、実は、３日前に田宮高麿さんのお墓参りに行って来たんです。そして38度線にも行ってきたんです」。エッ？　と会場がドヨめいた。何という偶然なんだろう。いや、田宮さんの墓参りに行ったことを見抜いていて僕を指名したのかもしれない。

考えすぎだと言われるだろう。しかし、この前に恵観さんはお母さんの話をしていた。死期をさとったお母さんは一人一人に礼を言った。おじさんには「お握りをあげられなくてごめんね」と言った。

意味不明の譫言《うわごと》かと思った。ところが葬儀の後、お酒が出、料理が出、お握りが回ってきた。おじさんの前でお握りがなくなった。「このことか」と恵観さんは言っていた。凄《すご》いお母さんだったんだ。その息子さんの恵観さんだ。僕の心の中なんてお見通しだろう。

恵観塾の３日前、9月17日（火）に新潟県新発田市にある瑞雲寺を訪ねた。そこに田宮高麿さんのお墓、そして田宮家代々の墓、一族の墓がある。瑞雲寺は二度目だ。ご住職さんに高麿さんのお父さんのお話を聞いた。高麿さんのお父さんは、北朝鮮に渡った息子のことを心配し、短歌に詠んでいる。お父さんが亡くなった後、子供たちで本にまとめた。『よろぼし』と題され、案内してくれた斉藤徹夫さんが一冊持っていた。とてもいい歌が多い。たとえばこういう歌だ。

老い妻と抱きあふごとくテレビ見き　わが子が乗取り籠る飛行機

わが罪の子が住むといふピョンヤンの　雪の深さを妻と偲べり

笑くぼすらみせて立つなり罪の子の　肩ひきよせて抱けば夢かも

国民の全てが批判しようが、自分だけでも「罪の子」と言われる吾子を守る、愛している。そんな父親の情愛を感じる。

作家の森まゆみさんが前日、16日（月）、新発田市生涯学習センターで講演をした。僕はそれを聞きに行ったのだ。そして翌日、主宰者の斉藤さんが田宮さんのお墓や38度線を案内してくれたのだ。新発田は大杉栄が少年時代の10年間を暮らしたところだ。自分のふるさとは新発田だと大杉は言っている。毎年９月には、「大杉メモリアル」が開かれている。僕も一度、講師で呼ばれた。今年は第一部が映画の上映。藤原智子監督「１００年の谺（こだま）＝大逆事件は生きている」。そして第二部が森まゆみさんの講演。「大杉栄と辻潤＝伊藤野枝の眼で読み解く」。

僕は森さんの本は随分と読んでいる。『鴎外の坂』『円朝ざんまい』そして最新刊の『「青鞜《せいとう》」の冒険』などだ。ぜひ話を聞きたいと思い、９月16日（月）、台風の中、新発田まで行った。新幹線、在来線は遅れに遅れ、僕が着いたのは、第一部が終わった後だった。でも森さんの話は聞けた。

翌日、主宰者の斉藤さんが、「鈴木さんが前から見たいと言ってた38度線に案内します」と言う。その前に田宮高麿さん一家が住んでいた跡を見、そしてお墓参りをした。それから、いよいよ38度線だ。普通38度線といったら、朝鮮半島の休戦ライン（板門店）しか知らない。でも北緯38度線は地球を一周している。何と日本も通っている。新潟県の新発田や宮城県の丸森町も通っている。しかし、そんなことは皆、知らない。それをわざわざ知らしめ、モニュメントまで作っている。そこを見たのだ。感動した。大きな石で作られ、人間の上半身のようだ。グッと大地をつかんでいる。「北緯38度」と大きな看板も出ている。じゃ、38度線上の国を集めて、「38度線サミット」を新発田でやればいい。あるいは大杉栄の故郷なんだから、「アナキズム宣言都市」にするとか。

恵観塾でもそんな話をした。恵観塾には新発田から来てた人もいて驚いていた。38度線や田宮さんの墓のことは知らなかったという。いけないいな。郷土の誇りじゃないか、と言ってあげた。

第23回

愛国心を超えるもの

『創』13年12月号

東北学院榴ヶ岡高等学校同窓会で(13年10月14日)

「『文藝春秋』読んだよ。よかったね。『ヘイトスピーチは〝保守〟の恥だ』ってズバリと言ってたよね。邦男も成長したな、と思ったよ」と言われた。また、別の人には、「『モーニングバード』見たよ。邦男も大人になったと感心したよ」と言われた。「右翼や保守派は皆、憲法改正しろって言ってんのに、邦男だけが反対してんだから。『今の雰囲気はまるで戦前だ』って言ってんだから凄いよ。がんばれよ」とも励まされた。

高校の同窓会で言われたのだ。卒業して51年。それ以来初めて会う人もいる。同級生だから「邦男」と呼び捨てだ。それに皆、政治的な話ばかりする。この年になったら、孫自慢、病気自慢、年金の話ばかりと思っていたら、そんな話は一切ない。憲法やヘイトスピーチ、愛国心、防衛問題の話ばかりだ。中には論争を吹っかけてくる人もいる。いいことだ。皆、若いよ。

ただ、この年になって「成長した」とか、「大人になった」と言われるとは思わなかった。先生も6人出席していたが、その先生たちにも同じことを言われた。「広い視野を持てたのは、ミッションスクールを出たおかげです」と僕はお礼を言った。「でもあの頃はキリスト教を理解できなくて反抗ばかりしていて申し訳ありませんでした」と謝った。右翼運動を40年以上もやり、時には過激な行動に走り、何度も捕まった。しかし偏狭な排外主義運動にはならなかった。高校時代の教えが心の中に残っていたからだと思う。愛国心を超える人類愛かもしれない。

三島由紀夫は、「愛国心という言葉は嫌いだ」と言っていた。自分一人だけがポンと飛び出して、あたかもペットや壺を愛《め》でるような傲慢《ごうまん》さがある。また、「官製の臭い」がする、と言う。さらに愛は普遍的なものの筈だ。それなのに国境で区切られているのかと。愛国心は必要だ。しかし、そこで止まっていてはダメだ。国境を越える愛。それを考えなくてはいけない。これはミッションスクールで習ったこととも一致する。しかし、高校生の時は分からなかった。今にしてやっと分かる。

10月14日（月）。午後5時から仙台で「東北学院榴《つつじ》ヶ《が》岡《おか》高等学校第一期生会」が開かれ、出席したのだ。「劣悪な環境の中で皆さんはよく耐え、頑張りました」と先生方は挨拶していた。一期生だから、はっきり成果を出さなくてはならない。それは「東北大に何人入ったか」だ。その成果を得ようと生徒は必死で勉強したし、先生方は信じられないほどの厳しさで臨んだ。当時の私立は酷《ひど》かった。暴力が荒れ狂い、不良高校のレッテルを貼られていた。「あんな私立に行く位なら、死んだ方がいい」と思った。そして「中学浪人」も増えた。そんな時に東北学院榴ヶ岡高校は生まれたのだ。受験生にとっては大きな救いだった。

東北学院はミッションだ。大学がある。そして中学・高校は一貫校だ。中学から入って6年間だ。高校から入ることは出来ない。しかし、高校受験生は激増し、浪人も増えた。あまりにかわいそうだ。

じゃ、一貫校とは別に高校を作ろう。「15の春を泣かすな」ということで、仙台市のはずれ、榴ヶ岡に小さな高校を作った。米軍兵舎跡が僕らの学校だった。そこを改造し高校にしたのではない。兵舎をそのまま使ったのだ。木造バラック校舎だ。キリスト教のつながりで借り受けたのか。いや、米軍兵舎だから中央には礼拝堂がある。これは便利だと思って購入したのかもしれない。

入学式での校長挨拶はよく覚えている。

「自分から望んでこの学校に来た人はいないだろう。一高、二高を落ちた人ばかりだろう。悔しいだろう。だったら3年間、必死で勉強し、大学に入れ。そして一高や二高に行った友人達を見返してやれ！」

もろに復讐心を煽《あお》り立てる。成果を出そうと先生方も必死だし、焦っていたのだろう。よく殴られた。「キリストの愛だと言いながら殴るのか」と反発した。遅刻、カンニング、服装検査、女子との交友…には特に厳しく、次々と停学・退学処分になった。第一期生は一クラス45人で3クラス。全員で135人だった。そのうち1割が退学になっている。それも、タバコを吸った、デパートで女子と話をした、カンニングをした…という理由で。

厳しすぎる処分だ。キリストは99匹の羊を救っておいても迷える子羊を探しに行ったではないか。おかしいよ、と思った。でも、そんなことを言う資格は僕にはなかった。

「邦男だって、1割の退学者に入ってたんだからな。初めは」と隣の同級生に言われた。卒業間際、どうにも我慢がならない事があって職員室に行って、教師を殴った。即座に退学だ。だが単位は全て取ってるし、他の高校に転校も出来ない。半年間教会に通い、懺悔《ざんげ》の生活をして、奇跡的に復学させてもらった。「たった一人の卒業式」をやってくれた。校長はたった一言、「やけになるなよ」。それから必死に勉強し、早稲田に入学。やっと自由を手に入れたと思ったら、全共闘との戦いが待っていた。

話が先走った。そんな事情だから、本当は僕は第一期生ではない。皆と一緒に卒業したわけではないし。でも、こうして一期生として扱ってくれる。ありがたい。一期生は135人で、1割が退学。そしてこの54年の間に亡くなった人が10人ほどいる。また、連絡先が分からない人もいて、案内状を出したのは90人ほど。そのうち40人以上がこの日、集まった。

亡くなった人はいるが、自殺した人はいない。54年間の榴ヶ岡高校の歴史でもいないという。この肉体は神から与えられたものだ。勝手に処分してはならない、と高校では習った。それが心の中に残っているのだろう。また、ミッションなので、（どんな行事でも）日の丸、君が代はない。入学や卒業にはそれにふさわしい賛美歌を歌うのだ。これもよかったと思う。

「でも、これからは、やってほしい。そうでないと肩身が狭い」と言う同級生もいた。「日の丸を揚げ、君が代を歌ってほしい。愛国心も教えてほしい」と言う人もいる。「それは間違ってるよ」と僕は反論した。キリスト教はいい教えなのに、高校で強制されたので嫌になった。日の丸・君が代だって強制されたら反発する。僕だって、日の丸に怒りが向かったかもしれない。日の丸を引きずり降ろし、燃やしたかもしれない。そうなったら退学で、その後、赤軍派にでも入るしかなかっただろう。そして連合赤軍事件で死ぬか、あるいは北朝鮮かアラブに行くか。ともかく今の自分はない。

挨拶を求められたので、そんな話をした。「僕の原点は全て、榴ヶ岡高校にあります」と言った。

右翼運動をやりながらも、偏狭な愛国心におちいらず、世界を考えられるのも、「日の丸・君が代」問題について寛容になれるのも、この原点があるからだ。また、「テロは必要だ」と思ってる人が多い右翼の中にあって、「テロ否定」「暴力否定」「すべては言論でやろう」と言えたのも、この高校の原点があったからだと思う。

「右翼はイザとなったら国のために命を捧げるべきだ」と思っている人がほとんどだ。それが右翼の証明だと皆、思っている。しかし、そう公言することは一般の人にとっては怖い。国家や天皇について何か言ったらそれだけで殺されるのではないか、と恐怖心を持たれるし、右翼とは話も出来ないと思われる。すべては言論でやろう。たとえ殴られても自分は手を出さない。その位のことを言うべきだ。そうでないと、右翼の「原罪」は消えない。

「でも街宣をやってる時、胸倉をつかまれたり、殴りかかられたらどうするのか」と右翼の後輩に言われたことがある。「その時は、右の頬を打たれたら、左の頬を出したらいい」と答えた。実際（左の頬を向ける余裕はなかったが）、殴られっ放しになったことは何度もある。「正当防衛」だといって、少しでも殴り返したら、それだけをとらえて、「右翼は暴力的だ」「すぐ殴る」と言われるだろう。テレビ討論会だって、キレて、怒鳴ったら、「ほら、右翼だから怒鳴るんだ」「怖い」と言われるだろう。

そう考えると高校でのミッション体験は大きかったし深い。「まるで宣教師のようだ」と言われたことがある。人間的には粗野で失敗だらけだが、心の中には「宣教師」が住んでいるのかもしれない。20年ほど前、『サンデー毎日』で桂文珍さんと対談した。対談が終わってから色紙にモットーか好きな言葉を書いて下さいと言われた。自分の心の中に残り、今の自分を支えている言葉は何だろう。そう思った時、あっ高校の時のミッション体験だと思った。でも、それをどう書いていいか分からない。だから聖書の言葉を引いてこう書いた。

「義のために迫害されてきた人たちは幸いだ。天国は彼らのものだから。ミッションスクール出身の民族派、鈴木邦男」

文珍さんに言われた。「いやー、最後はキマっていますね」。「鈴木さんはいちばん左っぽい右翼ですね」とも言われた。ほめてくれたのだろう。嬉《うれ》しい。でも、今じゃ、「左翼になった」「転向者め」「裏切り者」と罵倒《ばとう》されることが多い。自分では、もう右翼も左翼も超えた、と思っているのに。同窓会で言われた。「最近の邦男の言動を見てると、やっぱりミッション出身だと思うな。榴ヶ岡高校の誇りだよ」。そんな、僕なんて、ミッションの脱落者だ。高校の歴史に一人で泥を塗ってると思っていたのに。

それから、東京・大阪で行われているヘイトスピーチの民族排外デモについて話をした。「取り締まる法律をつくれ！」という声もあるが、僕は反対だ。それに反対するデモや集会をやり、「排外主義は恥ずかしい」と国民の声で気づかせるべきだ。ヘイトスピーチに反対する「東京大行進」や「のりこえねっと」も現れている。国会議員も立ち上がり、国会でも質問している。それで状況もかなり変わってきた。京都地裁ではヘイトスピーチに賠償命令が出された。現行法でも十分に対応出来るのだ。新たな法律を求めたり、「こんなデモは認めるな」と警察に頼るのは、自らの自由を捨てることだ。他のデモもやり難くなり、弾圧される。自由がなくなる。そう言った。そうか、自由の大切さを教えられたのも高校だったな、と同級生と話し合った。

第24回

戦争と学生運動。その責任と煩悶

『創』14年1月号

持丸博氏を偲ぶ会で（13年10月27日）

中島岳志さん（北海道大学准教授）と「月刊　中島新聞」で対談した。11月13日（水）、秋葉原のスタジオで2時間だ。ユーストリームで月に一回、放送している。「今月は三島事件と『楯の会』についで話したいと思います」と中島さん。「それにしても、持丸博さんがこんなに早く亡くなるとはショックでした」と言う。持丸博氏は「楯の会」の初代学生長だった。9月24日に亡くなり、10月27日（日）に偲ぶ会があった。69歳だった。

「当時の民族派学生の中では最も優秀な人だったんでしょう」と中島さん。そうなんだ、群を抜いていた。茨城県の高校ではトップで、さらに水戸学の勉強をしていた。水戸学の権威・名越《なごや》時正先生の家に下宿し、英才教育を受けた。早稲田で初めて会ったが、大学一年生なのに既に学者・思想家だった。なんせ旧仮名遣い（彼に言わせれば、「歴史的仮名遣い」）で原稿を書いていた。日本や中国の古典も原文で読んでいた。

当時、早稲田は全共闘の天下だ。それに反対し右派系学生が集まり、サークルや団体を作り、運動を始めた。日学同（日本学生同盟）や全国学協が生まれ、活発に運動し、その中から三島由紀夫の「楯の会」も生まれた。今までになかった民族派学生の台頭に刺激されて三島は「楯の会」を作ったのだ。だから「楯の会」の一期、二期生はほとんどが日学同・全国学協の出身者だった。

その橋渡しをし、「楯の会」の基盤を作ったのが持丸氏だ。日学同の機関紙「日本学生新聞」の初代編集長でもある。理論的水準の高い新聞だった。そこに三島由紀夫、林房雄、福田恆存、村松剛などの原稿をもらった。また勉強会・合宿などにこれらの文化人・学者を呼んだ。持丸氏の学識・情熱に打たれて皆、来てくれた。三島も持丸氏を信頼していた。「楯の会」を作った時は、懇願して「学生長」になってもらった。『平凡パンチ』のグラビアなどで「楯の会」が紹介されると全国から入会希望者が殺到した。その「面接試験」は持丸氏が一人でやった。それだけ三島の信任が厚かったのだ。

僕は全国学協だったが、彼らとは共闘というか、一緒にやっていた。持丸氏は同じ年だが、とても敵《かな》わなかった。同じ学生なのに僕らは持丸氏の「生徒」「弟子」のようだった。「日本学生新聞」の初代編集長が持丸氏だったが、二代目編集長は宮崎正弘氏だ。今、中国問題を中心に評論家として活躍している。その宮崎氏も僕と同様に、持丸氏の生徒だった。

「あのまま行ったら、ここにいる西尾幹二さんを超える評論家になっていたでしょう。残念です」

これは10月27日の「偲ぶ会」での元「楯の会」会員の発言だ。西尾氏当人を目の前にして言ったのだ。正直だが、西尾氏にちょっと失礼だ。日学同、「楯の会」。そして大学を卒業したら持丸氏は作家か評論家として大活躍するだろう。誰もがそう思っていた。ところが、そうはならなかった。持丸氏は学生でありながら、月刊『論争ジャーナル』の副編集長をやっていた。この雑誌も三島は気に入り、タダで原稿を書く。銀座にあった『論争ジャーナル』の編集室が「楯の会」の事務所になった。そこで持丸氏は「楯の会」入会希望者の面接をした。『論争ジャーナル』のほかの社員たちも全員、「楯の会」会員だった。

元々の出会いは、中辻和彦編集長と万代潔さんが三島を訪ねたことだ。国を思う、こんな純粋な青年が日本にいたのかと三島は感動する。そのことを三島は何度も書いている。しかし、その蜜月期間は長くは続かない。両者の間で誤解や考え方の違いがあり、三島は絶交する。『論争ジャーナル』グループを「楯の会」から除名する。しかし、持丸氏はだけは特別だ。残ってほしかった。自分が生活費を出すから「楯の会」専従として残ってくれと言った。板挟みになって悩んだが、持丸氏は両方とも辞めた。その後は実業の世界に転じたが、失敗の連続で、三度も会社を倒産させた。

持丸氏が「楯の会」を去った後、森田必勝氏が後任の学生長になった。そして一年も経たないうちに三島事件が起こる。一番衝撃を受けたのは持丸氏だろう。「自分が残っていたら…」という気持ちもある。周りの人達も、「お前が辞めたからだ」と言い、中には「お前が二人を殺した」と面罵する人もいた。奇妙な話だ。三島事件を支持・絶賛しながらも、でも45歳の三島と25歳の森田氏が亡くなったのは惜しい、残念だ。そんな気持ちを持丸氏にぶつけたのだ。理不尽な非難に持丸氏は耐え続けてきた。本人も責任を感じ自分を責め続けてきた。三島、森田両氏が自決した70年11月25日。「あの日で持丸の時間は止まったのです」と奥さんは挨拶していた。時間が止まったまま43年間も苦しみ続けてきたのか。

「彼も煩悶青年でしたよ」と中島さんは僕に言った。中島岳志さんは、血盟団事件の青年や安田財閥の安田善次郎を刺殺した朝日平吾などについて書いている。時代や人生に対し憂え、煩悶する青年の代表として書いている。だったら持丸氏や「楯の会」の青年たちのことも是非書いてほしい。そう言った。持丸氏だけではない。「楯の会」百人の元会員たちは皆、持丸氏と同じような自責の念と、悔しさをもって生きてきた。共に死のうと言ったのに、何故、自分は連れて行ってもらえなかったのか。声をかけられなかったのか。それは三島への怨みにもなる。

鈴木亜繪美さんは、そんな「時間の止まった」会員たちを訪ね歩き、その苦悩と悔しさに生きた煩悶青年の心情を8年前、本にした。『火群《ほむら》のゆくへ＝元楯の会会員たちの心の軌跡』（柏艪舎）だ。10月27日の「持丸博氏を偲ぶ会」に亜繪美さんも来ていたので持丸氏の奥さんや子供たちを紹介した。奥さん達に取材し、ぜひ『火群のゆくへ』の増補版を作ってほしい。

息子さんが言っていた。8年前、父親と共に四日市の森田治さん（森田必勝さんのお兄さん）宅を訪ねた。「申し訳ありませんでした」と父親は深々と頭を下げる。「ここに来るまで35年もかかりました」と言った。「父親の苦しみの深さを知った」と息子さんは言っていた。

皆、真面目すぎるのだ。三島、森田両氏は思い詰め、自分たちの判断で自決した。残された人間の責任ではない。それなのに皆、責任を感じ、背負えないほどの重荷を背負って生きてきた。43年も。二人の後に続こうと思っても、それをやることによって「三島事件」を汚してはならないと思う。どうしていいか分からない。じゃ、「毎年11月25日に一人ずつ自決しよう！」と口走る元会員もいる。『火群のゆくへ』で紹介されていた。読んでいてたまらなくなる。

第25回 ヘイトスピーチとの闘い

『創』14年2月号

辛淑玉さんと「のりこえねっとTV」で（13年12月4日）

驚いた。こんなことがあるのか。思ってもみない展開だった。12月15日（日）の夜、阿佐ヶ谷ロフトで、「黒子のバスケ」脅迫事件について話していた。『創』の篠田博之編集長が、「警察は犯人像をかなり的確につかんでいるし、追いつめています。逮捕は時間の問題でしょう」と言った。その直後だった。店の人が走ってきた。「今逮捕されました。臨時ニュースで言ってました」と伝えにくる。店内では「ウォー！」というどよめきの声が。篠田さんの推理がピタリと的中した。「30代の男で、愉快犯的な人物だろう」というのも当たった。

この直後から篠田さんの携帯は鳴りっ放し。この問題については篠田さんが最も詳しいし、『創』が一番精力的に取材し書いていた。それに阿佐ヶ谷ロフトで今、この問題でトークしている。それを掴んでマスコミ各社は取材の電話をかけてきたのだ。

この日、そんな大騒ぎになるとは夢にも思わずに僕は参加した。この日は月刊『創』プレゼンツの企画で、テーマは、〈2013年、日本を騒がせた2つの〝闇〟に迫る！〉だった。第1部は〈「黒子のバスケ」脅迫事件の真相〉。第2部は〈ヘイトスピーチとネトウヨ〉。この第2部に山口祐二郎氏と僕が呼ばれた。在特会などが中心になって東京・大久保や大阪・鶴橋などで民族差別・排外主義のデモ・集会が行われている。「朝鮮人、韓国人を殺せ！」「死ね！」と大書したプラカードを持ち、口汚く排外的な罵声を浴びせる。

　初めは彼らのやりたい放題だった。マスコミは無視。たまに取り上げるにしても及び腰だ。たとえ批判的に取り上げても、「なぜ差別的なプラカードを映すのだ！」「差別を助長している！」とテレビ局にクレームが来る。と言っても、プラカードに全てモザイクをかけ、彼らの発言を消して放送したら、何のデモか分からない。だからテレビも新聞も週刊誌も取り上げない。でも、在特会などは自分たちのやっていることをネットで流している。

　言葉は汚いし、差別や憎悪を煽るだけのヘイトスピーチだ。一般の国民も、いや右翼だって、「こんな主張には賛同しがたい」「おかしい」と思っている。しかし、中国や韓国は日本を攻撃、批判している。それも口汚く。「だから日本でもあの位のことをやってもいいだろう」……と、どこか黙認している。政治家も、「極論だが、これも国民の声か」と誤解して、「じゃ自分も強硬なことを言わなくては」と思い、暴言、失言をする。

　それに対し、山口氏たちは差別デモに反対する運動をしてきた。また、有田芳生さんたち国会議員が呼びかけて院内集会が持たれたり、差別反対のデモ、集会も行われるようになった。辛淑玉《シンスゴ》さんが「のりこえねっと」を立ち上げ、毎週、ニコ生で放送している。最近は、ヘイトスピーチ反対の声が大きくなり、行動に移されている。山口氏たちは「レイシストをしばき隊」を作り、差別デモに直接対決している。他に、「差別はやめよう！」と沿道から声をあげる「プラカード隊（プラカ隊）」もある。12月15日の阿佐ヶ谷ロフトでは、そうした現状を報告した。

ヘイトスピーチ反対の中では、法規制を求める人もいるが、僕は反対だ。「あんな集会やデモを許可するな」「ドイツのように法律を作って規制すべきだ」という人もいる。警察や政府としては、むしろ、そういう声を待っていたのだ。でも一旦法律が出来たら、独り歩きするし、暴走する。それに、どれが差別かの線引きも難しい。左翼的なデモ、市民運動のデモだって規制される。「官邸前のデモもテロだ」などという人が政府にはいる。デモの区別がつかない。これは「言論」か、それ以前の「差別」なのか。その判断を警察に委ねるのは危険だと思う。「こんな差別をするのは恥ずかしい」と国民が思い、国民の手で差別をなくすようにしなくては、と思う。これは「言論の自由」「言論の覚悟」にもかかわる問題だ。

今考えると、僕にとって2013年は、「ヘイトスピーチ」に反対し、闘った一年だったと思う。大久保のヘイトスピーチのデモには毎回のように出かけて、プラカード隊として闘った。新聞やテレビの取材でもかなり喋った。中国、台湾、韓国のテレビにも取材され喋った。「ヘイトスピーチ」はほんの一部の、例外的な声だ。国民の多くは国交断絶や戦争など望んでない、と言った。ヘイトスピーチや書店に溢れている中国・韓国への憎悪本が国民の声ではないと力説した。

「それは分かりました」と言ってくれた。でもある局の人がこう言う。「でもそれだけだと面白くないので、〝中国・韓国とは戦争をやっても国益を守れ！〟と言っている右翼の人を紹介して下さい」。これにはガクッときた。あなたたちまでがそんな事を言うのか、と思った。近隣諸国といかに仲よくするか、いかにして武力衝突、戦争を避けるか、という大問題を論じてるのに、そこにも「面白さ」を求めようとする。異常だ、と思った。

また、中国・韓国に対しては「戦争も辞さず」の覚悟で対処しろ、などと無責任なことを言う人がいる。だったら中国・韓国に行き、激論し、喧嘩し、解決策・妥協点を探したらいい。そんな勇気もないのに日本という安全圏にいて、「中国・韓国とは断固として闘え」「自分は命を賭けて闘っている」と言う。それで愛国者になったつもりだ。また、国民もそんな人を愛国者だと思う。なさけない。

書店には嫌韓・嫌中の本が溢れ、それを読んで面白いと思い、「スッキリした」と思う読者が多いのだ。また、そんな本が売れている。書店に並んでいる本を見ると、ヘイトスピーチデモのプラカードと違いはない。売れさえすればいいのか、出版社としての良心・誇りはないのか、と思ってしまう。そうだ、少しながら、出版社の良心を感じた本もあった。『内心、「日本は戦争をしたらいい」と思っているあなたへ』（角川ｏｎｅテーマ21）だ。保阪正康、東郷和彦、富坂聰、宇野常寛、江田憲司、金平茂紀、松元剛、そして僕の8人が書いている。僕は「エセ愛国はなぜはびこるのか？」を書いた。また、東郷和彦さんとはこの後、テレビなどで二度対談した。長い外交官生活の中の貴重な教訓を聞いた。

相手国と交渉する時、外交官の仕事は、まず相手国の主張を100％聞くことだと言う。こちらの言い分を100％言い、それを相手国に呑ませることかと思ったら、「違います。それは戦争です」と言う。ギリギリまで交渉し、まとめる時も50対50ではなく、51対49のように、相手国に少し譲り、花を持たせるようにする。また、かつては強大な軍がいた。「外交が失敗したら軍が出てくる。だから外交官は命がけでした」と言う。これは知らなかった。

今は、声の大きい評論家や威勢のいいマスコミに引きずられている。「中国、韓国になめられるな！」「十倍返しだ！」などと絶叫し、「戦争も辞さずの覚悟でやれ！」と言っている。「子供の喧嘩《けんか》」のレベルで喚《わめ》き、それでウップン晴らしをしている。外交の知恵に学ぶ必要があるだろう。

『文藝春秋』（9月特別号）では「安倍長期政権への12人の公開質問状」が特集されていて、僕も書かせてもらった。ズバリ、「ヘイトスピーチは〝保守〟の恥」だ。日露戦争の時、小村寿太郎は早期終戦を実現するため、ポーツマス条約を締結した。戦勝に酔う国民たちからは「腰抜け」「売国奴」と罵られた。でも、「売国奴」と言われて殺されても、締結しようとした。それが国を救う道だと思った。売国奴と言われてもいいという覚悟を持つ者こそが本当の愛国者だ。「安倍首相には売国奴と呼ばれる覚悟はありますか」と公開質問をした。

僕の力など全く無力だと思うが、13年の後半は各方面から反ヘイトスピーチの声があがった。新宿で反差別の大々的な「東京大行進」があったし、辛淑玉さんらが中心になった「のりこえねっと」が出来た。また、有田芳生さんたち国会議員が中心になって差別デモに反対する集会が何度も行われた。国会でも論議されたし、有田さんたちは差別デモの現場にも足を運んで「差別反対」を訴えた。マスコミも取り上げ始めた。多分、この頃から警察の取り締まりも変わった。それまでは差別デモに抗議する人を殴っても警察は何もしない。その映像を流している。

12月4日（水）の夜、「のりこえねっと」で辛淑玉さんと話をした。「ニコ生」の中で毎週水曜日、放送している。この中で在特会の桜井誠代表に向けて話しかけていた。「ここに来て一緒に話しましょう。日本男子なら一対一で堂々と話し合いましょう」と。凄い。勇気のある人だ。「その時は僕がレフェリーをやります」と言った。実現したら素晴らしい。ヘイトスピーチをする人達は、自分たちに反対する人には「朝鮮人だろう！」と罵声を浴びせる。僕などはよく、「北朝鮮に帰れ！」と言われる。

そういう罵声を浴びせられると皆、ムッとして、「いや、自分は朝鮮人ではない。レッキとした日本人だ！」とムキになって反論する。「その反論もカチンとくるのよ」と辛さんは言う。「朝鮮人」と言われたことに屈辱を感じ、「そんなのと違う」と言う。その反論の仕方に辛さんたちはかえって「屈辱」を感じるという。「その点、鈴木さんは凄い。〝僕のルーツを教えてくれてありがとう〟と言ってるし」。確かに、そう言った。でも辛さんのように理論的確信を持って言ったわけじゃない。反論の仕方にも気をつけなくちゃと思っただけだ。

ここで12月15日（日）阿佐ヶ谷ロフトに話は戻る。第1部は〈「黒子のバスケ」脅迫事件の真相〉。僕は事情をよく知らないので客席で聞いていた。そして休憩の後、第2部の「ヘイトスピーチとネトウヨ」に出る。山口氏と一緒だ。そこで今書いたような話をした。そして気になったので、「黒子のバスケ」事件のことを聞いた。犯人は500通も脅迫状を出すなんて異常だし、大変だ。投函するだけでなく、コンビニに毒入りお菓子を置いたりしている。ビデオに映っているだろう。街にはいくらでも監視カメラはある。性能も優れている。「だから昔のグリコ・森永事件のようなことはもう出来ません。今回は逮捕は時間の問題でしょう」と篠田さんは言っていた。そう断言した途端に「犯人逮捕！」の速報だ。スリリングでドラマチックな夜だった。

第26回

三島由紀夫生誕89年

『創』14年3月号

三島由紀夫89歳のお誕生日祭
（14年1月14日）。右が横山郁代さん

三島事件は70年11月25日だ。もう44年になる。でも、つい昨日のように覚えている人は多い。三島由紀夫、森田必勝両氏を追悼する集まりは今でも全国で行われている。また、三島事件についての本は今でも沢山出ている。「新しい発見」や「新資料の発見」もある。稀有《けう》なことだ。他の作家では、ない。たとえばノーベル文学賞を取った川端康成でも新たな川端論が出版されることはないし、没後何年かも知らない。他の大作家・国民作家といわれる人でも同じだ。三島だけが唯一、今でも語られる。亡くなった11月25日前後には特に、語られ、本も出る。

2013年11月25日前後に出たのは、竹邑類《たけむらるい》の『呵呵大将　我が友、三島由紀夫』（新潮社）。本多清（元楯の会班長）監修の『天皇に捧ぐ憲法改正』（毎日ワンズ）。板坂剛編著『三島由紀夫と全共闘の時代』（鹿砦社）などだ。板坂の本には椎根和《やまと》（作家）と僕も鼎談「三島由紀夫・死への希求」で参加している。板坂はフラメンコダンサー、作家で元全共闘活動家だ。椎根は『平凡パンチ』の三島番であり、近くにいて三島を最も理解していた人だ。『完全版・平凡パンチの三島由紀夫』（河出書房新社）などの著書がある。三島に対する思い入れが強い3人だけに、かなり激越な討論になり、「何言ってんだ！」「もういい！」となって喧嘩別れになった。そこで鼎談は終わっている。

竹邑類と本多清の本は、新しい発見があった。三島の知られざる一面を見たし、新たに発表された貴重な資料もあった。三島の短編『月』に書かれた主人公「ピーター」のモデルだった竹邑類が、三島の死後43年目にして書いた。50年以上も前、新宿にあった深夜営業のジャズ喫茶やビート・バーに集まる青年たちの生活、喧嘩、恋愛、冒険を描いた小説だ。三島は初めは取材で近づき、そのうち、のめり込み、彼らの「仲間」になって遊び歩き、飲み、冒険にも参加する。「悪魔みたいに無邪気なガキ大将と、僕はマブダチになった」と竹邑は書く。大作家・三島ではなく、対等なマブダチとして遊んだのだ。それに「悪魔みたいに無邪気なガキ大将」と言う。こんなことを言えるのは竹邑しかいない。それにこれは単なる思い出話ではないし、暴露話を書いたものでもない。文章もいい。若々しい。まるで『月』の続編小説を読んでいるような気になった。

本多清監修の『天皇に捧ぐ憲法改正』も衝撃的な本だった。三島は「憲法改正」を訴えて自衛隊で自決した。憲法改正については、他にも随分と書いている。また、「ただ批判するだけではダメだ。この憲法に取って替る改正案を書きたい」と言い、楯の会の中に「憲法研究会」をつくった。そこで試案を作ろうとした。「憲法研究会」の13人のメンバーは毎週集まり熱く語り合った。三島もできるだけ参加し意見を言う。出席できない時は、討論のテープ起こしをした原稿に朱筆や書き込みを入れた。だからこれは『三島憲法』であり、『楯の会憲法』だと、本多は言う。

三島はこれを一冊の本として発表しようとした。しかし34回にも及んだ研究会の討議内容は厖大《ぼうだい》であり、整理がつかない。また、11・25の決起・自決の日が迫っている。決起に参加した小賀正義、古賀浩靖も実は「憲法研究会」の熱心な会員であった。70年11月25日も、「憲法研究会」の例会が開かれる予定だったという。事件後、厖大な原稿・資料は阿部勉が預かっていた。阿部は楯の会一期生で、「憲法研究会」代表だったからだ。阿部は早大法学部だった。「法学部だし、責任者は阿部ちゃんがいいだろう」と三島が決めた。阿部は三島には可愛がられ、信頼されていた。三島事件の後、この原稿、記録は阿部が保管していたが、公表を拒んできた。阿部は事件後、楯の会や他の右派学生運動出身者に声をかけ、三島・森田追悼の野分祭を行う。さらに72年に一水会をつくる。たまたま年長で僕が代表になったが、本当は阿部が声をかけ、人を集め、綱領・規約を作り、一水会をスタートさせたのだ。僕が会長、阿部は副会長だった。

阿部は、「憲法研究会」のことは余り語らないし、発表もしなかった。ただ、「先生の熱い思いがこめられたものをいつまでも死蔵しておいてよいものかと悩んだようだ」と本多は言う。その後、阿部は病に倒れ、亡くなる間際にこの原稿を本多に託した。事件から43年目の13年、本多は決意し、発表する。

〈一時は墓場まで持っていこうと考えたこともある。刊行となれば、「時代錯誤」「神がかり」と誹《そし》られることにもなるかもしれない。それでも、先生の「改憲をタブー視してはならぬ」という真意を伝えるためにも「憲法」全文を公表しよう。最後に私はそう決断したのである〉

その決断があって、この貴重な本は出た。国体をめぐるやや古風な議論もある。「不敬罪は絶対にダメだ」「国歌は〝海ゆかば〟の方がいい」「女帝を認めるべきだ」「いや、まずいだろう」という議論もある。50年先を見越した議論だ。「徴兵制」については皆が反対している。三島は言う。「国を守るのは国民の崇高な権利だ。徴兵制にしたら『汚れた義務』になってしまう」と。今の安倍政権の下での改憲には三島なら反対しただろう。この本を読みながら、そう感じた。三島の本は、その意味では全く古くならない。また毎年、新たな本が出る。「僕らの知らなかった三島」を教えてくれる。

3年ほど前に出た本だが、横山郁代の『三島由紀夫の来た夏』（扶桑社）を読んだ時も、そう感じた。僕らの知らない三島がいた。三島は毎年夏には家族と共に、伊豆下田に来ていた。そして日新堂のマドレーヌを愛し、よく店に来ていた。そこの娘だったのが郁代さんだ。初めての出会いが面白い。当時中学3年生だった郁代さんは、好奇心から三島の映画「憂国」を見た。その直後、三島に会った。いや、歩いている三島を見た。どうして下田に？と思い、友達と一緒に「尾行」した。何をしに来たのだろう、どこに行くのだろう、と思って、隠れながら「尾行」する。少年探偵団のようだ。

〈そのときだった。急に三島さんが私たちの方を振り向いた。そして、黒めがねを上げてアッカンベーをしたのだ！　キャッと声を上げて私たちは後ずさりした。要するに、ずっとお見通しだったわけだ。中学生は簡単に遊ばれてしまった。三島さんの目はやさしく笑っていた〉

この話を本人から聞いた。プライベートでは三島は全く違う顔を見せるんだな、と僕は思った。

「そうなんです。下田に行った時は三島を忘れて、平岡公威《きみたけ》になって自由に遊んでるんです。三島とは全く別の人格です」と椎根和さんが言う。実は、1月14日（火）の夜、「三島由紀夫　89歳のお誕生日祭＝懐かしい三島さんを偲んで＝」が午後7時半から開かれた。そこでの一場面だ。代官山のカフェバー「山羊に、聞く？」で、『三島由紀夫の来た夏』の著者、横山郁代さんが来てトークをした。

会場は満員だった。『平凡パンチ』で三島番だった椎根和さんも聞きに来ていた。

郁代さんは偶然のキッカケで三島と会った。僕らのように、思想や運動から三島を見たわけではない。椎根さんの言うように、「別の人」だった。だから郁代さんは「生誕祭」などという発想も出来る。僕らは三島が自決した日（70年11月25日）しか知らない。誕生日が1月14日だなんて知らなかった。生きていたら89歳になっていたのか。まだまだ小説を書ける年だ。でもその未来を捨てて三島は自決した。僕らは、三島の死からしか考えていなかった。三島が自決したので、「あっ三島の覚悟は本物だったんだ」「本気だったんだ」と思った。また、三島・森田の自決に疚《やま》しさを感じ、僕らも運動を再開した。三島の死に出会わなければ、70年代からの右翼も、新右翼運動もなかった。

ところが、横山郁代さんにしろ、『呵呵大将』を書いた竹邑類にしろ、死ではなく三島の「生」を見つめ、「生」を書いている。その視線は新鮮だった。

横山郁代さんは第2部で、「ジャズ・懐かしの70年代ポップスメドレー」を歌ってくれた。プロの歌手なのだ。学校卒業後アメリカに留学し、帰ってきてもジャズ修業に励む。家業の菓子店を継ぎながら、全国で講演し、ジャズライブを開いている。11年9月と11月に三島由紀夫ゆかりのバー「新宿・どん底」でトーク&ライブ、12年には憂国忌にて講演。僕は両方とも聞きに行った。

1月18日（土）岡山に行った。「一水会岡山支部結成30周年大会」だ。一水会そのものは、72年に作ったので結成42年だ。その後、各地で人が増え支部が出来た。岡山支部は30年なのだ。

6時半から大会は始まった。一水会岡山支部の30年の歩みがスライドで映される。皆、若い。ヘルメットを被ってデモをしたり、武闘訓練をしたり、機動隊ともみ合ったり。当時は過激な運動をやっていた。岡山支部の番家誠氏の報告、同志の連帯アピール、来賓の挨拶などが続く。飛松五男さん（元兵庫県警刑事）も挨拶してくれた。それから記念講演。まず僕が、「一水会運動の起点」と題して話し、メインは木村三浩氏で「いかに我々の政策を実現させるか」。

僕は三島事件からの流れを話した。70年の三島事件の後、昔の右翼学生運動の仲間たちが集まってきた。そして、酒を飲んでは語り合い、反省し、「何かしなくては」と語り合った。さらに、72年に一水会をつくった。三島事件がなかったら、僕はずっと新聞社に勤めていただろう。他の仲間たちにしろ、もう一度運動をやろうとは思わなかっただろう。三島事件の衝撃の大きさについて語り、最近出た三島論の本4冊を紹介した。さっき挙げた『呵呵大将　わが友、三島由紀夫』『三島由紀夫の来た夏』『天皇に捧ぐ憲法改正』『三島由紀夫と全共闘の時代』だ。

終わって質疑応答が行われ、場所を移しての懇親会になった。いろんな人たちが僕のことを言う。「今は穏和だが、昔は怖かった」「暴力的だった」と。あまり記憶にない。「危ないことを命令された」「〝革命マシーン〟になれ、と言われた」と証言する人もいる。確かに言ったような気がする。僕自身も焦っていたのだ。自分でも何度も捕まったし、それが「闘う」ことだと思っていた。だから赤報隊事件などの容疑者にもされた。今となっては全ては遠い思い出だ。なぜ過激な行動に出て逮捕されたのか。その後遺症は何か。また、「全ては合法運動で」と方向転換して、かなり時も経った。今度は、そのことを振り返って書いてみよう。

第27回

拉致問題・解決の枠組みを探る

『創』14年4月号

左から筆者、蓮池透さん、飛松五男さん(14年2月11日)

2月11日(火)東京発9時の新幹線で名古屋へ行く。講演会だ。と言っても自分が講演するのではない。蓮池透さんの講演を聞きに行ったのだ。こっちは一人の聴衆だから、自分で旅費、参加費を出していく。あくまで自分の勉強の為だ。ちょっと贅沢《ぜいたく》な勉強だ。前年は森まゆみさん(作家)の講演を聞きに新潟県新発田市まで行った。蓮池薫さんの講演を聞きに静岡に行った。他にも、出版記念会やいろんな集会で地方に行くことが多い。

他の人の講演を聞きに行くのは、「仕事」ではないから、「遊び」なのかもしれない。自分ではあくまでも「勉強」だと思っているが。そう言えば、「月に30冊」のノルマを決めて本を読んでいるのも直接に仕事には結びつかない。「勉強」だと思っていても、あるいは「遊び」のようなものなのかもしれない。映画、芝居、美術館に行くのも、柔道の稽古《けいこ》に行くのも、「遊び」かもしれない。原稿を頼まれ、その為に「取材」しているのではない。最近は仕事に結びつかない「勉強」「遊び」ばかりをしているようだ。でも、いつかは役立つかもしれない。本を出す時にヒントになるかもしれない。

2月11日（火）は祝日だ。「建国記念日」だ。昔は紀元節と言った。東京では右翼・民族派の人達が集まって奉祝のデモをやっている。「政府主催の奉祝大会を開け！」と政府にも訴えている。そんな時に僕は名古屋まで来て、「建国記念日」反対の集会に出ている。「裏切り者」と批判されるかもしれない。と、疚《やま》しさを感じながら、名古屋教会に行った。

と言っても、「建国記念日」反対集会に行ったわけではない。講師の蓮池透さんだってそうだ。あくまで拉致問題を語るために来たのだ。それなのに、「建国記念日反対！」のスローガンが掲げられている。元々は、名古屋のキリスト教信者が2月11日の「建国記念日」反対で集まっていた。それが大きくなり、最近は外部の講師を呼んで広く一般に呼びかけた集会をやっている。キリスト教に無関係な人、反対の人、さらに左右を超えていろんな人を呼んでいる。なにせ13年の2月11日には僕が呼ばれたのだ。教会で講演したのだ。

それが縁で名古屋の牧師さん達とも知り合いになったし、「今年は蓮池さんだ」と知って、聞きに来たのだ。去年の話から書こう。岩本和則さんという牧師さんが僕の本を読んで呼んでくれた。「右翼の人が何を考えるか。日本について、愛国心について語ってほしい」と言う。「今のキリスト教についての批判もどんどん言って下さい」。僕がミッションスクールを出たことも知っているし、キリスト教について学び、苦悶《くもん》し、格闘したことも知っているのだ。教会で講演するなんて生まれて初めての体験だ。当日来た人達だって、神聖な教会で、まさか右翼の話を聞くとは思わなかっただろう。

当日は活発な質問、反対意見も出て、実に有意義な集まりだった。僕の講演の前にはお祈りがあり、牧師さんの説教があり、賛美歌をうたう。高校では毎朝こうした厳粛な礼拝をやっていた、と思い出した。そしたら何と、同じ高校の後輩がいた。名古屋で牧師をしているという。この日の講演は「キリスト新聞」にも大きく載った。また、北大助教の石川明人さんにも会った。わざわざ札幌から聞きに来てくれた。戦争がなぜ起こるか、なぜなくならないかを研究している。石川さんの本を読んで感動したので、ぜひ話しましょうとなり、3月18日（火）に札幌時計台ホールで二人で講演することになった。

では、14年の2月11日だ。講師の蓮池透さんは、北朝鮮による拉致被害者家族連絡会・元事務局長、副代表だ。演題は「拉致問題をどう考える――解決の枠組みを探る」。解決のためには何をしたらいいのか、かなり踏み込んで、大胆な提言をしていた。小泉訪朝、ピョンヤン宣言から激震が始まった。「5人生存、8人死亡」という向こうの発表をどうとらえたか。5人の被害者は「一時帰国」だったが、家族会が中心になり「一時」に反発。北朝鮮には帰さない、日本にいて子供たちの帰国を待つ、ということになった。そして子供たちも帰ってきた。しかし、二回目の小泉訪朝では国民が期待したほどの成果は得られなかった。帰国した小泉さんの前で家族会の人々は、口々に小泉さんを攻撃した。「今日は最悪の日だ」「子供の使いじゃない！」……と。

これで小泉さんはやる気がなくなったのだろう。その後は日朝交渉は全く進まない。両国が罵声を浴びせ合っているだけだ。民主党政権も、自民党政権も、「圧力をかければ北朝鮮は屈伏して、話し合いのテーブルにつく」と言って、経済制裁だけだ。しかし北朝鮮はますます頑なになるばかりだ。

僕は北朝鮮に行こうと思い、20回ほどビザ申請してたが、ダメだった。ただ、ある有力なルートで数年前に訪朝できた。そして4回行った。一昨年は、別のルートで行った。池口恵観さんに連れて行ってもらったのだ。恵観さんは向こうでの待遇が違う。また、向こうでアントニオ猪木さんやデヴィ夫人にも会った。この人たちの力も大きい。そうしたパイプを持った人を日本政府も大いに使ったらいい。あらゆる手を使って、交渉したらいい。

日本がいくら経済制裁しても、中国やアジアの国々からいくらでも入るし、デパートでも日本製品が豊富に出回っている。一昨年、北朝鮮に行った時、驚いたことがある。中国行きの便に乗る人に警察官が声をかけている。「北朝鮮に行く人はいませんか。いるなら、やめて下さい」と。また、帰ってきた時は成田で、北朝鮮のみやげ物はすべて没収される。服やカーペット、それに１００円か２００円程の小さなみやげ物も没収する。経済制裁をしているのだから、みやげを買って金をおとしてきたことは許せない、という訳だ。

ところが僕は荷物を調べられないし、何も没収されない。税関の人が言っていた。「政府は経済制裁してるんだから、１００円のものでも没収しろと言う。しかし、そんなことをしても何もならない。僕は反対ですね。それより政府の人間が北朝鮮に行って交渉すべきですよ」と。これには驚いた。そんなことを言っていいのか、と思った。勇気がある。

実際、この人の言う通りだ。政府は何もしてないから、「いや、経済制裁で追いつめているのだ」と言う。そして「北朝鮮に行くな」と言い、行ってきた人からは、全てのみやげ物を取り上げる。それで「実際、闘っているんだ」「北朝鮮がギブアップするのを待っている」と言う。何もやらないことの「口実」作りだ。アメリカは北朝鮮と断固対決している。しかし、太いパイプは持っている。アメリカ人記者が拉致された時は、アメリカでは大統領経験者の大物を派遣し、「総書記の恩赦」で釈放してもらった。つまり罪を認めて謝罪し（お金も払ったのだろう）、そして総書記のありがたい「恩赦」によって解放されたのだ。無実なのに「罪」を認めるのは悔しいだろう。総書記に頭を下げ、謝罪し、お願いするのも屈辱的だっただろう。だがやったのだ。一人のアメリカ人を救う為に、そこまでやるのだ。救い出し、アメリカに帰ったら何でも言える。真相も暴露できる。

日本では何故、出来ないのか。北朝鮮の為政者を馬鹿にし、罵倒し、「攻めてしまえ」と口走る人もいる。北朝鮮の崩壊を願い、その時こそ拉致被害者は帰ってくる、と言う人もいる。でもそうなったら、国内にいる弱い人から犠牲になってしまう。たとえ為政者を持ち上げてでも、拉致被害者を奪還しようという発想がないのか。「どんなに不満があっても、小泉さんしかいなかったでしょう。言いたいことはグッと飲み込んで、小泉さんを労《いたわ》り、感謝し、引き続いてやってもらうという選択肢はなかったんですか」と僕は蓮池さんに聞いた。どんなことがあっても感情的な批判はやめる、他にいないのだから小泉さんを立てて、やってもらう。それが出来なかったのか。

「私はそうすべきだと思ったんだけど、いきなり不満や怒りをぶつけてしまった。その場にテレビカメラも来ていたし、取り消せなかった」という。残念な話だ。2月11日は、僕も挨拶させられたので、そんな話をした。また「この際、蓮池さんを拉致担当大臣にしたらいいのに」と言った。安倍さんも考えてほしい。

そうだ、名古屋に行く1カ月ほど前、1月17日（金）にアントニオ猪木さんに会った。北朝鮮から帰ってきた翌日で、テレビ局などマスコミの取材が殺到している中を無理に時間を作って会ってくれた。一水会の木村三浩代表と一緒に行き、一水会機関紙「レコンキスタ」に載せた。その時の話を、名古屋でも紹介した。猪木さんは28回も訪朝しているし、太いパイプがある。前回の訪朝では国会で「懲罰」処分も受けている。しかし何もやらない人間が、必死で努力している人間を「懲罰」する資格があるのか、権利があるのか、と思う。首相はじめ多くの人が青いバッジをつけている。拉致被害者を奪還する、という決意表明だ。しかし、それで満足してはならない。「青いバッジをつけている人は何をしているのか」と猪木さんは言う。バッジの決意を行動に移さなくてはならない。でも動いているのは猪木さんだけだ。孤軍奮闘だ。猪木さんは青いバッジをつけない。こう言う。

「以前、私に拉致議連に入ってくれというお話がありました。しかし入会すれば、朝鮮側から明確に敵とみなされ、これまでの信頼関係は水泡に帰すことになります。拉致議連の幹部と相談し、理解を得て、入会を見合せました」

断るのには勇気がいる。猪木さんにしか出来ないことだ。さらにこうも言う。

「きつい言い方ですが、青いバッジをつけている人の多くは、実際に何もしていません。選挙の道具として利用しているとしか思えないのです。日本国内の安全な場所に身を置いて、朝鮮に文句をつけているだけで、解決するわけがありません」

池口恵観さんは近々また、訪朝するという。「その時にまた、行きましょう」と僕も誘われている。また、「よど号」グループも新たな動きがある。救援連絡センターの山中幸男さんから聞いたが、ホテルではなく「日本人村」に泊まれるようになったという。猪木さんは5月に「訪朝国会議員団」を組織して行くという。蓮池さんも、いろんな構想を持っているようだ。別に一本化する必要はない。ともかくいろんな方向から解決の枠組み探しが始まった。

第28回

右傾化する世界と女性リーダー

『創』14年5・6月号

呉善花さんと（14年3月17日）

「呉善花《オソンファ》さん、黄文雄《こうぶんゆう》さん、石平《せきへい》さん、金美齢《きんびれい》さん。外国から来た人たちだけが、日本の為に闘っている！　では、日本人はどうしたんだ！」と激烈な演説をしている人がいた。この4人は日本に来て帰化し、かつての祖国に対しても激しく批判している。よくここまで言えるし、闘えると思う。4人のうち3人がこの会場に来ている。

「呉善花さんを励まし、励まされる集い」の一幕だった。最も果敢に闘っている呉善花さんを前に、何もしていない日本人が「励ます」なんておこがましい。失礼だ。むしろ呉さんに「励ましてもらおう」「喝を入れてもらおう」という集会だ。2014年3月17日（月）午後6時半より明治記念館で行われた。広い「富士の間」が満員で立錐《りっすい》の余地もない。それだけ、励まされたい人が多いのだ。

いや、日本人の中にも愛国者、憂国の士は多い。その代表的存在の田母神《たもがみ》俊雄さん、櫻井よしこさん、渡部昇一さんなども会場にいたし、熱烈な演説をしていた。代表的愛国者が勢揃いした。今、日本で最も熱い場所だった。それに祝辞のトップは安倍晋三首相だった（国会の都合で来れなくて代読だったが）。主賓の呉善花さんは何と着物姿で現われる。そして挨拶する。

「韓国にいた時、〝日本には八百万《やおよろず》の邪鬼がいる〟と教えられました。着物はその象徴だと言われた。今私は〝邪鬼〟に屈したのでしょうか。違います。八百万の神々に守られているのです。反日韓国には未来はありません！」

　ヤンヤの拍手だ。この集会は、「来日30年、拓大教授就任10年、そして新著を祝う集会」でもある。新著の『日本人はなぜ「小さないのち」に感動するのか』は帰りにもらった。我々日本人が気付かない日本の美風、日本人が忘れていた伝統・文化を逆に呉さんから教えてもらっている。これは有難いし、感謝したい。と同時に、かつての祖国・韓国に対してはかなり厳しい。会場の後ろには、今までの呉さんの著書、74冊全てが展示されていた。題名だけでも圧倒された。『虚言と虚飾の国・韓国』『なぜ「反日韓国に未来はない」のか』『侮日論「韓国人」はなぜ日本を憎むのか』……。韓国に対して批判的な評論活動を行っているとして、韓国では「入国拒否」だ。そこまでしても言論を続けている。不屈の闘士だ。呉さんにはさらに『私はいかにして「日本信徒」となったか』という本もある。

　黄文雄さんも随分と本を出している。何冊出しているんですかと本人に聞いたら、「２４０冊です」と言う。凄い。この日の「励まされる集い」では出席者からの挨拶の他に、「即席シンポジウム」が行われた。第一部は渡部昇一さん、渡辺利夫さん、宮脇淳子さん。第二部は黄文雄さん、石平さん、ペマ・ギャルポさん。ここでは黄さんが一人で叫びまくっていた。75歳だというが元気一杯だ。

　そうだ。呉善花さんが挨拶の中で興味深いことを言っていた。「日本人は反省好きだ！」と。「日本は毅然としていればいいのに、すぐに謝罪し、反省する」。でも国際政治の場では必要なこともあるだろう。もっとも最近は「謝るな！」「反省する必要はない！」という日本人が多い。謝罪や反省を忘れた「右傾化」が進んでいるのではないか。僕など、そう思ったが、呉さんは違うと言う。

「何か行事か集まりをやって終わると、必ず『反省会』をやっている。こんなに反省好きな国民はいない！」と。アッ！と思った。これは気がつかなかった。「慰労会」や「感謝会」でいいのに、必ず「反省会」と言っている。どこかに反省する点がないのかと必死で探している。考えてみれば奇妙だ。そこまで謙虚になっているんだ。いいことだ。日本のいい文化・伝統だと思ったが、「でも反省会では誰も反省してませんよ。ただ酒を飲みたいだけじゃないですか」と呉さん。これもその通りだ。呉さんはよく見ている。

この日の「呉さんに励まされる集い」は、挨拶や即席シンポジウムが続き、なかなか乾杯にならない。開会後、1時間ほど経って、やっと乾杯だ。田母神俊雄さん（元航空幕僚長）が乾杯の音頭だ。「皆さん。挨拶が続き、さぞ喉《のど》も乾いていると思います。では、これからの1時間、私が挨拶します」。皆、ドッと笑う。「でも都知事選で完敗した私が乾杯でいいんですかね」とまた、笑わせる。完敗じゃない、60万票も取ったのだ。大健闘だ。

常に笑いを取る。この明るさがいい。「暗い平和主義者よりは、明るいファシストだよ」と言っていた人がいた。面白いことを言うもんだ。僕はファシストだとは思わないが……。大阪のテレビで僕は田母神さんと何度か一緒に出たことがある。バリバリの硬派、極右で怖い人かと思っていたら、ギャグ好きの陽気なおじさんだった。明るいし、誰からも好かれる。「核武装しろ！」「領海侵犯した船はすぐに銃撃し、沈めろ！」と過激なことを言う。でもこれは「問題提起」だ。思い切り衝撃的なことを言い、それで考えさせようという作戦なのだろう。

「たかじんのそこまで言って委員会」で僕は初めて会った。猛バッシングを受けていた時だった。「皆に叩かれ、それで背がこんなに縮みました」と第一声で笑わせる。後で話をした。きっと70年の三島事件で影響を受け、それで急激に右旋回したのだろうと思っていた。三島事件の時は、防衛大学の学生だったというし。「三島事件で衝撃を受けて、熱烈な愛国者になったんですか?」と聞いた。

ところが、「三島事件では何も感じませんでした。勿論、影響も全く受けていません」と言う。むしろ、この発言に僕は衝撃を受けた。驚きだ。そうか自衛隊では、当時は反発し批判する人の方が多かったのだ。市ヶ谷で三島の演説を聞いている自衛官は皆、怒鳴り、三島を野次っている。時の首相、佐藤栄作、防衛庁長官の中曽根康弘は、三島を批判し、「民主主義国家にあるまじきことだ」「狂気の沙汰だ」と言っていた。自衛隊は動揺しなかった。クーデターなどの誘いに乗らない。だから、これで「平和憲法に合致した自衛隊になったのだ」と胸を張った。自衛隊や防衛大学などはもっと教育が徹底していた。

田母神さんは、三島事件で全く何も感じない、全く影響を受けてない。三島の本も、右派的な学者の本も読んでいない。「じゃ、当時は何をしてたんですか」と聞いたら「落語ばっかり聞いてました。休みの日は渋谷に行って落語を聞いていました」と言う。そうか、「落語好き」が、この人の原点なのか、と思った。

「では何に影響を受けて右旋回が始まったんですか」と聞いたら、「渡部昇一さんの本を読んでからです」と言う。そうだったのか。渡部昇一さんの「愛国」路線なのだ。三島由紀夫の「憂国」路線は嫌いなのだろう。だからこそ保守派、愛国者には好かれるのだ。

田母神さんの言うことは過激だし、僕なんかついて行けないことが多い。でも僕は好きだ。田母神さんの「明るさ」にはホッとするし、落語という「共通項」があることも大きい。「笑い」を切り口にして、左翼・右翼、国際政治を語ってみるのもいいかもしれない。

櫻井よしこさんは、かなり昔からの知り合いだ。田母神さんよりもずっと前だ。「クリスチャン・サイエンス・モニター」という英字新聞の記者だった。僕は昔、「過激な右翼」として取材された。櫻井さんは今とは全く違う。昔は右派的・保守派的な要素は全くなかった。リベラルな若い記者だった。その櫻井さんが今では、保守派のカリスマだし、アイドルだ。テレビのニュース番組のキャスターを長い間、やっていたし、その時、あまり自分の意見を出せない。それで鬱憤《うっぷん》がたまり、辞めた後、ドッと言い出した。それが視聴者に大いに受けたのだろう。本人は、「そんなことありませんよ」と言う。激動の世界を見て回り、外から日本を見ることが出来た。それが大きかったと言う。櫻井さんの講演会はいつも満員だ。熱烈なファンや「親衛隊」のような男の人達も多いという。「日本初の女性首相として誰がいいですか」と前に雑誌アンケートがあった。迷わずに「櫻井さん」と答えた。世界では女性の首相、大統領が少なからずいる。果敢に闘っている。また、政党や市民運動の代表にも女性が多い。世界で最も有名な右翼政党はフランスの「国民戦線」だが、そこの代表はマリーヌ・ルペンさんだ。父親から娘に代表が替わり、人気も投票率も急成長だ。

僕はパパ・ルペンさん、マリーヌさん親子には何度か会って話したことがある。２００３年にフランスのニースで開かれた「国民戦線30周年大会」に招待されて木村三浩氏（一水会代表）と共に参加した。4年前に東京で開かれた「世界愛国者平和会議」にはパパ・ルペンさんも来てくれた。日本では「極右政党」と紹介されることが多いし、ネオナチ、ネオファッショ、排外主義……と誤解される。でも実際会ってみるとかなり違う。

3月22日（土）、畑山敏夫さん（佐賀大学教授）が「欧州極右・仏国民戦線・ルペン」と題した講演をやるというので、聞きに行った。午後2時から下北沢だ。世田谷区立男女共同参画センター「らぷらす」研修室だ。畑山さんはルペンさん親子に何度も取材しているし、本も出している。「日本で一番ルペンに詳しい方です」と及川健二氏に紹介された。及川氏も何度もルペンさん親子に取材している。

マリーヌさんになって「国民戦線」はかなり変わったという。反グローバリズム、国民国家の防衛は同じだが、極右イメージからの脱皮、デモクラシーとの共存を打ち出し、若者層・女性層の支持を増やしている。マリーヌさんは弁護士であり、離婚経験者、今は事実婚をしている。家族を守るという古い伝統主義からも自由だ。その「新しさ」が新しい支持者を増やし急成長する原動力になっている。畑山さんから興味深い話を聞いた。国民戦線の書記長はマリーヌさんの別れた夫だという。驚いた。「夫としては失格でも書記長としては有能なんです」と畑山さんは言う。じゃ、今事実婚をしている男性は何をしている人ですか。「国民戦線の幹部です。優秀です」。前の夫と今の夫2人がマリーヌさんを支えている。日本ならとても考えられない。週刊誌が騒ぎ立てて、ぶち壊してしまうだろう。フランスの方がずっと進んでいる。またヘイトスピーチ、民族差別発言には厳しく、差別発言で国民戦線を除名された人間もいるという。知らなかった。この点も日本より進んでいる。

第29回

ロフトが創った「闘いの場」

『創』14年7月号

伊東秀子さんと（14年5月20日）

5月13日（火）大阪に行く。「大阪ロフト」に出る。初めてだ。２０１４年４月に大阪ロフトが出来、１カ月を迎えた。宗右衛門町の賑やかな所にあり、中は広いし、最先端の設備を備えた「討論酒場」だ。大阪ロフトは正確には「Ｌｏｆｔ Ｐｌｕｓ Ｏｎｅ Ｗｅｓｔ」と言う。〈世界初のトークライブハウス、サブカルの殿堂、ロフトプラスワンがついに関西進出!!〉と『Ｒｏｏｆｔｏｐ５月号』（ロフトの案内、情報誌）には書かれていた。

そうか、こうしたトークライブハウスは世界初なのか。音楽を聞き、ショーを見ながら客が飲食するという店は世界中にある。しかし、堅いテーマの政治、経済、社会、事件について語り合い、激論する。時には軟らかいものやサブカルもやる。それを客が酒を飲み、食事をしながら聞く。客も熱くなって野次を飛ばす。壇上のゲストとケンカにもなる。そういう「トークライブハウス」は世界初だという。

この世界初のロフトプラスワンが日本に出来たのは19年前だ。95年7月、新宿区富久町にオープンした。作ったのは平野悠さんだ。音楽畑の人で、既に音楽のライブハウスをやり、成功していた。若い時は左翼の運動をしていたようだ。また、世界を放浪したりもした。その平野さんが、60年代、70年代の激動の「政治の季節」を思い出したのか。もう一度、あの熱気を、エネルギーを、と思い立って作った。

実は僕はロフトプラスワンがスタートした直後に行っている。客としてだ。佐川一政さんに呼ばれたのだ。佐川さんはかつてフランス留学中にオランダの女性を殺し、食べた人だ。世紀の猟奇事件として世界を震撼《しんかん》させた事件だ。フランスの刑務所に収監され、後、日本に送還され、精神病院に入れられる。その後、退院。『家畜人ヤプー』を書いた沼正三さんに僕は佐川さんを紹介され、よく会っていた。佐川さんは、どんどん本を書き、月刊誌・週刊誌にもよく出ていた。「怖いもの見たさ」なのか、女性にも人気があり、講演会・討論会にもよく呼ばれていた。

その佐川さんから電話があった。「珍しい店が出来たんですよ。毎日ゲストが討論し、それを客が酒を飲みながら聞くんです。いわば、討論酒場ですよ。そこに出るんです。だから聞きに来て下さい」と言う。何だ、ロフトプラスワンて？　何が何だか分からない中、行った。新宿駅から結構遠い。当時、新宿厚生年金会館があり、さらにその先だ。普通のビルの地下だった。地下の突き当たりがロフトプラスワンだった。満員だった。佐川さんと誰かがトークしたようだ。終わって店長の平野悠さんに紹介された。それがロフトとの付き合いの初めだ。後、このロフトを舞台に多くの事件が起こる。討論だけでなく、荒れて暴力沙汰になったことも多い。「左右激突」もあったが、「右右激突」もあった。従軍慰安婦問題や映画「靖国」「ザ・コーヴ」をめぐり右翼の人達に僕は批判され、抗議された。

その現場がここだ。
「ゆきゆきて、神軍」の奥崎謙三にもここで出会った。強烈な印象だった。小説『天皇ごっこ』でデビューした見沢知廉のお母さんを奥崎は見初め、恋をした。「ぜひ結婚したい」とロフトで激白した。それを僕は『週刊ＳＰＡ！』に煽情的に書いた。当時、『週刊ＳＰＡ！』に僕は連載を持っていた。「夕刻のコペルニクス」だ。この連載や『創』の連載を見ると、よくロフトのことが書かれている。ロフトを軸にして、いろんな事件が起こっていた。奥崎謙三は殺人未遂罪等で刑務所に入り、出所してロフトに出る。見沢知廉氏は運動仲間に対する「粛清事件」で12年間刑務所に入り、出てきた。見沢氏のお母さんは料理屋で働きながら息子の帰りを待っていた。ロフトで僕が奥崎に紹介したと思う。一目で気に入り、奥崎は「結婚したい」と皆の前で宣言。お母さんは呆れ、迷惑顔だった。

僕は面白がって『ＳＰＡ！』に書いた。「ぜひ、結婚したらいい」と。また、「息子は殺人犯、夫も殺人犯。これでかえって家の中は円満にまとまるだろう」と書いた。これを読んで見沢氏のお母さんが激怒した。激しい抗議を受け、大変だった。また、連合赤軍事件を茶化し、植垣康博さんをからかったと糾弾された。『ＳＰＡ！』にユーモアのつもりで書いたら、連赤関係者が激怒。ロフトで吊し上げられた。連合赤軍関係者、支援者が集まり、激しく糾弾された。山の中での「総括」もこんな感じだったのか。それを俺は「体験」してるんだ、と思った。ただ、ひたすら謝り続けた。この時は一水会の後輩たちも来ていた。この時、僕は一水会代表だ。それなのに僕を弁護するどころか、その場の雰囲気にのまれ、連赤と一緒になって僕を攻撃する。「許せない！」「この文を読んでみなさいよ！」と。それだけ「総括」は恐ろしい。右も左も巻き込み、押し流してしまう。ロフトだったからいいが、山の中で総括されたら、僕なんて確実に殺されていた。

　また、週刊『アサヒ芸能』で巻末に「有名人の女装」写真が載った。面白半分で宮台真司さん初め多くの人が出ていた。僕も出た。こんな時でもないとこんな体験は出来ない。軽い気持ちで引き受けた。撮影は5時間もかかり、ハードな仕事だった。これが発売されると右翼陣営からもの凄い攻撃を受けた。別のテーマでロフトに出ている時、彼らはやってきて、全員に写真を配る。そして糾弾する。「国のために命をかけるべき右翼が、こんなことをしていいのか！」「国賊め！」…と。何が起きたか分からない人も、週刊誌を見て、「そうだ！　そうだ！」と同調する。「不真面目だ！」「不謹慎だ！」「恥を知れ！」と。中には「腹を切れ！」「全国民に詫びて自決しろ！」と言う人もいる。

　と、書いていたらキリがない。ロフト事件史だけで一冊の本になる。ロフトプラスワンは数え切れないほどの事件、騒動を起こし、伝説になった。そしてオープンしてから3年後の98年6月に歌舞伎町に移転した。繁華街のまん中だ。さらに「阿佐ヶ谷ロフト」「ネイキッドロフト」と2店も出来た。この3店が毎日、トークライブをやっている。この19年間、政治的、社会的話題の中心だったし、論争のネタを提供し続けてきた。

　ロフトプラスワンは95年にスタートした。と何気なく書いたが、実はこの95年は大変な年だった。1月17日に阪神大震災が起こる。3月20日にはオウム真理教による地下鉄サリン事件が起こる。4月23日には、村井秀夫・オウム真理教最高幹部が白昼、多勢の人が見ている中で刺殺される。4月27日～30日に、一水会の木村三浩氏、見沢知廉氏らが北朝鮮を訪問。この時から「よど号」グループとの交流が生まれる。「一水会訪朝団」と銘打って行ったが、団長だった僕だけ、ビザが下りず行けなかった。

95年は激動の年だった。そんな社会的不安があり、「日本はどうなるんだ」と皆が考え始めていた。時代を取り巻くそんな雰囲気の中でスタートしたので、ロフトも人が集まったのだろう。そして19年。2014年の4月には大阪ロフトがスタートし、5月13日に僕は出た。この日のテーマは、「タブーの側からタブーを撃つ‼」。お相手は、部落解放同盟大阪府連池田支部長の、みなみあめん坊さん。それにもう一人、松井かんこさん（映画宣伝プロデューサー）だ。若松孝二監督の映画「実録・連合赤軍」「キャタピラー」「11・25自決の日――三島由紀夫と若者たち」などの宣伝プロデューサーをやっていた。若松さんの映画製作を通しての、タブーとの闘いについて語ってもらった。みなみさんとは何度か話し合っている。解放同盟大阪府連池田支部に呼ばれて話したこともある。週刊誌でも、また、東京のロフトでも何度か話をした。解放同盟も右翼も左翼も、かつては怖かった。その抗議や糾弾は怖かった。それだけ、団結し、闘っていたし、反権力の緊張感があった。だから、「タブー」の面もあった。「発言の場」がないから、デモ、集会、抗議といった行動で示すしかなかった。それが強固であるほど、一般から見たら「怖い」と思われた。その怖い集団が闘っていた権力、タブーとは何だったのか。それを考えてみた。

また、これらの抗議集団はかつては「怖い」集団だった。いつ頃から軟らかくなったのか。そんなことも考えた。次々と行ってきた抗議活動の成果だろう。今は「言論」の場を持ち、また、「朝生（朝まで生テレビ）」などによって、「言論の場」に上げられた。勿論、それはいいことだ。しかし、そのことでかつての厳しい姿勢や緊張関係は薄らいできたのではないか。敵が弱体になり、差別がなくなったのならいい。でも大久保などでは卑劣なヘイトスピーチが堂々とやられている。

かつては、「口に出すのも恥ずかしい」「これは言ってはいけない」と自制の心が働いたが、今はない。ネットなどの力によって、どんな表現も自由になった。それをむしろ、「本音を言っている」と評価する人もいる。これは問題だ。ただ、だからと言って、激しい闘いに戻れとは言えない。あくまでも「言論の場」で闘うしかない。今の総保守化する状況の中で、いかに魅力のある闘いをやり、言論を作るか。そのことを3人で話し合った。

そうだ。朝生の力も大きい。朝生は27年前の87年4月25日に放送が開始された。天皇制、右翼、部落解放同盟など「タブー」と見られ、怖いテーマを勇気を持って取り上げた。その功績は大きい。ただ、その中で強固な闘う姿勢や権力との緊張関係は薄らいでいったのかもしれない。5月20日（火）、そのことを札幌で伊東秀子さんと話し合った。2カ月に一度、札幌時計台ホールで討論会をやっているが、5月は弁護士の伊東秀子さんがゲストだった。今、恵庭ＯＬ殺人事件の弁護活動をしている。これは冤罪だ。なぜ冤罪がなくならないのか。司法制度の問題だと話してくれた。伊東さんは元は社会党の衆議院議員だった。朝生でもよく一緒に出た。土井さんの後は伊東さんが社会党委員長になるものだと思っていた。ところが政界を引退。今は自民だけが独走。野党も与党へ擦り寄ることしか考えてない。朝生が始まった頃の活気はない。自民、社会の二大政党の対立時代の方がよかったのではないか。政策論議も真剣にやられていたし。札幌で司会をした中尾則幸さんも元は社会党議員だ。「伊東さん、中尾さんで再び社会党を作り直し、闘う野党を作ってほしい」と言ったら万雷の拍手だった。

第30回

真の愛国心とは何か

『創』14年9・10月号

元沖縄県知事の大田昌秀さんと

2014年7月20日（日）、「愛知サマーセミナー」で講演した。前年も講演したが、この広大な会場に一歩足を踏み入れると、そこはまるで「奇跡の空間」だ。驚くことばかりだ。今回も信じられない思いだった。こんなにも学びたい人々がいるのか。知り、考え、話し合いたい人々がいるのかと驚いた。だって、3日間で2225講座がある。山崎直子さん（宇宙飛行士）の講演がある。なかにし礼さん、尾木直樹さん、杉本彩さん、佐藤優さんの講演がある。元沖縄県知事の大田昌秀さん、10年前イラクで人質になった高遠菜穂子さん、今井紀明さん、さらには中島岳志さん、伊藤真さん、湯浅誠さん、小森陽一さん、武田邦彦さん、白石まるみさん（女優）の講演もある。政治運動、市民運動をしている人の講演もある。2013年からは僕も呼んでくれている。

会場は毎年変わる。今年は名古屋市立大学をメイン会場にして、近くの高校数校でやる。人、人、人で、まるでお祭りのようだ。大学祭のようだ。いや、「知の饗宴」だ。どこの教室でも講師が熱く語り、受講生との間に熱い討論が交わされている。受講生の年齢も様々だ。中学生、高校生から上は

70代、80代の人もいる。それに参加無料なのだ。有名講師の講演を少しずつ聞いて歩く人もいる。参加者は3日間で5万人以上だという。やはり、奇跡だ。

控室で他の講師の人と話していた。「この10分の1か、20分の1の講座なら東京で出来るかもしれない」と言う人がいた。「でも、若い人が集まりませんよね」と他の講師が言う。そうなのだ。大学でやる講演会や市民運動の集会ではどこも年輩の人ばかりだ。愛知サマーセミナーだけが特別なのだ。また、高校生、大学生も積極的にこの企画に参加している。２２２５講座のうち６００は生徒たちが自分でやる講座なのだ。市民による講座も１０００ほどある。外部から講師を呼んで受身で聞くだけではない。生徒も市民も参加して学び、楽しんでいるのだ。

受付でぶ厚いパンフレットを渡される。３日間の全講座の案内・紹介だからぶ厚い。愛知サマーセミナーは２０１４年で26回目。もうそんなに続いているんだ。〈人々をつなぐ。社会をつなぐ。未来へつなぐ「21世紀型学び」〉が今年のテーマだ。僕の講演は7月20日の2限だ。午前11時10分から90分。名古屋市立大学の教養２０７教室だ。タイトルが凄い。挑発的だ。

〈エセ愛国はなぜはびこるのか？〉

誰が聞きに来てるか分からない。荒れるかもしれないな、と思いながら教室へ向かう。今もらったパンフレットにはこう書かれていた。

〈昨年、大好評だった講座の第2回目です。学生時代から右翼・民族派運動に携わった鈴木氏の主張は、愛国心・表現の自由などについても既存の右翼思想の枠には納まりません。今回も縦横無尽に語って頂きます〉

ありがたい紹介だ。教室に入ろうとしたら、走ってきたおじさんに声をかけられた。「右翼はここか？」「そうらしいです」「じゃ」と中に入る。僕のことは知らない。「生きてる右翼」を見に来たようだ。教室に入ってビックリした。３００人ほど入る大教室が満員だ。同じ時間帯には有名な講師が沢山いる。だから僕のとこなんて人がいないだろうと思っていた。ところが、超満員だった。高校生もいるし、若者もいるし、年輩の人もいる。女性も多い。

「今、東京の大学ではどこも立て看板、チラシは禁止。政治的な集会も開けない。そんなことをやったらすぐに警察を呼ばれる。教師は教え子を権力に手渡している。大学の先生が借りた教室でも憲法や集団的自衛権に関したものなら中止させられた、という話も聞く。だから今、政治について熱く語り合う学生もいない。本も読まず、携帯ばかりやっている。大学の自治も、自由な学問、学問の独立もない。ところがここに来て驚いた。左右を超え、政治、市民運動……なんでもありの『奇跡の空間』がここにはある。自由があるのはここだけだ。ここから日本を変えよう」とアジってしまった。

それから、愛国心とは何か、ヘイトスピーチについて、憲法について、集団的自衛権について話した。早めに終わって質疑応答の時間を十分にとった。年代によって聞くことも違う。話してる途中で「もうちょっと声を大きくして下さい」というメモが回ってきた。マイクで話しているのに。でも、この日は「いつも」じゃない。やたらと広い大教室だ。人も３００人もいる。だから後ろの方まで声が届かないのだ。いつもは30人とか40人。多くても１００人だ。そのつもりで喋っていたら全然声が届かないのだ。それからは意識して大声で喋った。

今、書店に行くと、「嫌中・嫌韓」の本がやたらと目に付く。その手の本で新刊コーナーが占領されている店もある。「韓国、中国とは付き合うな」と言い、こんなに悪いことばかりだ、嘘ばかり言ってる、こんな国はもうすぐ滅びる、世界地図から消える……といった本が多い。そして日本だけが正しい、中国、韓国以外は皆、日本が好きだ、と自尊心をくすぐる。

それにしても中国、韓国、北朝鮮などへの口汚い罵倒は異常だ。尖閣諸島をめぐっては、「近づく船は撃沈しろ」と叫ぶ文化人もいる。「戦争も辞さずの覚悟でやれ！」と言う人もいる。テレビの政治討論会では、そんな強硬なことを言う人が勝つ。「今、中国と戦っても自衛隊は勝てる」などと口走る人もいた。嫌中・嫌韓本は、さらに政治家の背中を押す。

大手の出版社や新聞社も、こんな憎悪を煽る嫌中・嫌韓本を出している。出しさえすれば売れる。でも、売れさえすればいいのか。出版社としての使命感や誇りもあるはずだ。「いや、こんなこと位で戦争になるはずはない」と高を括《くく》っているのかもしれない。70年前の日米開戦の前も、そう思い、無責任な本がやたらと出版された。いや、あの時は、「戦争をやれ！」と政府や軍部に実際に圧力をかけたのだ。

東條英機のお孫さんの由布子さんに何度か会ったことがある。戦争前、一般国民からもの凄い数の手紙が来たという。段ボール何箱にもなった。その内容は、ほとんどが攻撃・脅迫だったという。「早く戦争をやれ！」「戦争が恐いのか」「卑怯《ひきょう》者！」「非国民め！」というものばかりだったという。国民が煽ったのだ。新聞・出版社も煽った。戦意昂揚のスローガンも大量生産された。その中に、こんなものがあった。

「米英を消して　明るい世界地図」「日の丸で埋めよ倫敦《ロンドン》、紐育《ニューヨーク》」

馬鹿なことを考え、無責任なスローガンにしたのだ。しかし今、『中国が世界地図から消える日』などという本も出ている。70年前と変わらない。強硬で、排外主義的なことを言うと、それで「愛国者」だと思われる。それが、なさけない。嫌中本、嫌韓本を読んで「胸がスッとする」という人がいる。それが愛国心だと誤解する人がいる。それは間違っている。それは排外主義であって愛国心ではない。そんな話をした。

今から考えて、「あゝあの人は愛国者だった」と言われる人達は、決して自分で「愛国者だ」などと豪語しなかった。三島由紀夫などは自決の2年前に、「愛国心という言葉は嫌いだ」と言っていた。官製の臭いがするし、自分一人だけが飛び上がって、上から日本を見てるような思い上がりがあるという。当時は、その文章を読んで分からなかった。「困るよな三島さんも。左翼に迎合するようなことを書いちゃ」と思っていた、僕らが愚かだった。今なら分かる。全くその通りだと思う。もしかしたら、46年後の今の僕らに向かって言ったのかもしれない。

また、三島は別の所で、「愛国心は見返りを求めるから不純だ」と書いていた。この国が好きだというのなら、一方的に思うだけでいい。「恋」でいいのだと。「愛」となると、自分は愛するのだから自分も愛してくれ、自分は「愛国者」として認められたい、という打算が働き、見返りを求めるという。これも46年後の日本の現状を見通して言ってる言葉じゃないか。そう思う。

中国や韓国と紛争があるのなら、行って話し合い、喧嘩したらいい。ところがそんな勇気も行動力もない。安全圏の日本にいて、「許さん」「自分は戦っている」と絶叫しているだけだ。それで愛国者だと言っている。愛国者と認められたと思っている。「愛国者」という言葉に酔っているだけだ。自己愛だ。こんな連中ではなく、歴史上の闘ってきた人々の行動に学べ！と言った。そうした本も今、少しずつ出てきた。口汚く外国を罵る本だけでなく、「本当の愛国心とは何か」「今、感情的になって戦争の危険性まで突っ走っていいのか」と考える本だ。

13年の夏に出た一冊の新書はその反省のスタートだったと思う。『内心、「日本は戦争をしたらいい」と思っているあなたへ』（角川Ｏｎｅテーマ21）だ。８人が書いている。保阪正康、東郷和彦、富坂聰、宇野常寛、江田憲司、金平茂紀、松元剛、そして僕だ。この画期的な本に参加させてもらい嬉しかった。

また、別冊宝島から二冊の衝撃的な本が出た。『新しい「代表的日本人」』と、『日本「愛国者」列伝』だ。ムック本で、ビジュアルな本だが、偏狭ではない。「代表的日本人」には三島由紀夫の他、田中正造、丸山眞男、平塚らいてうもいる。『日本「愛国者」列伝』には、「実業」「軍人」「任侠」「文人」もいる。「今から考えると愛国者だった」と後の人々が評価する人達だ。この本の表紙にはこう書かれている。

〈「嫌中・嫌韓」は果たして愛国なのか？　真の「愛国心」「日本愛」を考える〉

これはいい。この中で僕も原稿を書いた。〈「俺は愛国者だ」という人に本物の愛国者などいない〉やけに挑発的だ。でも本当だ。このことは、40年以上も右翼運動をやり、「愛国心」に基づいた運動をやってきた僕らこそが、キチンと言わなければならない。その責任があると思った。

愛知サマーセミナーでは講演後も若い人達に随分と質問をされた。また、高校の先生達から「ぜひ、うちの高校で話して下さい」と言われた。ぜひ行きたい。

第31回

朝日バッシング

『創』14年11月号

高遠菜穂子さんと(14年9月9日)

「昔と違って今は国民の同胞感がなくなってしまった」と嘆いていた。もう40年も前だが、末松太平さんに会って取材した時だ。末松さんは陸軍少尉の時、二・二六事件に参加し、入獄。出獄後、『私の昭和史』(みすず書房)を著し、二・二六事件と当時の軍人の思い、怒り、そして世間の反応などについて書き、「昭和史研究の第一級資料」と言われた。三島由紀夫も絶賛し、二・二六事件に関する小説を書き始める契機になった。この本との出会いが70年の三島事件の遠因にもなっている。

1936年2月26日に事件は起きた。日本最大のクーデター事件、二・二六事件だ。東北では飢餓に苦しみ、娘を売る農家も出た。軍隊は東北出身の兵も多い。外国と戦うどころではない。そうした状況を見かねての決起だったと末松さんは言う。政治改革というよりも同胞感による危機意識だったと言う。末松さんに会ったのは二・二六事件から40年後の75年だった。75年といえば、まだまだ日本には同胞感があったと思うが、末松さんはこう言っていた。

〈これは私のいた青森の歩兵五連隊でおきたことだが、昔と違って今は国民の同胞感がなくなっているんじゃないかな。昔は八甲田山で軍人が雪中行軍で遭難した時でも、国民の全てが同情し、まるでわが同胞が死んだように嘆き悲しんだでしょう。それを悼む歌までつくられ全国で歌われたでしょう。逗子の開成中学の生徒がボートで遭難した時もそうでしょう。そして「真白き富士の嶺」という歌までできた。今はそんなことはないじゃないですか。新聞で交通事故や遭難の記事を見たって、わが同胞が死んだように悲しむなんてことないでしょう〉

その通りだ。昔は歌も出来、日本中が悲しんだのだ。「今は国民の同胞感がなくなった」と末松さんが嘆いていた時から、さらに40年が経った。遭難をわが事のように悲しみ歌が出来た事も〈歴史〉としても知らない。新聞で遭難記事を見ても、同情もしない。同胞感がないのだ。それどころか、遭難した人に対し、「自己責任だ」「自業自得だ」と言った言葉さえ浴びせる。2004年にイラクで日本人3人が武装勢力に襲われ人質になった時も、「自己責任だ」とバッシングされた。冷たい国民だ。同胞感など全くない。日本政府の方針に反して勝手にイラクに行く人間は自業自得だ。そんな人間を救出する必要はない。そうも言われた。何という国民だ。冷酷な国民だ、と思った。

2014年9月9日（火）午後6時から「鈴木邦男シンポジウム in札幌時計台」。札幌時計台ホールで2カ月に一度、ゲストを呼んでシンポジウムをやっている。鈴木宗男さん、山口二郎さん、中島岳志さんなどを呼んで話してきた。今回で10回目になる。ゲストは高遠菜穂子さん（イラク支援ボランティア）だ。10年前の04年にイラクで人質になった人だ。郡山総一郎さん、今井紀明さんと共に武装勢力に襲われ人質になった。何度も死を覚悟し、今でも思い出したくないという。人質になって9日、やっと「解放」され、日本に戻る。しかし、「祖国」では凄まじいバッシングが待っていた。「自己責任だ」と言われ、人質事件についても「自作自演ではないか」と言われた。「同胞感」がなくなったのだ。40年前の末松太平さんの言葉を思い出した。事件にあった人への同情も労《いた》わりもない。さらに、「売国奴!」「非国民!」と罵倒する。

あの事件は相当前から準備された、組織的な襲撃・拘束事件だと思っていた。ところが、激しい「反日感情」が昂《こう》じての、かなり偶発的な事故だったと高遠さんに聞いて、驚いた。「イラクに自衛隊が行ってからイラクの対日感情は一変しました」と言う。それまでは親日的だったのに、急に反日になった。日本人だと分かった瞬間、人々に取り囲まれ糾弾された。その後に武装勢力に拘束された。だから闇の中で密かに攫《さら》われ、密かに拘束されたのではない。

「でも自衛隊は武器を持たないし、〝人道支援〟で行ったのだ」と日本では言うがイラクでは「自衛隊」といっても通用しない。また、アメリカと一緒に来るのだから「侵略」だ。イラクは大量破壊兵器を持っているからという理由でアメリカはイラクを攻撃した。しかし大量破壊兵器はなかった。つまり、アメリカの侵略戦争だったわけだ。自衛隊も(武器を持たないとはいえ)侵略戦争に加担したのだ。さらに今、集団的自衛権を認めた。また、改憲し、自衛隊を国軍にしようとしている。アメリカに言われるまま、侵略の殺し合いに参加させられる。高遠さんのビデオを見て驚いたが、イラクは「解放」後の方がずっと破壊され、混乱し、荒廃している。人も日々殺されている。

03年2月、僕らはイラクに行った。アメリカに戦争反対の意思・抗議を伝えるためだ。世界中から多くの人々が来ていた。フセインの悪口は言えないだろうが、街は明るく活気に満ち、平和だった。市場に物は沢山あるし、夜中でも歩けた。

「でも、そんな平和なイラクはもうありません」と高遠さんは言う。「解放」後、確かにフセインの悪口は言える。しかし、それ以外の自由はない。物はないし、殺戮《さつりく》はさらに激しく、続いている。また、こうしたイラクを作ることに加担した日本への批判も根強い。その中で、高遠さんたちの人質事件も起こった。日本では全く伝えられないイラクの現状。そして、10年前のバッシングで何を感じたかを話してもらった。高遠さんは今、再びイラクに行ってボランティア活動をしている。普通なら、もう二度と行きたくない。また、帰ってからPTSDにも陥った。それなのに活動を再開している。凄いと思った。講演終了後も、打ち上げ会で高遠さんに詳しく話を聞いた。

夜12時頃、ホテルに帰る。東京のテレビ局から電話があって、翌々日の出演の打ち合わせをする。こっちも日本中のバッシングにあっているが、朝日新聞の誤報事件についてBS朝日の討論番組に出るのだ。朝日も軽はずみだし、取材も、その後の経過も杜撰《ずさん》だ。東電の「吉田調書」をめぐり、「所員の９割が所長命令に違反して撤退した」と書いたが、これは誤報だった。また、82年に初めて報道した「済州島《チュジュド》で慰安婦を強制連行した」とする吉田清治氏の証言に基づく一連の記事。両方とも誤報だと認め、取り消すと発表した。しかし、後者については謝罪をしていない。このことを批判した池上彰さんのコラムを掲載拒否した。それで更に朝日批判が広がった。また、この時とばかり、「朝日は廃刊にしろ」という声もあがり、デモも行われた。

街を歩いていたら、保守派の市民運動家が訴えていた。ご婦人だ。「これで分かったでしょう。朝日の言ってることは全て嘘だったんです。慰安婦なんて一人もいませんでした。南京大虐殺も嘘です。ありません。日本は正義の自衛戦争を戦ったのです」。さらにこう言う。「日本の兵隊さんは世界一、道徳的で、世界一、倫理的な兵隊さんでした」。驚いた。おいおい、そこまで言うかよ、と思った。日本のやってきたことは全て正しい。反省することはない。ドッと、そういう方向に行きつつある。

朝日は多分、そういう流れになることを恐れたのだろう。「誤報はあった。しかし慰安婦はいた。（他に）強制連行はあった。南京大虐殺もあった」と思っている。誤報は訂正する。しかし全面的に謝罪すると、「ほら、朝日の言ってることは全て嘘だ」「慰安婦なんていなかった。日本は正義の戦いをしたんだ」と言われる。保守派・右派を力づけることになる。そう思ったのだろう。だから、「どこかで踏みとどまらなくては」と思った。そんな気がする。パニックに陥り、正常な判断能力を失っていたのだ。池上彰さんの連載コラムさえも、朝日に対する「誹謗《ひぼう》中傷」だと誤解して掲載拒否した。池上さんの文章は、むしろ温かい忠告だし、「支援」だったのに、それが分からなかった。池上さんは、「過ちがあったなら、訂正するのは当然。でも、遅きに失したのではないか」「過ちを訂正するなら、謝罪もするべきではないか」と言っている。その通りだろう。さらに、重要なことを言っている。「朝日の記事が間違っていたからといって、『慰安婦』と呼ばれた女性たちがいたことは事実です。これを今後も報道することは大事なことです」

右派・保守派の「朝日の言うことは全て嘘だ」「慰安婦はいなかった」という批判とは全く違う、温かい忠告であり、側面からの支援だ。朝日はそれが分からなかったのか。池上さんは更にこう言う。「でも、新聞記者は、事実の前で謙虚になるべきです。過ちは潔く認め、謝罪する。これは国と国との関係であっても、新聞記者のモラルとしても、同じことではないでしょうか」

その通りだと思う。「国と国との関係であっても」と言っている。朝日批判で勢いづく保守派・右派に対する強烈な批判だ（このことに気付いたのか、後に朝日はこのコラムを掲載した）。BS朝日の番組ではそのことを強調しようと思った。9日深夜の打ち合わせの時も、そんな話をした。

9月11日（木）午後7時半、テレビ朝日に行く。BS朝日の「激論！クロスファイア」収録のためだ。放送は13日（土）の朝10時からだ。8時半から収録開始だ。田原総一朗さん、早野透さん、そして僕だ。村上祐子アナも加わる。少人数だから、冷静に、じっくりと話が出来る。打ち合わせが始まった時、スタッフが飛び込んできた。「今、社長の緊急記者会見が始まりました」という。別室で、その中継を見て、大幅に遅れて番組はスタートした。まさに歴史的現場に立ち合ったという感じだ。朝日新聞の社長は東電の誤報、慰安婦の誤報について全面的に誤報を認め、取り消し、謝罪した。池上さんの件についても謝罪した。急展開だ。それを受けての「激論！クロスファイア」だった。

なぜ誤報は起きたのか。なぜ、もっと早く取消し・謝罪が出来なかったのか。30年前は日本の戦争犯罪を暴くことは正義であり、少し位、検証が甘くても載せてしまう「時代の空気」があったのではないか。東電の吉田調書だって、「原発は悪、東電は悪」という思い込みがあって読んだから、「都合のいい部分」だけを発表したのではないか。「部分的な間違い」ではあっても、「全体的な間違い」ではない。ここで謝罪したら、〈全体〉を否定され、「慰安婦はなかった」という方向にいく。ここで踏みとどまらなくては、と思ったのだろう。でも、それは「運動家の論理」だ。ジャーナリズムの論理ではない、という話をした。ではどうやって検証するのか。「時代の空気」に流されないジャーナリズムをどう作るべきか、等々について、突っ込んだ話が出来た。「自分たちは正しい。だから（少し位、間違っても）謝れない」というのは僕らも体験してることだ。朝日だけの問題ではないと思った。

第32回

四日市での「必勝」映画会

『創』15年1・2月号

満島真之介さんと

11月16日（日）、三重県四日市で「11・25自決の日――三島由紀夫と若者たち」（若松孝二監督）の映画上映会が行われた。午後6時半から四日市市文化会館第2ホールだ。四日市では初めての上映だ。70年11月25日に三島由紀夫と共に自決した森田必勝氏の地元がこの四日市だ。海星中学、高校とカソリックの学校に通い、卒業して早稲田大学に入った。たまたま知り合った右派系学生たちと意気投合し、日学同（日本学生同盟）に入り、その後、三島由紀夫の「楯の会」に入る。三島の信任も厚く、「楯の会」学生長になり、三島と共に自決した。

この事件は「三島事件」と呼ばれている。三島が「楯の会」の4名の隊員を連れて市ヶ谷の自衛隊東部方面総監部に行き、益田兼利総監を人質にして自衛隊員を中庭に集合させた。バルコニーから三島は演説し、自衛隊員に共に決起しようと檄を飛ばした。しかし集まった自衛隊員の反応は冷たかった。野次が飛び、怒号が飛んだ。演説を中断し、三島は部屋に戻り、自決した。森田必勝氏も続いた。一般的には「三島事件」と呼ばれ、三島が主導したと思われている。しかし実際はかなり違う。

「楯の会」の若者たちが思いつめ、憂い、焦燥し、それが強く三島を突き動かした事件だった。だから三島事件ではなく「楯の会事件」だったと言う人もいる。でも100人の「楯の会」の他のメンバーは誰も知らない。正確には三島と4人の「楯の会」隊員による決起だった。「むしろ森田必勝事件だった」と僕は昔、『新勢力』という雑誌に書いたことがある。若松監督はそれを読んでくれた。「俺もそう思っていた。森田や若者を中心にして三島映画を撮りたい。鈴木さんも協力してよ」と言われた。元「楯の会」隊員や関係者を紹介した。資料も提供した。それだけなのに映画では「企画」として僕の名前が入っていた。申し訳ない。でも、この歴史的映画製作に参加できて光栄だ。

この映画は全国主要都市で上映され大きな話題になった。三島由紀夫役の井浦新さん、森田必勝役の満島真之介さんはこの演技が評価され、その後、映画、テレビで大活躍している。三島夫人役で出た寺島しのぶさんも話題になった。主要都市では公開されたが四日市では公開されなかった。森田必勝氏のお兄さんの森田治さんは名古屋まで見に行った。感動して涙が止まらなかった。弟のことをこんなにキチンと描いてくれた。嬉しかった。それに、「あっ、あの時の青年だ！」と分かった。映画撮影が始まる直前、実は満島真之介さんが突然、訪ねて来たのだ。「今度、森田必勝さんの役をやることになりました」と言って。

映画を見た直後、治さんから電話があった。「ぜひ若松監督にお会いしたい。お礼を言いたい」と。若松監督も喜んでいた。「じゃ、二人で四日市に行こう」と言ってくれた。ところが突然の事故で亡くなってしまった。若松監督が行くのなら、映画上映会もやって、治さんとも対談してもらったらいい。そう思ったが、それも出来なくなった。「昔の仲間の人たちに弟のことを話してもらいたい」と治さんは言う。それで13年の11月は宮崎正弘氏（元・日学同書記長）と僕が四日市に行き、治さんとトークをした。東京からも昔の仲間が大勢駆けつけてくれた。必勝氏のお墓参りをし、文化会館で三島・森田両氏の追悼とトークをした。その時、「来年はぜひ映画を上映したいですね」という話になった。そして一年かかって上映に漕ぎ着けた。

若松プロと親しい御手洗志帆さんが映画を借りてくれた。同時に満島真之介さんにも打診してくれた。「時間があったら来てもらえませんか」と。そりゃ無理だよ、と僕は言った。今や超多忙な人気俳優だ。その日もスケジュールが入っているという。

ところが奇跡が起こった。来てくれたのだ。「突然スケジュールが空いたんです。必勝さんの力です」と言う。映画は6時半から8時半。その後、森田治さんと僕のトークだ。急遽、満島さんも登壇して話してもらった。５００人の会場の人も驚いていた。全く予告してなかったし、我々スタッフでもほとんどが知らない。映画は必勝氏の自決のシーンで終わる。幕が下りて会場が明るくなった瞬間、必勝役の満島さんが現れたのだから驚く。治さんも感激していた。だから、二人の初対面の時の話から始まった。

撮影が始まる前、若松監督は役者を前にこう言ったという。「三島事件について調べたり、予備知識を仕入れる必要はない。先入観を持ってもらっては困る。今の君達の思いや情熱をそのままぶつけてほしい」と。でも満島さんは三島事件についての本を探し、読み漁《あさ》った。映画は初めての体験だ。だから少しでも勉強しておこうと思った。森田必勝氏について書かれた本も全部読んだ。そこに森田氏の家の町名が出ていた。行ってみたい。突然そう思った。番地は書いてないが、行けば分かると思って四日市に行った。多分この近くだと思うが分からないので、歩いているおばさんに聞いた。「あっ、まさかつちゃんの家ならそこ！」と教えてくれた。あっ地元の人にも愛されているんだと直感した。必勝氏は自分で「ひっしょう」と読んでくれと言ってたが正確には「まさかつ」だ。昭和20年の敗戦直前に生まれた。でも両親は日本が勝つようにと祈りを込めて「必勝」と名付けた。

満島さんは、アポイントもなしに訪ねたのだ。幸いにも治さんは在宅だった。「今度映画で必勝さんの役をやることになった満島です」と名乗った。でも治さんからの返事はない。当時は全く無名の青年だ。映画や芝居といっても色々ある。うさん臭い、変な若者かと思われたのかな、と満島さんは思った。ところが違っていた。後で治さんから聞いた。「会った瞬間、『弟が帰ってきた！』と思ったんです。それで声も出なかったんです」と。

11月16日のトークの時も、その話をしてくれた。「今思うと変ですよね。満島さんはこんなにいい男だし、とても弟とは似ていない。それなのに弟が帰ってきた！と思って立ちすくんだんです」。実は、必勝氏を憂国の烈士と崇拝して突然訪ねてくる若者は随分いたという。何十人もいたという。でも、「弟が帰ってきた！」と思ったのは満島さんだけだ。それに必勝氏は今、生きていたら60代後半だ。それなのに…と僕は聞いた。「いや、弟は今でも25歳のままです」とキッパリと言う。治さんは満島さんを家に上げ、長時間話したという。必勝氏の子供時代のこと。中学、高校の時の話。早大に入って「楯の会」に入った頃の話…と。満島さんはそれから必勝氏のお墓に行き、お参りしてから東京に帰った。

「その時の感動的な体験があったから必勝さんの役をやれたんです。この映画は四日市から始まっているんです」と満島さんは言う。「でも監督はどう言ってましたか」と僕は聞いた。事件については調べなくていい。本も読まなくていい。先入観を持つな、と言ってたんだし。その「言いつけ」を破ったんだ。「叱られましたか?」と心配して聞いた。「監督に報告したら、『そうか、行ってきたか』と喜んでいました」。そうか、監督らしい。そうだろうな、と思った。「俺が見込んだだけのことはある」と思ったのだろう。

この時、初めて知ったが、他の配役は全て決まり、撮影の準備は進んでいた。ところが森田必勝役がいない。これは、という役者がいない。必勝が一番のメインだ。見つかるまで撮らない。それで何年も待っていたという。何かの機会に満島さんを見て、「こいつだ!」と思った。これも不思議だ。全く映画の経験のない満島さんを持ってきたのだ。あるいは満島さんの眼の光かもしれない。「弟が帰ってきた!」と治さんに思わせたもの。「こいつしかいない」と若松監督に思わせたもの。

だが、それからが大変だった。若松監督の地獄の特訓、シゴキが始まる。何年も待って、こいつだ!と思っただけに期待も大きかったのだろう。映画が完成し、上映会の時のトークで何度か会った。監督に新さん、満島さんと。その時、撮影現場を撮った「メイキング・ビデオ」を見た。驚いた。厳しい監督だとは聞いていたが、これほどとは思わなかった。怒鳴りまくっている。特に満島さんには厳しい。言葉ではない。これはもう暴力だ。「何度言ったら分かるんだ! 馬鹿者!」「お前一人のためにどれだけ遅れているか分かるのか!」…と。

それも三島と森田氏が自衛隊に立てこもるシーンだ。二人とも本物の日本刀を持っている。「あそこまで言われて、よく我慢しましたね。刀を持ってるんだから監督を斬っちゃえばよかったのに」と僕は言った。その時は監督もいたので、二人とも笑っていた。四日市ではもう一度同じ質問をした。「あそこまで言われたら僕なら斬っちゃいますね。満島さんはよく耐えましたね」と。「いや、正直に言うと一度だけ思いました。斬っちゃおうかと」。そうか。「殺意」を持ったという。「あの映画は、若松監督との死にもの狂いの闘いの記録でした」とも言う。そうなのか。

映画の時、必勝氏の自決シーンでは涙ぐんでいた。控え室でモニターを見て涙を拭っていた。若松監督との闘いの日々を思い出したのだろう。「よく耐えてくれましたね。おかげでこんな素晴らしい映画が出来た」と僕は言った。それにしても自分が自決するシーンを見てるなんて変な気分でしょう、と聞いたら、「いや、ここにいるのは僕ではありません。必勝さんです」と言う。それに「初めて出たのがこの映画だったんで、自分は俳優としてやって来れたんです」とも言う。そうなのか。他の映画だったら今の満島真之介はなかっただろう。

この日は昔の運動仲間も沢山来てくれた。打ち上げでは必勝氏の話に華が咲く。「今まで必勝さんにはずっと疚《やま》しさを持ってきました」と皆が言う。僕も同じだ。70年の11月は、左翼運動はなくなっていた。右翼学生運動もほとんどなくなっていた。皆、就職したり、郷里に帰って家業を継いだり、大学院に行ったり、政治家を目指して活動したり。でも、必勝氏は運動を続けていた。そして三島と一緒に自決した。「俺たちは何をしてるんだ。必勝氏に申し訳ない」と思い、疚しさを持った。そこから新しい民族派運動も生まれた。三島が一人で自決していたら、そうはならない。「三島事件」にもならなかっただろう。その夜は、満島さん、森田治さんを囲みながら、遅くまで飲んだ。

第33回

原発とヘイトスピーチ

『創』15年3月号

福島菊次郎さんと

1月12日（月・祝）午後2時から名古屋市教育館で「現代日本を考えるシンポジウム」に出た。三上元さん（静岡県湖西市市長）、樫村愛子さん（愛知大学教授）、そして僕が講師だ。テーマは「原発とヘイトスピーチ」だ。三上さんは脱原発をはっきりと宣言している、勇気のある市長さんだ。樫村さんは専攻は社会学で、貧困・格差などに取り組んでいる。ヘイトスピーチに対しても発言している。原発とヘイトスピーチ。この二つは現代日本の大きな問題だ。病だ。閉鎖的・排外的な日本を表している。いや、それよりも国民の漠然とした不安を表している。〈国家が強くないと不安だ。中国・韓国にやられるな。やり返せ。日本が強くなれば自分たちも強くなれる〉…そう思うようだ。強くなる為には軍備とエネルギーだ。原発も早く再稼働しろ！となる。

そんな国民の不安・焦燥を自民党はうまくすくい上げている。「そうです。韓国・中国とは断固として闘います。その為にも国防です。そして憲法改正です」と言う。右傾化こそが正義である…と。「日本を取り戻そう」「もっと日本に誇りを持とう！」という元気なスローガンも叫ばれる。「そうだ！　そうだ！」と応える国民も多い。

民主党政権の崩壊も大きい。沖縄の基地問題や外交姿勢を強く批判された。「理想や夢を政治に持ち込んではダメだ。現実を見ろ！」というわけだ。「厳しい現実を見たら、国防の強化しかないだろう」「原発再稼働しかないだろう！」と責められる。「この道しかない」という。テレビの政治討論会を見ても、声の大きな「現実派」ばかりが横行している。リベラルな人や理想や夢を語る人はいない。いても、そんな喧嘩《けんか》の場面には出たくないと遠慮するのだろう。また、テレビ局もそんな穏和な人が出ると面白くないのだろう。「非武装中立」「有事駐留」なんて今は言う人もいない。言う自由もない。そんなことを口にしたら「何言ってんだ！」「現実を見ろ！」「それでも日本人か！」と糾弾される。潰されてしまう。今は「平和」や「9条を守れ」と言うことさえも憚《はばか》られる。

ちょっと前までは、まだ他人の意見にも耳を傾けていた。そんな気がする。朝生でも姜尚中さんがボソボソと低い声で「武力では何の解決にもなりません。だって…」と話し始めると皆がシーンとなって話を聞いた。そんな場面があったのだ。年末、12月22日（月）、週刊『アエラ』の忘年会で、その姜尚中さんに会った。久しぶりだ。姜さんも今の閉塞的・排外的状況を憂慮していた。「テレビ討論会にまた、どんどん出て下さい」と僕は言った。

民主党政権の崩壊と、もう一つ、朝日の誤報問題も大きかった。「朝日は廃刊にしろ！」「我々の祖先をどれだけ貶《おとし》めるつもりか！」という感情的な罵倒がなされた。記事を書いた記者には脅迫の電話・手紙が殺到した。そして「自業自得だ」と冷ややかに見る人が多い。怖い社会だ。知り合いの朝日の女性社員は（記者でもないのに）帰宅途中、男たちに取り囲まれ「何であんな反日的な新聞社に勤めているんだ!」「それでも日本人か!」と詰め寄られた。さらに「死んでしまえ!」と怒鳴られた。「『死んでしまえ!』なんて言われたのは生まれて初めてです。本当にショックでした」と言う。

酷《ひど》い連中だ。それに彼らは「酷いことをした」「悪いことをした」という自覚はない。「いいことをした」「愛国心から言ったのだ」「日本人として当然の行動だ」と思っているのだ。「愛国無罪」だ。愛国心さえあれば何でも許されると思っているのだ。

「反日!」とレッテルを貼り「それでも日本人か!」と罵倒する。「韓国人・朝鮮人は死ね!」と大声を上げてデモをする。在日の人が多い大阪鶴橋では、女子中学生が「在日の人は皆殺しにしたい。鶴橋大虐殺をやります」と絶叫する。酷い話だ。犯罪行為だ。こんなのは愛国心ではない。そこからは最も遠い行為だ。最も遠い人々だ。「愛国心」という言葉をどこまで貶めたら気が済むのか。そう問いたい。

名古屋でやった「現代日本を考えるシンポジウム」の時も、僕はそんな話をした。午後2時から始まり、3人が20分ずつ話す。それから3人によるシンポジウムだ。「冷静に話し合いが出来ない、コミュ障の人が多いです」と樫村さんは言う。「えっ、〝コミュ障〟って何ですか」と思わず聞き返した。「コミュニケーション障害」のことだと言う。そうか、それは言える。僕自身だってそうだった。昔は「愛国無罪」で暴れていた。自分たちの「主張」の正しさを表現するのは「行動」の過激さだと思っていた。また、自分たちには「発言の場」がない。だから「激しい行動」で示すしかないと、昔は思っていた。マスコミは左翼ばかりだから我々の主張は載せない。でも「事件」を起こせばマスコミはニュースとして取り上げる。そして、何故そんなことをしたのか、その理由も報道する。そこで

「我々の主張」も初めて国民に届く。そういう理屈だ。随分と後退した理屈だ。

確かに当時は僕たちに「言論の場」はなかった。街宣車で喋るか、小さな機関誌しかなかった。ところが今はネットがあるし、ツイッターもある。「完全な言論の自由」だ。

でも、いいことだけではない。差別的・排外的な主張・言葉がどんどん増えた。無責任に面白がって書き込む。それを見て、昔は「それを言ったらおしまいだ」という自制心があったが、今は「よく言った」「勇気がある」と思う人がいる。国民感情が様変わりした。今は「愛国」「保守」がいい言葉で「左翼」はイコール「反日」「売国奴」で悪の代表だ。これではまるで戦時中の日本だ。

そういえば、昔は「革新市長会」なんてあった。「革新」「左翼」がいい言葉だった時代だ。今はそんなものはない。社民、共産の市長もいるが、自分で「革新です」「左翼です」と言わない。三上さんは無党派だ、やや保守的だと言う。でも原発は危険だし、いらないと言う。その方が説得力がある。この日本は好きだし、美しい日本を守りたい。だからこそ国土を破壊するおそれのある原発には反対だ。三上さんはそう言う。

「この前、多摩市長の阿部裕行さんに会ったら、同じことを言ってました。三上さんとも仲がいいんですね」と言ったら「そうです。どこで会ったんですか」と聞く。12月27日（土）、パルテノン多摩で開かれた「福島菊次郎全写真展・講演会」で会ったのだ。福島菊次郎さんは93歳の反骨写真家だ。原爆、三里塚、学生運動、自衛隊、原発などを撮り続けている。相手に問題があるのならば、それを撮るためには法を侵しても構わないと言う。命がけだ。逮捕覚悟だ。自衛隊を撮る時は、防衛庁に誓約書を出している。「軍事機密に触れるものは撮らない。発表する時は事前に見せて許可を受ける」

と。ところが「ここは撮ってはダメだ」と言われた所も勝手に撮る。カメラを構えないで、腰にぶら下げたまま勘で撮るのだ。さらに事前に見せないで勝手に発表した。防衛庁は激怒して告訴すると言う。福島さんは言う。「私が約束を破ったというが、自衛隊こそ憲法の約束を破って作られたものじゃないか。告訴でも何でもしてくれ。裁判で闘おう」。これで防衛庁は引っ込んだ。すごい人だ。でも、この後（これとは関係ないだろうが）福島さんは暴漢に襲撃され重傷を負う。また、家を放火されてもいる。それでも闘いをやめない。

その不屈の闘志はどこから来るのだろう。ぜひ『創』で対談をやりたいと申し込んだ。「ああ、いいですよ」と引き受けてくれた。ところが後日、篠田編集長と共に訪ねたら、一変して、ダメだという。「昔、写真展に右翼が殴り込んでメチャクチャにした。だから右翼とは対談できない」と言う。僕は全く関係がないのに、「右翼」というだけで拒否された。でも個人的に会うのはいいようだ。この日の写真展のパンフに原稿を頼まれて書いたし、パーティの時は挨拶もした。福島さんは今年93歳で山口県に住んでいる。東京で講演するのはこれが最後だと言う。それで全国から千人以上の人が集まって「最後の講演」を聞いた。「今度、山口県まで行きますから、ぜひ対談をしましょう」と僕はしつこく言った。

福島さんの講演の前には学生運動出身者らしい人が挨拶するし、昔の闘士がいる。女性解放運動の田中美津さんもいた。元・戦旗派の人もいたし、市民運動をやってる人も多い。また、福島さんの全写真展だ。衝撃的な写真ばかりだ。また、こんな過激な人の写真展・集会をやった全体の責任者が多摩市長の阿部裕行さんなのだ。よくこれだけのことをやってくれた。ありがとうございますとお礼を言った。その時、「湖西市長の三上さんとは仲よしですよ」と言うので、脱原発の話をした。全国の市長会は500人以上いるらしい。そのうち1割ほどが脱原発を宣言している。現職としては覚悟のいる決断だ。社民、民主、共産、自民…といろいろだ。でも、「一点共闘」だという。他の事は一切問わない。「脱原発」だけで合意した人が1割だ。これはいい。国会でもやってほしい。憲法や防衛問題、日中・日韓をめぐる外交問題でも「一点共闘」をやってもらいたい。

ここで再び名古屋に話を戻す。三上さんは湖西市長三期目だが、元からの政治家志望ではない。市長になる前は船井総研、西友に勤めていた。だから視野が広い。政治の話だけでなく、歴史や文学、映画の話も出来る。だから、狭い運動論にはならない。樫村さんもそうだ。社会学なんだから関心の持つ範囲が広い。どんどん話が広がって行って時間をオーバーしてしまった。

この日は民主党の近藤昭一さんも来てくれた。12月3日（水）は辻元清美さん（民主党）の応援に行ってきたのだ。僕なんかが行ったらマイナスだと思ったが、「左翼」「反日」とバッシングを浴びている辻元さんの助けに（少しは）なったのかもしれない。当選したのでホッとした。また、東京から皓星社の白井基夫さんが聞きに来たので挨拶してもらった。40年前に僕が取材して書いた『証言・昭和維新運動』をこの春、増補版としてここから出すことになった。血盟団事件、五・一五事件、二・二六事件…などに参加した人々に取材して書いたものだ。貴重な体験だったし、この時聞いたことは、その後の僕の運動・著作活動の原点になっている。40年ぶりに見直し、校正し、解説を書く。でも、その仕事は遅れていた。「じゃ名古屋まで原稿を取りに行きますから」とプレッシャーをかけられたのだ。いろんな意味で緊迫したスリリングな名古屋集会だった。

第34回

「強い国になりたい」のか

『創』15年4月号

NHK大河ドラマ「花燃ゆ」が始まった。吉田松陰の妹・文《ふみ》が主人公だ。本屋では松陰関係の本がドッと出ている。そのうち15冊ほどを読んだ。軽い本だけでなく『吉田松陰全集』にも挑戦しなくては…と思った。もう40年以上前、民族派学生運動をやっていた友人が岩波から出ていた『全集』を買って読んでいた。また徳富蘇峰《そほう》の『近世日本国民史』を買って毎日読んでいる友人もいた。全百巻ほどの本だ。どれほどの本を持っているか、どれほどの本を読んでいるか。それを競い合っていた。

それに比べ今は月に一冊も本を読まない学生が40％以上いるという。学生の仕事は本を読むことだろうが、と思う。他人のことは言えない。自分も学生時代から比べると短いものや軽いものしか読まなくなった。いけない。山口県萩市の松下村塾は今までに二度行った。大河ドラマが始まったし、また行ってみよう。それに「大河ドラマ館」も出来ている。13年の「八重の桜」では会津若松に、14年の「軍師官兵衛」では姫路に大河ドラマ館が出来、僕は両方とも見た。ドラマを放送している間だけ開館で、ドラマ終了と共に取り壊される。もったいない話だ。

孫崎享さんと（15年2月18日）

じゃ今年は萩に行って見ようと思った。そしたら「産経新聞」（2月17日）に、大河ドラマ館のことが大々的に取り上げられていた。その見出しが凄い。「本編より好調?! 大河ドラマ館」。本編は少し伸び悩んでいるからだ。でも「大河ドラマ館」は好調のようだ。もう一つの見出しを見てさらに驚いた。〈「花燃ゆ」山口・群馬に三館〉。エッ山口県は萩だけじゃないんだ。「八重の桜」「軍師官兵衛」共に好評で、両館の年間来場者数はともに60万人を超え、02年以降に企画された同様の施設の中でもトップクラスだという。それにしても今年は3館か。果たして全部行けるかな。当然、萩に3館出来るのかと思ったら、違う。山口県萩市、防府市、そして群馬県前橋市だ。3施設の延べ面積は、「軍師官兵衛」の約4倍だという。大河ドラマで自分の町に来てもらおうと必死なのだ。

小説を推薦し、我が町にはこれだけの背景になる自然、場所があります。ロケの撮影では何でも協力しますと、「ドラマ誘致」に必死なのだ。5年ほど前からもう企画書がNHKに送られるという。それにしても今年は3カ所だ。凄い。萩市、防府市は分かるが、なぜ群馬県前橋市なのだろうと思っていたら、主人公・文の夫となる楫取素彦《かとりもとひこ》の土地なのだ。松陰関係の施設は萩に集中している。他には下田、それに東京世田谷の松陰神社だ。1月末、久しぶりに松陰神社に行ってきた。松陰ブームでもの凄い人かと思ったが空《す》いていた。松陰のお墓もあるし、松下村塾も造られている。

本物の松下村塾は萩市にあって、とても狭い。ここに集まった人々が明治維新を成しとげた。そこで松陰はどんな教典を使い、どんなことを教えていたのか。基本は中国の古典だ。2月8日（日）、西宮で格闘家の前田日明《あきら》さんと対談したので、松陰の話をした。西宮では鹿砦社が主催して2カ月に一度、ゼミを開いている。5年前から始まり、3年間は「鈴木邦男ゼミ」をやった。次の1年は「浅野健一ゼミ」だ。そして今年は「前田日明ゼミ」だ。その第1回目のゲストが僕で、テーマは「誠の愛国者とは」。これからの予定も決まっている。4月は孫崎享《うける》さん。6月は田原総一朗さんだ。

前田日明さんとの対談に話を戻す。前田さんは勉強家で凄い読書家だ。会うたびに、これを読みましたかとか、これはどうですかと聞いてくる。僕はほとんど読んでない。5年ほど前会った時は、「四書五経を読みましたか」と言う。「これを読んで日本人はつくられたんですよ」と言う。エッ、日本の歴史書を読んで日本人は作られたんじゃないのか。「違います。日本には、しっかりした歴史書も、テキストになる古典もなかったんです」と言う。

それがショックだった。そうか。漢字だって中国から来たし、中国の古典・歴史書を読むのが日本人の「学問」だったのか。前田さんの言葉が気になって、地方に行った時に藩校に行ってみた。秋田、青森、山口、新潟などの藩校を見た。日本で最も古い学校の足利学校にも行ってきた。テキストは皆、四書五経だった。これは中国の儒教の重要な教典だ。『大学』『中庸』『論語』『孟子』が四書。『易経』『書経』『詩経』『春秋』『礼記』が五経だ。藩校ではこうした本を毎日読んでいたのだ。僕らが小学生の頃は、学校の庭にはどこでも二宮金次郎の銅像があった。柴を背負いながら本を読んでいる。「あれは『大学』を読んでいるんです」と前田さんは言う。後で調べたら、本当にそうだった。

儒学者の中には、中国の儒教を信奉し、少しでも「聖人の国」に近づくようにと、江戸から近場の方に移ったという話も出ていた。それだけ「聖人の国」中国は素晴らしいと皆、思っていたのだ。「日本人は中国の書を読んで、どう生きるか、どう死ぬべきかを考えたんです」と前田さんは言う。「中国と比べたら日本はまだまだ歴史が浅い。それに、あまりに近いし、身近だ。突き放して、客観的に見て学ぶというふうにはいかなかったのでしょう」と言う。たとえば江戸時代には太閤記はなかった。秀吉を否定し、滅ぼして江戸時代になった。だから秀吉を英雄として教えられない。また日本は戦争も多く、藩主もよく変わる。これでは日本という国の歴史を書こうとしても、うまく行かない。その点、中国は政権が長いし、厖大《ぼうだい》な歴史がある。『大学』や『論語』を読み、さらに『史記』や『三国志』を読み、こんな時にはこうするのか、と武士としての生き方、死に方を習った。「だから中国の古典が日本人を作ったんです」と前田さんは言う。吉田松陰の時代でもそうだった。松陰は東北、九州、江戸と全国を歩いている。その中で佐久間象山を初め多くの学者に会い、学んでいる。また中国がアヘン戦争でイギリスに敗れたことも知った。インドがイギリスに侵略されたことも知った。「聖人の国」中国が敗れた。お釈迦さまの国・インドが負けた。このショックは大きかったようだ。日本も危ないとヒシヒシと感じた。

前田さんとはそんな話を中心にした。日中の歴史を考えずに、今はただの排外主義。反中・反韓ムードが強いし、それを煽《あお》るマスコミ、文化人も多い。ヘイトスピーチのデモについても前田さんは激怒していた。ゼミは超満員だった。この日はプロレスの話も格闘技の話も一切出なかった。一見してプロレスファンと思われる人も多かったのに。これは悪いことをしたと思ったが、「いえ、前田さんの話を聞けただけで嬉しいです」と言っていた。「それに今、前田さんは世界を相手に闘っているんですから」と言う。そして日本の排外主義と闘っている。

前田さんは格闘家として闘い、その人脈も広い。ロシア、オランダを初め世界中にネットワークがある。それを生かして新たな国際関係をつくり、閉塞《へいそく》した状況を打ち破ってほしい。4月の前田ゼミは孫崎享さんがゲストだ。「鈴木さんと孫崎さんとの対談本を読みました。屈辱的な対米関係をどうやったら脱することが出来るか、考えたいですね」と言う。

2月18日（水）、その孫崎享さんと八重洲ブックセンターで対談した。ここは初めてだ。2人の共著『いま語らねばならない戦前史の真相』（現代書館）の刊行記念トークだ。超満員だった。孫崎さんは来月もここでトークがあるし、新刊も続々と出している。「4月の前田さんとの対談も楽しみです」と言っていた。孫崎さんは冒頭に、「イスラム国」の問題について話す。亡くなった後藤健二さんに対し、「自己責任だ」「勇気ではなく蛮勇だ」といった批判が政府関係者からも出ている。「テロリストには屈しない。交渉しない」と言い、結果的に後藤さん達を見殺しにした。「冷酷な政府だ。また、それを支持するマスコミ、国民も冷酷だ」と強く批判した。前田さんも同じことを言っていた。強烈な言葉、排外的な言葉を吐けばそれで愛国者だと思われる。おかしな風潮だ。

この絶望的な状況の中で、まるでそれを利用するように、「いざとなったら邦人救出のために自衛隊を出せるようにしなくてはならない」「強い国家をつくる為に憲法改正だ」と言い出している。「そうだ、そうだ」と言う声も多い。世論操作が実にうまい。自民党一人勝ちで、野党がいない状況だ。「戦後の歴史、戦前の歴史から今こそ学ぶ必要があるんです」と孫崎さんは言う。政治家は、自分のことは棚に上げて、外部に敵を求め、国民の眼をそこに向けさせるのがうまい。特に今の政府だ。こんなに我々が頑張っているのに状況が好転しないのは中国、韓国が悪いからだ。難癖《なんくせ》をつけるからだ。占領憲法があるせいだ。これを改正しよう！となる。そんなムードをつくることがうまい。広告代理店や優秀なプランナーがついているのだろう。

憲法を改正し、自衛隊を国軍にする。強い国になれば、我々一人一人も強くなれる。そう思っているのだ。でも逆だ。強い国の下では弱い国民しか生まれない。強い国づくりの為には国民の自由も大幅に制限される。表現、出版、結社、デモの自由も制限される。官邸前の脱原発デモを「テロだ」と言った自民党の政治家がいた。国民が勝手に意思表示するのは許されない。意見があったら選挙で投票したらいい。国民の意見を代表して我々が発言する。それだけが正しい意思だ、というのだろう。傲慢《ごうまん》な考えだ。それに対してマスコミも萎縮して、闘わない。自分の首をしめられているのに、強い国家を求めてしまう。

「日清・日露戦争の頃までは日本はかなり謙虚な国でした」と孫崎さんは言う。日本は遅れている。世界の列強と肩を並べるようになりたいと思い、「世界の眼」を気にした。戦争中でも「野蛮国と思われないように」と気を使い、捕虜の取り扱いにも配慮した。ところが日露戦争に勝って傲慢になった。それが大きいと言う。日露戦争で本当はかろうじて勝ったのだが、新聞は「勝った勝った」と大々的に書く。それを真にうけて国民は「勝ったのになぜ領土をとれないのだ」「賠償をとれ」と騒ぎ、日比谷焼き打ち事件を起こす。

リアリストである軍人・外交官・政治家もそのムードに押される。日本は神の国だ。イザとなったら神風が吹く。元寇の時もそうだった…と思い出す。新聞や国民の強気のフィクションにリアリティが負けていくのだ。そして「アメリカにだって勝てる」という妄想に突き進む。アメリカなんか個人主義の国だから、すぐ戦争が嫌になる。日本は国のためにどこまでも闘える。だから勝つ…と、勝手な希望・妄想をふくらませる。反省もなく、強い国を目指す妄想は今も同じかもしれない。

第35回

ソウル大学で講演した

『創』15年5・6月号

安重根記念館で

3月18日（水）、ソウル大学で講演した。日本の大学での講演は何度もあるが海外の大学は初めてだ。緊張した。決まったのは1カ月前だ。慌ただしく準備し、3月17日（火）から19日（木）まで韓国に行ってきた。ソウル大学では日本の学者や政治家を呼んで定期的に講演会をやっている。「日本専門家招請セミナー特別講演」だ。僕が行ったのはその第180回だ。随分とやっている。前回は舛添要一都知事だった。ソウル大学は日本の大学ともよく交流していて、僕が行った時も名古屋大学の学生が20人ほど来ていて、講演会にも参加してくれた。

こうした交流会は他にもあるが、日本ではほとんど知られていない。日韓のニュースでは対立、憎悪を煽るニュースばかりが流されている。日本の書店では嫌韓本が平積みされ、売れている。ヘイトスピーチのデモが行われている。安倍政権は集団的自衛権を認め、次は憲法改正だと言っている。自衛隊を国防軍にし、強力な軍備で国を守るという。「中国、韓国になめられるな」と口走る人々もいる。「戦争を辞さず」の覚悟で島（尖閣、竹島）を守れ！と言う人もいる。保守派文化人、マスコミがこうしたムードをさらに煽る。

外国、特にアジアの国々から見たら、危ないと思うだろう。日本はまた戦争をやるつもりなのか、と思うだろう。ソウル大学でも、ズバリその問題について聞きたいという。講演のテーマはこうだ。「私はなぜヘイトスピーチを嫌うのか。日本の右翼がみる日本のネット右翼」。衝撃的なテーマだ。それにソウル大学だから出来たと思う。韓国では（いや日本でも）、一般の人は「右翼」と「ネット右翼」の違いなんて分からない。「右傾化」日本の中心にいるのが右翼だと思っている。日本人は、総「右翼」になって韓国への憎しみを煽り立てている。そう思っている人が多い。日本でも韓国を誤解している。反日デモがあり、子供の時から反日教育をしている！と。だから今回、韓国に行くと言ったら友人達に言われた。「卵をぶつけられるぞ。殴られるぞ」と。日本の右翼だと知ったら、襲われるぞ、と。そこまで酷《ひど》くはないだろうが、少しはあるだろうと覚悟して行った。

今回、僕をソウル大学に呼んでくれたのは朴喆熙《パクチョルヒ》教授だ。ソウル大学日本研究所の所長だ。大学院生に話をしたが学部生や先生方も大勢いた。朴先生とは1年前に知り合った。山口二郎さん（法政大学教授）から紹介されたのだ。「ぜひ鈴木さんに会いたいというから会ってよ」と電話があったのだ。朴先生は日本にはよく来ている。それに日本でも本を出している。『代議士のつくられ方―小選挙区の選挙戦略』（文春新書）だ。選挙を通して見た日本論であり日本人論だ。日本と韓国はここが違う！といった平板な比較論ではない。平沢勝栄さんを長期間取材し、選挙に出るまで、出てからの戦い。それをレポートしている。選挙レポートとしても鋭いし、深い。優秀な教授だと思った。

14年に会った時は、日本の右翼やヘイトスピーチの話などをした。別れぎわに、「次はぜひソウル大学で講演して下さい」と言う。「実現できたらいいですね」と僕は言ったが、本当に実現するとは思わなかった。

ソウル大学では3月18日（水）の午後4時から1時間講演、そして質疑応答が1時間。活発な質問が出る。学生だけじゃなく、教授や新聞記者からも質問が出る。交流で来ていた名古屋大学の学生からも出る。「右翼の人を近くで見るのは初めてですから」と言う。名古屋だっているだろうが、でも声をかける気にはならなかったのだろう。

講演の前に朴先生が挨拶する。なぜ日本の右翼の人を呼んだのかと。僕は日本語で講演したが、大学院生は皆、分かる。学部生のために先生が解説をする。また、こんな話をしますという「講演の概要」（韓国語）が事前に配られている。こんなことが書かれている。

〈過激なヘイトスピーチを繰り返す人たちや、ネット右翼などの情報が海外メディアで頻繁にとりあげられるが、それは一部の人間で、ほとんどの日本人は友好的。みなさんと仲良くしたいと願っています。日本と韓国は決して敵ではありません。40年間、日本の右翼運動を牽引してきた立場から語る。日本のメディアの現状や愛国心についてお話しします〉

日本についての誤解を解きたいと思ったのだ。それはかなり理解してもらえたようだ。それ以上に、韓国に行って、僕の誤解も解けた。これは大きかった。行く前は、日本人への冷たい眼があると思ったが、それは全くなかった。学生や、街の人や、タクシーの運転手さん、商店の人たちと随分と話したが、皆、友好的だし親日的だ。息子や娘が日本の大学に行っていると自慢げに語る人達もいた。リブロなど、いくつかの書店を回ってみた。東野圭吾、宮部みゆき、村上春樹、松本清張、三島由紀夫の本が売れている。でも、きっと日本を批判する本もあるんだろう。日本なんか、どこでも「嫌韓本」が平積みされている。「売れるから」という理由だけで大手の出版社も出している。それを見たら、「じゃ、うちでも」と思うだろう。そう思ってソウル市内の本屋で探したが、ない。全くない。店の人に聞いてみたら、「ありません。なぜ、そんな本が必要なんですか」と逆に問われた。「そんな本を読んで面白いんですか」と。そうなんだ。必要はないし、面白くない。でも日本では売れるから作るのだ。なさけない。

今回のソウル行きは僕一人だ。不安だな、大丈夫かなと思っていたら、椎野礼仁さん（編集者）が取材を兼ねて一緒に行ってくれた。助かった。椎野さんは何回か来てるし、韓国語も喋れるし、ハングルも読める。本屋でも詳しく聞いてもらった。韓国は日本により植民地にされ、酷い目にあった。だから日本を批判、糾弾する本があるのではないかと思ったのだ。「そんな本はありません」。では皆、親日なのか、と思ったら、「そんなことは皆、知ってます。だから今さら書いても売れません」。ウーン、そうなのか。日本より大人だと思った。日本では、「売れさえすればいい」と嫌韓本が出ている。韓国を罵倒していれば「愛国者」だと錯覚する人もいる。なさけない。子供だ。

子供で思い出したが、30年ほど前、佐藤早苗の『誰も書かなかった韓国』を読んだ。そこに衝撃的な話が紹介されていた。北朝鮮から韓国に逃げた人がいた。韓国では大歓迎だ。だが、小さい子供が大人に聞く。「なぜその人を殺さないのか?」と。北は悪魔の国で、鬼の国だ。そう学校では教わった。だったら、たとえ逃げてきても鬼のままだ。なぜ殺さないのか?と。親たちは戸惑った。タテマエとしては「悪魔の国」「鬼の国」「カイライ」と呼びながら、でもホンネでは「同じ民族なのに」と思っている。いつかは一緒になるのだと思っている。でもそんな大人の考えは伝わらない。

その子供も今は大きくなって、成長しただろう。「悪魔は殺せ」などとは言わない。しかし、日本はこの「子供」のままなのだ。「韓国、朝鮮人は毒を飲め！」とヘイトスピーチで絶叫していた。また大阪の鶴橋では女子中学生がこう絶叫していた。「ここに住む在日の人を皆殺しにしたい。鶴橋大虐殺をやります。それが嫌なら日本から出て行って下さい」。

ここは自分たちの国だ。それ以外の人は皆、出ていけ、と言う。また安倍政権は、「我々がこれだけ頑張ってるのに、日本が不安なのは中国、韓国がいるせいだ」と外に敵を求める。「そうだ」「そうだ」の声も出る。「やっつけろ。十倍返しだ！」という人もいる。

韓国に来るのは久しぶりだ。30年ぶりだ。だから講演の時間以外は、精力的に街を見て回った。また安重根記念館、戦争記念館、国立中央博物館、景福宮、西大門刑務所歴史館などを見た。敢えて、「戦いの記念」を見て回ったのだ。

3月11日、「東日本大震災・祈りの日」集会で村山富市さんと会った。村山さんは韓国から帰ってきてすぐだった。戦争記念館に行ったという。日本軍の侵略、虐殺の記録が出ている。昔はこんな酷いことがあった。それは事実だ。だから出口には、「でもこれからは仲良くしようとしている」と書いてほしい。それを記念館の人に言いましたよ、と言う。

安重根記念館については自民党の国会議員が言っていた。「韓国ではテロリストを称賛し、崇《あが》めている」と。伊藤博文を殺した安重根のことを言っている。酷い話だ。歴史として見ることが出来ないのだ。そんなことを言ったら、明治維新の志士たちも皆、テロリストになってしまう。

でも、そんな疑問は僕も少し感じた。もっとも、30年前だが。実は、韓国には30年前に一度来ている。その時は、右翼の先生、先輩と一緒だった。日本と韓国は反共の同志として一体だ、と言っていた。右翼は大歓迎されたし、政治家や軍人も会ってくれた。

右翼の一行は安重根記念館に行った。「でも安重根は伊藤博文を殺した犯人ではないか。それなのに…」と思った。ところが右翼の先生にピシャリと言われた。「日本人としては複雑な気持ちだろうが、安重根はここでは英雄だ。愛国者だ。我々も日本の愛国者として敬意を表しに行こう」と。正直言って、その時は屈辱的だと思った。だが今は、右翼の先生の気持ちが分かる。

日本と韓国の間にはずっと竹島の問題があった。大日本愛国党の赤尾敏さんは、「いや、日韓の連帯の方が大切だ」と言っていた。「日韓連帯の邪魔になるのなら、竹島などダイナマイトで爆破してしまえ」と言っていた。凄い。今、そんなことを言ったら殺される。そんな昔のことを思い出したから安重根記念館に行った。30年前とは違い、その後、建て替えられたとのことで、大きくなり、きれいになっていた。

ソウル大学でもその話をした。名古屋大学の先生が、今、安重根について調べて書いてるんですと言っていた。椎野礼仁さんは、「じゃ原稿を見せて下さい。出版しましょう」と言っていた。講演会が終わって朴先生やスタッフの人達と食事をした。行く前は不安だったが、おかげで大成功だった。日韓友好、交流の拠点ができた。

政治家やマスコミだけに任せておいてはダメだ。民間で交流しなければ、と思った。

第36回

選挙と革命

『創』15年7月号

「僕なんかが応援に行ったら、かえってマイナスですよ。『右翼が来た!』と言われて票が減りますよ」と言って選挙応援は断っているのに、それでも引っ張り出される。「去年の衆院選では辻元清美の応援に行ったじゃないか。それで辻元は当選したじゃないか」と言う。いや、僕が行ったのは何の力にもなってないです。むしろマイナスだったでしょう。それにも拘らず当選したのは辻元さんの力だ。地元に行って分かったが、凄い人気だ。凄い期待だ。それに応えて必死で頑張っている。それに準備万端だったし、手伝う人の数も熱気も、やる気も違う。プロの闘いだ。それに比べたら皆さんは準備も十分にやってないし、人も少ない。訴えるものも弱い。シロウトの闘いだ。確かに立候補者は少ない。定員から2~3人がオーバーするだけだ。「じゃ、いける」と思うのだろう。でも他の候補者は前々から準備し、集会を開き、多くの人に頼み込んでいる。「志があるから」「名前が知られてるから」というだけでは選挙は通らない。そう言った。後半のところは相手には言わない。自分の胸に仕舞っていたが、自分の確信だ。ただ、出る人は、友人として通ってほしい。奇蹟が起きてほしい。

塩見孝也さんの選挙事務所

そう思って応援に行ったが、ダメだった。4月26日（日）に投票。夜、結果が分かった。清瀬市議選に出た塩見孝也さんは下から2番目。（新潟県）新発田市議選に出た斎藤徹夫さんは最下位だった。完敗だった。あんなに意気込んでいたのに。そして、「これはいけるぞ」と思った瞬間もあったのに。

斎藤さんは新発田市で毎年「大杉栄メモリアル」をやっている。ここは大杉が少年時代を過ごした所で、ここで作家や学者を講師にして大杉栄を考えるイベントをやっている。僕も呼ばれた。また他の講師の話も聞きたくて何度も行っている。新発田は大倉喜八郎（実業家）、今村均（陸軍大将）、蕗《ふき》谷虹児《やこうじ》（画家）などの出身地であり、「38度線の碑」もある。38度線は、朝鮮半島や日本、ユーラシア大陸を通っているが、「38度線の碑」があるのはここだけだ。じゃ、ここで「世界38度線まつり」をやり、平和を考えたいと斎藤さんは言う。また新発田は70年の「よど号」ハイジャック事件のリーダー、田宮高麿さんの出身地でもある。僕も新発田に行った時は必ずお墓まいりをしている。アナーキズムとハイジャックの街だ。いや、そんなことは言えないが、〈自由〉を考えさせる街だ。「新発田の空は（自分の心を）自由にする」と『自叙伝』で大杉栄は言う。今、国民の自由や権利は脅かされ、国民の犠牲の上に「国家の威信」だけが巨大化し、進んでいる。「強い国家」をつくる為ならば個人の自由や人権は抑圧されても構わない。そう政府は思い、「そうだ、そうだ」と言う国民まで出る。新発田からは人間の自由を願い、闘った多くの人が出ている。その新発田から変えよう。そして閉塞《へいそく》する日本に自由の風を吹かせようと思い、斎藤さんは立候補した。でも、その時は選挙は事実上もう終わっていたのだ。票割りも既に決まっていて、その壁を突き崩せなかったのだ。

もう一人の立候補者、塩見孝也さんだ。元赤軍派議長だ。「こんな大物がどうして？」と新聞記者も驚いていた。国政選挙や知事選ならまだしも、市議選だ。塩見さんは今、ここで駐車場の管理人をやっている。生まれて初めて働いたという。ところが労働条件の悪化、人員整理などの弾圧があり、企業側と闘っている。その裏には市長の圧力もある、と気付いて、市議会から変えようとした。「シルバー世代の叛乱」だ。ここで当選したら全国の「学生運動」出身者が立ち上がる。その先駆けとして立ったのだ。いや、先駆けじゃなくて、「学生運動世代」最後の闘いかもしれない。「これで全国の仲間たちに喝を入れるのだから、経歴も前科も発表して堂々と闘いましょう」と言う。そう言ったのは、やはり元活動家で大菩薩峠の事件で捕まった森てるおさんだ。それを隠さないで西東京市で立候補し、トップ当選した人だ。「評論家」「作家」などと言わないで、「元赤軍派議長」「獄中20年」を堂々と書き、それを売りにしましょう、と言う。20年間、非転向だ。これほど頑固で、闘う人はいない。妥協と迎合だけの野党を叱り、若い世代に「闘いの作法」を教える。これでやったらいいと森さんは言う。

塩見さんも大喜びだ。選挙事務所もガラリと変わった。正面には革命家・ゲバラの写真。左右には赤旗と「獄中20年」「赤軍」と書かれた垂れ幕。選挙事務所というよりも過激派のアジトだ。「ラスト赤軍」の闘いに全国から多くの人達が応援に駆けつけた。「東京から応援に来ました!」と演説し、「馬鹿! ここは東京だ!」と怒鳴られてる人もいた。僕だ。埼玉県だと思っていたのだ。他にも、清瀬と清里(山梨県)を混同してる人もいた。元赤軍派、元戦旗派など活動家出身者も多い。熱気もあり迫力もあり、同時に、小さなことで口論し、激昂する人もいる。左翼運動のいい面、悪い面の両方が出ている。

選挙応援中、森さんに議員生活や昔の学生運動の話を聞いた。70年の「よど号」ハイジャック事件の前だ。大菩薩峠の「福ちゃん荘」に赤軍派の若者たちが集まった。軍事訓練をし、ここから打って出るつもりだった。首相官邸を襲撃。占拠し、日本革命を実行する。そんな計画だったと新聞には出ていた。ただ、この謀議を察知され、機動隊が急襲。全員逮捕された。首相官邸襲撃なんて、まるで五・一五事件のようだ、と思った。政治の中枢を押さえる。その点では右も左も同じかもしれない。赤軍派は他にも「東京戦争」「大阪戦争」「世界同時革命」…と勇ましいことを言っていた。

もし大菩薩峠での全員逮捕がなかったら、首相官邸が襲われ、日本革命の烽火《のろし》はあがったのだろうか。それを阻止するために権力側は赤軍派にスパイを潜入させた。そして全員逮捕になったのだ、という説がある。そんな小説もあったし、テレビでも放送された。「そこまでやらなくても警察には分かってたんですよ。高校生も多かったし、警察はずっと尾行して来たんですから」と森さんは言う。いろんな寄せ集めの人間たちで、とても革命をやる部隊ではなかったという。

でも塩見さんは違う見方をしていた。赤軍派議長として、期待と展望を持っていた。塩見さんは今は憲法擁護だ。9条の改憲阻止の立場だ。でも、70年当時、もし、「官邸占拠」「東京戦争」が勝利していたら……。その時は、「日本共和国」になるのだろう。またブルジョワ憲法なんか破棄して、プロレタリア憲法を作るのだろう。

「それはそうですよ」と塩見さんは言う。資本主義を守る憲法では革命は出来ない。天皇制も廃止し、大統領制になるのだろう。「あの時、革命が成功していたら、日本共和国の初代大統領は塩見さんでしたね」と聞いた。「いや、初代は革共同の本多（延嘉）にやってもらうつもりだった」と、やけにリアルな話になった。四分五裂する新左翼の中にあって、でも先輩を立てて、初代大統領になってもらうという。自分は2代目になるつもりなんだ。謙虚な人だ。

約20年前、やはり学生運動出身の大物が選挙に出たことがあった。元全学連委員長の藤本敏夫さんだ。新党「希望」を立ち上げて参院選に出た。歌手の加藤登紀子さんと結婚もしたし、加藤さんも応援していた。当選するだろうと思った。僕は応援には行かなかった。野村秋介さんが新党「風の会」を立ち上げていたし、僕も一水会の若者たちを引きつれて応援に行っていた。選挙の前、藤本さんに相談された。野村秋介さんと週刊誌で対談できないですか、と。お互い、新党だから余り話題にもならない。左右を超えて週刊誌で対談をする。大きな問題提起になる。僕も大賛成だ。さっそく野村さんに言った。飛びつくと思ったが、何と野村さんに拒絶された。「何が『希望』だよ。俺には絶望しかないよ」と。

そう言いながらも、自分の選挙では「確信」を持ち希望を持っていた。新聞、とりわけスポーツ新聞は連日、大々的に取り上げていた。「これは当選するぞ」と確信を持ってきた。そのうち、「三人は当選するぞ」と言う。街頭演説では、どこでも人が集まるし、新聞は書き立てる。野村さんでも、その気になったのだ。選挙は魔物だと思った。

ただ、この選挙で一水会の若者たちは鍛えられた。目が輝き、言うことも、態度も違う。戦場で戦い、鍛えられた兵士のようだった。そうか、合法的な戦争は今は〈選挙〉だけだ、と思った。だから学生運動出身者たちも、選挙に向かうのだ。

5月18日（月）、京都に行く。ウェスティン都ホテル京都。「銀幕維新の会」が主催する映画「輪《わ》違《ちがい》屋《や》糸里《いとさと》」の企画発表会に出る。時代劇復興を願う人々が集まって、映画を作ろうというのだ。「時代劇の中にこそ日本人が忘れかけている大切なものがある」と言う。俳優の石浜朗さん、榎木孝明さん、国会議員の野田聖子さん…など大勢の人が来ていた。挨拶でも、時代劇復興への熱い期待を語っていた。そこで思いがけない人に会った。映画監督の須藤久さんだ。狭山事件を扱った映画「狭山の黒い雨」は有名だ。また野村秋介さん製作の「斬殺せよ」では監督をやった。久しぶりだ。「20年ぶりだよ」と須藤さんは言う。「野村さんの葬式以来だよ」と。そんなになるのか。「風の会の選挙の時は楽しかったですね。皆、燃えていたし、周りの眼やマスコミの対応も熱かったし。これは当選する、と思いましたよ」と言った。最近、何度も選挙の応援に行き、そのたびに20年前の「風の会」の選挙を思い出す。漫才の横山やすしも立っていたし、話題には事欠かない。僕も応援演説に付いて行き、九州、沖縄まで行った。自分ながら、頑張ってやったと思う。

「あの時は本当に当選すると思いましたね」と言うと、「選挙はそういう気にさせるんですよ。何百人、何千人の人が集まり、同志がこれだけいると思う。でもその熱気だけでは当選できない。外にいる何万人、何十万人の人が名前を書いてくれなくてはならない」と須藤さん。20年経って、冷静に分析してくれた。パーティが終わった後、別室に集合し、映画作りの具体的な話になる。希望や願望だけでなく、映画作りのリアルな面を須藤さんは言う。金集め、スポンサー探しの生々しい話もする。

選挙も同じだ。熱気や使命感だけで出来るものではない。70年代、もし日本に革命が起きていたら、「日本共和国」の大統領になっていた塩見孝也さん。そんな重要人物でさえも清瀬市の市議選では落ちてしまう。残念だし、虚しい。

第37回

イルカをめぐる冒険

『創』15年8月号

イルカ問題についての集会で
（15年6月20日）

6月11日（木）　学校の授業が午後7時まであり、終わって急いで文京シビックホールへ行く。『創』主催のシンポジウム「ヘイトスピーチとナショナリズム」が既に始まっていた。僕は第2部に参加。その時、映画「ザ・コーヴ」の話も出た。僕が来る前に、その時の抗議行動がビデオで紹介されたそうだ。「これは反日映画だから上映中止しろ！」と叫ぶ人たちと僕は対決した。まず映画を国民に見せて、その上で「反日かどうか」を議論したらいい。それなのに自分たちだけが見て、「これは反日映画だ！」と決めつけ、国民には見せるな！と言う。これはおかしい。そう言って抗議したら、「ウルセー、反日め！」「北朝鮮に帰れ！」と罵倒され、いきなりハンドマイクで殴られた。口が切れて、タラタラと血が流れた。「血が出てるよ」と言って隣の男がティッシュをくれた。「どうもありがとうございます」と礼を言って唇をふいた。後で他の人に聞いたら、ティッシュをくれた男は公安（警察）だった。何だ、こいつはと思った。何もしない。「血が出てますよ」じゃないだろう。普通なら犯人を逮捕してるだろう。暴力行為を現認しながら、犯罪を目撃してるのだから。

ハンドマイクで殴られた瞬間カーッとなって、思わず殴り返すところだった。もし殴り返したら、僕だけが逮捕されただろう。在特会を初めとしたネトウヨ団体は、自らを保守派の市民運動と言っている。ヘイトスピーチデモをやったり、韓国人タレントをCMに使った企業に抗議したり。「朝鮮人は首吊れ！」「韓国人は毒飲め！」と口汚く怒鳴ってデモをする。批判的にマスコミが放送しようとしても差別的な横断幕やプラカードが映ってしまう。それで視聴者からドッと批判が来る。それに彼らはやり方がうまい。警察とは周到に協力し合い、「守って」もらっている。彼らが流しているネットを見ていたら、ヘイトデモに文句を言っていた老人がいて、すかさず5～6人で駆け寄り、いきなり殴る、蹴るの暴行を加えている。それでも捕まらない。警察は黙認だ。「俺たちは愛国的な市民運動だ。いいことをしてるんだから警察も捕まえないのだ」と言う。「愛国無罪」だ。公安にとっては、何もないのは実は、困る。左翼や右翼、市民運動が適度に騒ぎ、暴れてくれた方がいい。「それが暴発しないのは我々公安がいるからだ」と豪語し、自分たちの存在意義をアピールするのだ。

6月13日（土）午後2時20分から映画館でトーク。渋谷「シアター・イメージフォーラム」で。今、ここでは「涙するまで、生きる」を上映している。アルジェリア戦争を描いた映画だ。この映画を配給した「太秦《うずまさ》」の小林三四郎さんとトークした。重厚で、感動的な映画だった。原作は『異邦人』『反抗的人間』で知られるノーベル文学賞作家、アルベール・カミュの短編集『転落・追放と王国』の一編「客」だ。地味な短編集なのに、当時40万部を超えるベストセラーだという。

カミュは反抗や一切の直接行動を否定するわけではない。『反抗的人間』を書き、反抗を評価し、認めている。さらにロシア革命前夜のテロリストについても『正義の人びと』『心優しき殺人者たち』

で書いている。ツァーリや貴族を殺すしかないと思いつめ、爆弾を投げようと待ち伏せしている。しかし「標的」が乗った馬車に子供が乗っているのを見て、テロを中止する。そんな心優しい殺人者について書いている。戦前の日本の右翼のテロリズムにも通じる。血盟団事件や五・一五事件、二・二六事件などだ。また74年に連続企業爆破事件を起こした「東アジア反日武装戦線〈狼〉」の闘いにも通じると思った。

僕は三島由紀夫と高橋和巳が好きだ。2人から随分と影響を受けている。と同時に、カミュの影響も大きい。40年以上の右翼運動の中で、何度も暴力事件を起こし、何度も逮捕された。追いつめられ死のうと思った時もあった。敵を殺して自分も死ぬ……と思った時もあった。しかし、そうはならずに今まで生きてきた。たぶん、カミュを読んできたからだろうと、小林さんとのトークで話した。

トークが終わって外に出た。まぶしかった。外から映画館の正面を見て、あれっ、デジャブかな。前に来たような感じがする。「あのイルカの映画でしょう」と小林さんが言う。「ザ・コーヴ」はここで上映され、ネトウヨが「中止しろ！」と言って押しかけた。「鈴木さんは一人で彼らと闘い、ここで殴られたんですよ」と言う。あっ、そうだ。ここだ。記憶が鮮やかに甦《よみがえ》ってきた。あの時は一方的に殴られながら反撃はしてない。少しでも反撃したら僕だけが逮捕されると思った。それよりは泣き寝入りした方がいい。と瞬間的に計算したのだろう。計算高い男だ、と思って少し嫌になった。そう言ったら、小林さんに諭された。「それは違いますよ。カミュを読んでたからですよ。だから耐えられたんです。どんな極限的な状況でも人間性を失ってはならないとカミュは言ってるでしょう」。そうなのか。カミュのおかげで何度も命拾いをしているわけだ。カミュは命の恩人だ。

6月20日（土）　イルカ問題のシンポジウムに呼ばれ、パネラーとして発言する。「マスコミが報道しなかったイルカ問題の真実」だ。イルカ漁の問題は最近、急転回した。和歌山県太地町の追い込み漁は残酷だと、5年前、映画「ザ・コーヴ」は問題提起した。それに対し、「イルカ漁やイルカ食は日本が昔からやってきたことで、日本の伝統文化だ。外国からあれこれ言われることではない」と言う人がいる。かなり多い。さらに過激な人たちは、「この映画は反日映画だ。上映するな！」と叫んで映画館に押しよせた。僕は彼らと闘った。嘘とデタラメな宣伝で作られたどうしようもない反日映画ならば、むしろ多くの人に見せたらいい。見せた後で討論したら君たちにとってもプラスではないのか。と僕は言ったが、彼らは聞く耳を持たない。「反日め！」と言われ、殴られた。

また、この映画を上映し、討論会を開催した人々がいた。イルカ漁に反対する人々だ。そこで多くの人々と知り合い、「イルカ・ウォッチング」にも行ったし、「イルカと泳ぐ会」にも行った。ダイビングの特訓を受けてから、イルカの泳ぐ海に行って泳いだ。凄い体験だった。「海・イルカ・人」の坂野正人さんを初め多くの人と知り合った。「イルカ漁は日本の伝統・文化だ」という意見が強かったが最近、風潮が変わった。日本の水族館・動物園は「JAZA」に加盟している。このJAZAは、世界的な組織「WAZA」(世界動物園水族館協会)に加盟している。このWAZAが最近、「太地町の追い込み漁は残酷だ。そこで獲ったイルカを水族館は買ってはならない」と決めた。だからもう世界には売れない。日本の水族館は困った。各水族館でイルカを繁殖させようとすると莫大な金がかかる。大規模な設備も必要だ。それよりは太地町から一匹百万円で買った方が安くつく。イルカショーも人気があって、人も呼べる。じゃ、JAZAはWAZAを脱退するか。そういう意見もあった。

「外圧に負けるな」「日本の文化・伝統を守れ」と言って。だが、脱退は思いとどまりWAZAに残った。動物園の方が数も多い。それに脱退したら世界の情報は一切入らないし、動物園もやっていけない。だから日本の水族館はもう太地町で獲れたイルカは買えない。世界にも売れない。だが太地町のイルカ漁はやめない。なぜか。大量に買ってくれる国々があるからだ。実は、WAZAに加盟してない国がある。中国、北朝鮮、ロシアなどだ。それらの国々は大量に買っている。北朝鮮とは直接取引きは出来ないが、日本が中国に売ったイルカを中国から買っているという。つまり、日本が独裁国家と批判している国々が日本の「伝統・文化」を支えていることになる。何か、矛盾している。「いや、我々は大量のイルカを買うことによってイルカの命を守っているのだ」と言う国もある。「我々が買わなかったら、湾に追い込んで皆殺しにされる。大虐殺から救っているのだ」という理屈だ。

こんな矛盾した現実は知られてない。相変わらず、「外圧に屈したのか」「日本の伝統・文化を守れ」といってナショナリズムの問題にしている。しかし、長く続いた慣習・伝統・文化は、それだけで貴いものではない。それなら、チョンマゲも、おはぐろ、切腹、あだ討ちも日本の伝統・文化だ。また明治の開国で、「外国人に見られたら恥ずかしい」と思って止めたものが多い。「外圧」でやめたのだ。さらに、外国人に理解できない古い伝統・文化を廃止することによって、近代化した日本を印象づけた。国家の政策でもあった。民族主義だけではなく、世界に通じる普遍的な価値、ヒューマニズム…を考えたのかもしれない。そんなことを僕が考えるのも、若い頃にカミュを愛読したからなのか。「民族主義からの脱落だ」「転向だ」と批判されるかもしれないが、違う。右翼運動を始める地点にまで戻って考えているのではないか。そんなふうに思う。

第3章

脱右翼宣言と日本会議

2016年8月1日、長崎の生長の家総本山にて

第38回

アメリカの傭兵

『創』15年9・10月号

7月22日（水）午後2時51分、金沢から北陸新幹線に乗る。東京駅に5時半に着き、そのまま四谷に行き、主婦会館プラザエフで開かれた「円《まどか》より子を応援する会」に出た。円さんは、参議院議員17年間の間にからだを張って盗聴法やテロ特措法、自衛隊法に反対し、シベリア特措法や児童買春児童ポルノ禁止法などを作り上げてきた。２０１４年末の衆院選以来、荻窪駅頭に立ち、安倍政権の暴走にストップをかけようと訴え続けている。情熱と行動力のある円さんに再び国会に戻って活躍してもらいたいと多くの人が思い、期待し、この日の集会になった。

開会挨拶は発起人代表の赤松良子さん（元文部大臣）。そして円より子さんの挨拶。「アベノミクスで株は上がり続け、安倍政権の支持は下がらなかった。ところが、与党が呼んだ参考人の長谷部恭男教授はじめ、安倍法制は違憲であると述べた。そのあたりから完全に風向きが変わってきた。駅頭での反応も日増しによくなっており、各地で若者たちのデモも広がり、支持率はついに各種調査で不支持を下回りました」。そしてこう言う。「国民の反対が広がれば、支持率は更に下がり、秋にも内閣総

「円より子を応援する会」で円さんと（15年7月22日）

辞職か、解散総選挙だってありうるでしょう」

えっ、そんな可能性があるのか。そうなると円さんが東京第8区（杉並区）から衆院選に出る。また、今、現職・待期中の民主党議員が総出で、街頭に立って訴え、安倍政権を追いつめている。その議員たちがこの日は、元気に挨拶する。荒井聰さん、岸本周平さん、大河原雅子さん、山本太郎さん…と。そこへ、函館から駆けつけた逢坂誠二さんが挨拶する。

「ここに来て、鈴木邦男さんがいるのにビックリしました。7月5日（日）の朝、地元・函館で街頭演説をしてたら、何と鈴木さんが歩いていたんです。『一緒にどうですか』とマイクを差し出したら、『はい』と言って演説してくれました。この安倍法制が通れば自衛隊はアメリカの戦争に付いて行き、〈アメリカの傭兵〉になってしまう。そう言ってました。もう一つ、忘れられないのは、憲法を改正し強大な国防軍にすると、国民の言論の自由、表現・結社の自由などが大きく制限される。だから、『自由のない自主憲法』よりは、『自由のある押しつけ憲法』を、と言っていたのです。これには驚きました」

会場がドッと沸いていた。その後、僕も壇上に上げられた。実は、7月4日（土）に唐牛健太郎さん（60年安保の時の全学連委員長）の墓前祭があって函館に行ったのだ。その日は泊まり、5日（日）の朝、駅前の朝市に行こうと歩いていたら、逢坂誠二さんと徳永エリさんがマイクを持って演説していた。集団的安保法制の危険性について訴えていた。ビックリして、声をかけた。そうしたら「あっ、ちょうどいい。ぜひ、演説を」とマイクを渡された。

それにしても、民主党の人ばかり応援している。円さん、逢坂さん、徳永さん…。そうだ、14年12

月には高槻まで辻元清美さんの応援にも行ってきた。「僕なんかが行ったら、かえってマイナスですよ」と断わったが、向こうは諦めない。「ネトウヨに攻撃されて大変なんです」と言う。行ってみて驚いたが、大変な選挙だった。昔と違い、「右寄り」「右派」「保守」は、いい言葉なのだ。反対に「左翼」「極左」は悪い言葉だ。イコール「売国奴」「非国民」そして「犯罪者」というイメージだ。不思議な逆転現象だ。辻元さんはトップ当選したからよかった。僕が恨まれなくてよかった。

円さんの会での挨拶が終わって、逢坂さん、円さんたちと話をした。「あの言葉は7年前、ニューヨークで初めて言ったんです」と僕は打ち明けた。憲法24条を書いたベアテ・シロタ・ゴードンさんに呼ばれ、ニューヨークで行われた憲法についてのシンポジウムに参加した。アメリカで、日本の憲法改正について話し合うのだ。僕だけが改憲派で、あとは改憲反対派のアメリカの学者だ。これも不思議な現象だ。他国で、他国の憲法改正について話している。ベアテさんは子供時代、日本にいた。日本の女性たちがどれだけ虐《しいた》げられ、自由がないのか。それを眼にしてきた。だから、アメリカでも出来ない男女平等の条項を書いた。僕は憲法はもう一度、見直すべきだと思う。その上で「いい」となったら自分たちの憲法になる。

「いや、日本は独立したんだから全面的に改正すべきだ」と言う人々がいる。僕も昔はそう思った。しかし、ベアテさんと何度も会って話を聞くうちに、ベアテさんたちの夢や理想を知った。同時に、今、改憲しようとしている人々に、それだけの夢や理想があるのか、と思った。「天皇を元首にしよう」「強大な国防軍にしよう」「核だって必要だ」と、〈強い国家〉を目指す発言ばかりだ。そして戦前の日本に戻ろうとする。これでは進歩も希望もない。過去に戻る反動でしかない。それに強力な軍備を持ち、他国に見せつけて、それで国を守るという。そうすると国民一人一人の自由や権利は抑圧される。集会、デモ、結社の自由は大幅に制限される。そんな不自由な国に住みたくはない。憲法があって国民があるのではない。国民があっての憲法なのだ。そのことをニューヨークで言った。「自由のない自主憲法よりは、自由のある押しつけ憲法を」と。それを聞いた日本人記者に言われた。「鈴木さんはリベラルだと聞いていたけど、まるで丸山眞男ですね」と。

後で調べると丸山はこう言っていた。「大日本帝国の実存よりも戦後日本の虚妄に賭ける」と。かなり乱暴な言葉だ。だけど、じっくり考えてみると分かる。確かに戦前は確固としている。強大で頑丈な国だ。強固な大日本帝国憲法を持っていた。実存だ。でも国家は強くとも個人個人は弱い。それに比べたら、平和と民主主義の戦後は弱い。実存もない。それでいて、自由だ、平等だ、世界の平和だ、非武装中立だ…と、皆、勝手なことを言っている。虚妄だ。でも、勝手に自由にものを言う権利がある。ぜい弱で、不確かであっても、こっちの夢や理想を信じて、賭けてみたい。そう丸山は言うのだ。政治学者の言葉ではない。ロマンを求める作家のような言葉だ。

前に、憲法改正のことを調べていて驚いたことがある。今、安倍首相自らが「改正しよう」と言っているが、まともな改憲案はない。一応、出ているが、昔に戻る後ろ向きな試案だ。あとは産経新聞、読売新聞が出したもの位だ。ところが、今の憲法を作る時に、民間側からも数多くの試案が出た。GHQもそれらを見て、採用したところがあるという。もっと驚くことがある。明治憲法（大日本帝国憲法）が作られた時も、民間側の試案が何十と発表されたという。自由民権運動家の試案も多かった。たとえば土佐の植木枝盛は、憲法に「抵抗権」と「革命権」を書き込むべきだと主張する。この時代に、そこまで言う人がいたのかと驚いた。今だって、こんなことを言う人はいない。僕らは誤解していたのだ。明治憲法は政府が独裁的権力で作ったもので民間人は一切関係がなかった、と。また、今の憲法は日本の占領中に、GHQが勝手に作ったもので日本人は一切関与できなかったのだと。でも、かなり違うようだ。少なくとも民間側で、「自分たちも試案を作ろう」という意欲や夢があった。むしろ今の方が、ない。国民の権利はあり、ネットなど情報収集できる手段はあり余るほどあるのに「自分たちの手で憲法を作る」という気概はない。政府のやっていることをただ追認しているだけだ。「戸締まり」を厳重にすれば賊は入ってこない。家の中は安全だという。また、世界の平和のためにアメリカと協力して軍隊を世界中に送るという。それでは「アメリカの傭兵」になってしまう。

7月4日（土）、5日（日）は函館に行ったと言ったが、7月は随分と出かけていた。10日（金）は大阪読売テレビの「そこまで言って委員会」に出た。19日（日）に放送だった。「戦後70年検証」ということで学生運動、労働運動、市民運動、女性解放運動について話し合った。元日本共産党NO4の筆坂秀世さんと僕はゲスト。二人は戦後の「運動」を評価するが、パネラーのほとんどは、「運動は暴動化し、犯罪化するおそれがある」と否定的だ。官邸前でデモをする人間はテロリストだと放言した自民党幹部もいた。選挙を通し国民は政治的権利を行使し、そこで選ばれた人間が国家を動かす、という理屈だ。だから多数派の自民党は何でも出来る。

7月12日（日）は西宮に行く。「鹿砦社弾圧10年 復活の集い」だ。雑誌に書いた批判記事が「誹謗中傷」だとされ、いきなり社長の松岡利康氏が検察に逮捕され半年も拘留された。不当弾圧だ。今、「沖縄の新聞をつぶせ！」「批判するマスコミはこらしめる！」と暴言を吐いても、お構いなしだ。

「政府寄り」ならば何を言ってもいいのか。そして、政府（自民）への批判は許さないのか。不寛容な社会だ。７月18日（土）、19日（日）、北海道へ行く。白老《しらおい》のアイヌ資料館を取材。20日（月）、大阪で和歌山カレー事件の集会。僕は「林眞須美さんを支援する会」代表として挨拶。21日（火）、22日（水）、金沢に行く。泉鏡花、徳田秋声、室生犀星の文学記念館、二十一世紀美術館を見て回る。そして22日（水）の「円より子を応援する会」に出る。ここで、初めに戻るわけだ。函館、大阪などで民主党の議員に随分と会った。と思っていたら、円さんと会った翌日、何と元党首の海江田万里さんに会った。23日（木）午後7時から下北沢の本多劇場に行った。立川志の輔さんの落語を聞くためだ。円朝の「牡丹灯籠」を3時間以上かけて熱演する。感動した。終わって楽屋に行って「凄かったですね」と志の輔さんと話をした。その時、傍に背の高い人が……。あっ、海江田さんだ。思わず大声をあげてしまった。「あっ、鈴木さん！」と2人で手を取り合った。

海江田さんは偉いと思う。党が一番大変な時に、逃げずに党首を引き受けて頑張った。「大変でしたね、おつかれさまでした」と言った。そして「あの時は楽しかったですね」と共通の体験の話になる。と言っても学生運動の世界ではない。東海テレビでやっていたアットホームな政治討論番組「田原総一朗の世界が見たい！」だ。25年ほど前かな。毎月一回、集まっていた。自民党の新井将敬さん、音楽家の三枝成彰さんなどがレギュラーだった。東海テレビだが収録は東京でやる。司会は田原さんと蓮舫さん。彼女はこの時の体験が基になって民主党から議員になる。政治討論番組なのに、不思議と怒鳴ったりしない、紳士的で、かつ建設的な討論ができたと思う。「また、あんな番組をどこかでやってほしいですね」と海江田さんと話し合った。

第39回

一水会の「脱右翼宣言」

『創』15年11月号

安保法案が通り、日本は「過去の日本」へ後戻りしようとしている。「2015年夏の選択が間違っていたのだ。あそこから日本の崩壊が始まった」と後々言われるようになるだろう。政治の世界だけでなく、今年の夏は右翼の世界にも衝撃的な激変があった。43年間、右翼・民族派の運動をやってきた一水会が右翼から糾弾され、右翼業界から追放された。都内に「国賊！」と書かれたビラを貼られ、さらに黒い右翼の街宣車に攻撃された。一水会の事務所に何台もの街宣車が来て、一水会を攻撃する。木村三浩氏（一水会代表）の自宅にまで街宣車は押しかけ、大音量で叫ぶ。「ロシアの手先！一水会」「国賊一水会を許さないぞ！」と。

右翼の歴史の中でもこんなことはない。近所の人達にも迷惑だし、「やめてくれ。話し合いに応じるから」と木村氏は、街宣車の代表に言う。また、一緒について来た公安（警察）に言うが、ダメだった。公安はこの騒然とした攻撃行動を全く止めない。むしろ煽っている。もっと対立が激化し、「事件」が起こることを期待している。右も左も事件がなく静かだと、「もう公安はいらない」と思わ

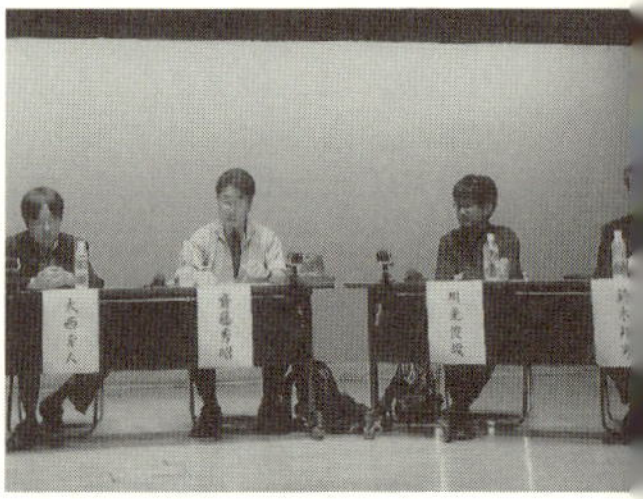

「大西巨人『神聖喜劇』を通して戦後70年を考える」（15年9月19日）

れる。だから、右翼団体を回り、「こいつらはもう右翼じゃないですよ」「追放しましょう。そうしないと真面目にやっている皆さんが誤解されますよ」と言う。街宣車による攻撃・抗議活動は何日も何日も行われた。公安の車が先導して来たともいう。

昔だったら、「右翼も多様だ。いろんな考えの人がいる」「分進合撃だ！」と右翼の指導者が言っただろう。でも今は、そういうリーダーもいない。寛容性もない。「こんな奴がいると右翼が誤解される」「出ていってもらおう」となる。一水会は今までも右翼から批判されてきた。しかし、ビラを貼られたり、街宣をかけられたり…は初めてだ。では何が右翼を怒らせたのか。クリミア問題だ。鳩山由紀夫元首相と木村氏らが一緒にクリミアに行った。週刊誌やテレビでも大々的に報道された。

ロシアからウクライナが独立した。しかし、その中のクリミアはそれに反対だ。ウクライナの腐敗し、金持ちだけが得をする現況に反発し、クリミアで住民投票をし、圧倒的多数でウクライナからの分離・独立を宣言した。ところがウクライナだけでなく、アメリカや西側はこれを批判。「ロシアが武力でクリミアを奪ったのだ」と喧伝《けんでん》。日本ではこのアメリカ側の宣伝だけが聞こえてきた。木村氏は前にも独立を問う選挙にも行って「選挙監視委員」をつとめている。そして、「これは公平な選挙だ。分離独立はクリミア住民の正直な声だ」と帰国後発表した。「アメリカ側の情報にだけ頼っていてはダメだ。現地に行き、生のクリミアを見る必要がある」と言った。

でも、それに激怒した保守派や右翼の人がいた。「アメリカに盾つくとは何事だ」「一水会は、ロシアの手先になっている」と批判。さらに鳩山氏と木村氏がクリミアを訪れると、批判はヒートアップ。「国賊・鳩山と一緒に行った」「ロシアの手先になった一水会は売国奴だ。右翼と名乗るな！」と。

連日の攻撃街宣を経て、人を介し、話し合いが出来、「一水会は二度と〝右翼〟と名乗らない」「別の運動をする」ということで決着がついた。一水会の「脱右翼宣言」だし、右翼全体から見ると、「不純な一水会を右翼業界から追放した」ということになる。今回は直接には木村氏が批判されたが、元々は僕の言動が以前から問題にされていた。その上に今回の事件があった。責任は大いにある。それで8月1日付で一水会の顧問を辞任した。一水会機関紙「レコンキスタ」（8月号）にもそのことを書いたし、8月10日の「一水会フォーラム」でも僕が講師になり、今回の事件を説明した。そして「43年間の一水会の歴史」についても話をした。

形としては、「右翼業界追放」だが、かえって広い世界に出たような気もする。これからは、もっと大きな場で活動できると思う。大体にして、一水会も僕も自分から「右翼」と名乗ったことはない。あえて言えば、「日本を考える勉強・運動をやってきた」という意識だ。「民族派」と言ったこともある。しかし、マスコミにしろ警察にしろ、「右翼」「左翼」という分類法しかない。「一水会は右翼だ」「新右翼だ」と言われた。勝手なレッテルだと反発したこともある。しかし、これは「あだ名」だ。じゃ、勝手に呼んだらいいだろう、と思った。

でも野村秋介さんはこのレッテルに反発した。「俺を右翼と呼ぶな！」と言った。『朝日ジャーナル』が終わる直前だと思う。我々は下村満子編集長との対談で言っていた。さらにこんなことも言う。「右翼という言葉は差別用語だ。我々は片方の翼しかない鳥ではない。偏向した考えでもない。日本の真ん中を行く。正道をゆくのだ」。そう言った。「だから俺たちのことを右翼と呼ぶな」と。下村さんは、「では何と呼べばいいんですか？」と聞く。「日本浪曼派と呼んでほしい」と言う。凄いことを言う、と驚いた。

しかし、この名前は広まらなかったし、定着しなかった。相変わらず「右翼」と僕らは呼ばれた。でも外部からは何とでも呼んでくれ、と思っていた。右翼という名前は元々、日本語ではない。１７８９年のフランス革命の後に生まれた言葉だ。だからフランス語だ。革命の直後の議会は議長から見て、まるで鳥が羽を広げたような格好をしていた。右側には保守派が陣取り、左側に急進派が陣取った。それで保守派は「右翼」、急進派は「左翼」と呼ばれるようになった。フランス革命の後だから、この革命を基に、「ゆっくり改革をやるか」「急いでやるか」のスピードの違いでしかない。それが「右翼」「左翼」の違いで、どちらが正しいかという価値判断は入っていない。

ところがロシア革命を経て、日本にこの言葉が入ってくると、共産党などが自ら「左翼」だといい、「左翼」は労働者、進歩派、改革派という意味で使われた。逆に「右翼」は王や貴族など権力者の手先、地主、大企業などにやとわれた者、無法者…と、マイナスのレッテルを貼った。日本の警察も、この「分類」を使った。「左翼」と言われた人々は、誇りと自負心を持って自ら「左翼」と名乗った。だが「右翼」と分類された人々は反発した。「冗談じゃない。我々は日本の真ん中を歩いている。右に偏った人間ではない！」と言った。戦前の血盟団事件、五・一五事件、二・二六事件は「右翼」の運動と思われているが、当人たちは右翼と言っていない。むしろ、「革命家」だと名乗っている。

では、いつからだろう。自ら「右翼」と名乗る人々が現れたのは。多分、60年安保の頃だろう。安保粉砕を叫ぶ左翼が急増し、それに怖れをいだいた自民党や公安（警察）は、「反・左翼」集団を作らせた。「右翼団体」も作らせた。宗教団体や、テキヤ、ヤクザまで集め、「反・左翼」の連合を作った。特にアイク歓迎で、左翼に対抗できるだけの数を集めようとした。それまでヤクザ、テキヤ、暴走族などは徹底的に弾圧されていた。ところが右翼団体を作り、街宣車を持つと、公安（警察）の態度が一変する。今まで「おい、こら！」だったのが「先生！」に変わる。これは気持ちがいい。それで「右翼」が急に増え、自ら「右翼だ」と公言する人が増えた。「オレたちは右翼ではない。そんなレッテルを貼るな」と言っていた人も影響を受ける。今まで蔑称だったのに、今度は「右翼」という言葉に誇りを持つ人々が増えた。そして「異分子」を挑発する。左翼、共産主義という巨大な敵があった間は、右翼間の違い・差は気にならなかった。しかし、その天敵が消滅すると、右翼の内輪の差・違いだけが目につく。「右翼のくせにアメリカを批判する者がいる」「右翼のくせに」という所は、「日本人なのに」と言い換えても良い。そうすると安倍政権や、ネトウヨの心情とも重なる。「日本人だから日本を愛するのは当然だ」「日本人だから占領中に押しつけられた憲法を改めようと思うのは当然だ」「国防を強化し、世界の平和を守るために自衛隊はどんどん外に出すべきだ」となる。

「こんな当然の事が分からないのか」「日本人として常識だろう」と、「常識」や「愛」が前面に出てきて、「この道しかない」となる。昔はテレビ討論でも「非武装中立」「有事駐留」と言っていた人がいた。今はいない。そんなことを言う自由もない。政治の世界に理想や夢はタブーなのだ。「甘いことを言うな。現実を見ろ！」と批判され、袋叩きにされる。政治の世界、右翼の世界、いや日本全体が、「日本人だから！」と一方向に進んでいる。さらに、中国、韓国を挑発し、その反発を利用して、政府は「だから国防の強化を」と叫び、国民もそれを許してしまう。世論調査を見ると、どの調査でも「安保法案に反対」「これは危険だ」「十分論議されてない」が70％以上だ。国会前では連日何万人ものデモが行われている。国民世論と国会はねじれ現象が起きている。いくら世論調査で反対が多くても、デモの人数が多くても、憲法学者が反対しても、「政治を行うのは選挙で選ばれた我々だ」と、政府・自民党は傲慢《ごうまん》にも思っている。そして数に物を言わせて法案を押し通してしまった。もう何をしてもダメなのか。絶望感・無力感が広がっている。

法案が通った直後、3日間、戦争を考える集まりに出た。今までと違い、戦争の恐怖が間近に感じられた。「もはや戦後ではない」と自民党は言う。では「戦前」なのか。次の戦争を考えているのか。戦後70年の苦難の中から何も学ばないのか。戦争を考える3つの集会に出たので、特にそのことを感じた。3つの集会とは次の通りだ。この運命的な日に偶然に重なったのだ。

9月19日（土）。午後7時から武蔵野公会堂。大西巨人の書いた戦争大作『神聖喜劇』を通して戦後70年を考える。第1部はラジオドラマ『神聖喜劇』を聴き、第2部はトークセッション。大西赤人さん（大西巨人の長男。小説家）、川光俊哉さん（脚本家）、齋藤秀昭さん（大正大学講師）、そして僕だ。近づく戦争と、戦争の持つ悲喜劇性について語り合った。

9月20日（日）は午後1時から日比谷公会堂。「あの戦争体験を語り継ぐ集い」に出る。平均年齢90歳以上の戦争体験者20人が証言をする。悲壮な発言だ。その後、今の日本をどう考えるかの討論会。小熊英二さん、川村湊さん、栗原俊夫さん。満員だった。

9月21日（月）午後1時半より市ヶ谷会館。前泊博盛さん（沖縄国際大学教授）の講演を聞く。「戦後70年――日米安保条約と地位協定」。貴重な話が聞けた。終わって食事をしながら更に詳しく話を聞いた。

第40回

竹中労に始まる

『創』15年12月号

武田砂鉄さん（作家）が「ドゥマゴ文学賞」を受賞し、その授賞式、記念パーティが10月19日（月）渋谷Bunkamuraで行われた。武田さんは河出書房新社で長い間、編集者をしていた。退社し、作家として独立。初めて書いたのが『紋切型社会＝言葉で固まる現代を解きほぐす』（15年4月、朝日出版社）だ。出版当初から話題を呼び、新聞・雑誌などで大きく取り上げられた。この本が第25回「ドゥマゴ文学賞」を受賞したのだ。武田さんが河出にいた時、僕はとてもお世話になった。『竹中労』『反逆の作法』などの編集をしてくれた。若いが優秀な編集者で、この2冊も武田さんの力なくしては本にならなかったと思う。

河出には、かつて坂本一亀《かずき》さんという伝説の名編集者がいた。小田実、高橋和巳、三島由紀夫らを発掘し、育てた人だ。武田さんは、その坂本一亀さんになれる人だと思った。武田さんと一緒に仕事をした人は皆、そう思ったようだ。僕もこの編集者に育てられたいと思った。ところが突然の退社。そして作家として独立。第一作目から大評判になり賞を取った。喜ばしい限りだ。だが同時に、この

藤原新也さん（中央）、武田砂鉄さん（右）と（15年10月19日）

日本から「偉大な編集者」が一人消えた。その淋しさもある。武田さんに本を作ってもらい、これからも「育ててもらいたい」と思っていた作家の人たちも同じ思いだろう。

今、河出の編集者として名前を出したが坂本一亀さんについてもう少し説明しよう。実は音楽家・坂本龍一さんのお父さんなのだ。龍一さんとは何回か対談をし本を出した。『愛国者の憂鬱』(金曜日)だ。その時、お父さんの話を聞いた。高橋和巳や三島由紀夫が自宅に来て、幼い龍一さんと遊んでくれたという。大蔵省に勤めていた三島には「辞めて作家として独立し、書くことに専念しなさい」とアドバイスしたという。京大で学生運動にかかわり活動家にも期待されていた高橋和巳にも同じアドバイスをした。60年代を代表する二人の作家を救い上げ、執筆に専念させたのだ。また、当時無名な若者に過ぎなかった小田実の為に大金を渡し海外に送り出した。それで『何でも見てやろう』が生まれた。全く未知数の若者の為に大金をつくり、海外に行かせる。前借りに来る作家たちにも金を貸した。会社が出してくれなければ個人の金を貸したという。そのほとんどは踏み倒されたという。一亀さんの部下だった人が書いている。田邊園子さんの『伝説の編集者　坂本一亀とその時代』(作品社)だ。この本を読んだ後、田邊さんには直接会って話を聞いた。他の作家だが、ホテルや旅館に何カ月も「かんづめ」になって本を書く。ところが、全く書けない人もいる。中には、そこで書いた本を他の出版社で出す人もいる。もう犯罪に近い。だが、こうも言える。いい作家を育て、いい本を作る為に出版社はどこも莫大な金を使っていた。前借りもさせてやり、かんづめにして書かせる。ほとんどは踏み倒された。それでも本を作る為に惜し気もなく金を出す。また情熱を持った編集者がいた。文化があった時代だ。

武田砂鉄さんは、そんな熱い文化に溢《あふ》れた日本を取り戻してくれる人だ。僕に限らずそう思っていた人は多い。武田さん本人だって、そのことは痛感している。作家として成功したら、後に続く作家たちを育てる仕事もやろう、と思っているようだ。武田さんが受賞した「ドゥマゴ文学賞」だが、ちょっと変わった賞だ。だって選者は一人だ。芥川賞、直木賞を初め、どの文学賞だって大勢の選考委員がいる。ところがこれは一人だけが全責任を負って選ぶ。２０１５年（第25回）の選者は藤原新也さんだ。今年出版された百冊以上の本を読み、数冊にしぼり、さらに読み返して、この本しかないと思い、武田さんの本を選んだと言う。

〈この本をカテゴライズするとするなら、新しい意味でのジャーナリズムであるとともに、文化人類学の範疇に入るものだろう〉

と選考の理由を書いている。紋切り型の言葉、表現で固まった社会から、言葉を救い出そうとする。言葉の力を復権させようとする。この日は授賞式、パーティの前に、武田さんと藤原さんの対談が行われた。言葉の力をめぐる熱い対談だった。パーティの時、藤原さんに挨拶した。前に何度か会っている。「武田さんには本を作ってもらい、お世話になったんです」と言ったら、「『竹中労』でしょう。読みましたよ」と言う。嬉しかった。

右翼暴力学生のゴリゴリだった僕が、大きく変わったのは大学卒業後、竹中労さんに会ったからだ。最初は反発した。「右翼の人たちは天皇を認めない人とは話が出来ないという。そんなに天皇は大事なものですか」と言う。当然じゃないか、と思った。「でもこの国を思い、アジアの風を感じたら、左右の違いを超えて話し合えるはずです」と言う。そして大正時代のアナーキスト・大杉栄の言葉を紹介する。今は左右を弁別すべからざる時代だと。「いや左右の違いは厳然としてある。とんでもないことを言う人だ」と、その時は思った。初めて竹中さんの講演を聞き、反発ばかりしていた。ただ、面白い人だし、もの凄い勉強をしてる人だと思った。

行動の人だった。いろんな抗議集会や出版記念などに誘われて行った。多くの人を紹介してくれた。遠藤誠、矢崎泰久、中山千夏、小沢遼子などだ。手塚治虫にも紹介してくれた。何かのパーティで隣に座って話をした。僕の人間関係がグンと広がった。それまでは右翼という閉鎖的な紋切型社会に生きてきたのに、急に明るい広い世界に押し出された。そんな感じだった。今まで習い、親しんできた言葉や技や流儀は通じない。驚きと困惑は大きかった。だが、そこに突き落とされることで得たことは大きい。思想よりも人間性だと思ったし、一人で生きて闘っていく覚悟を教わった。竹中さんは言っていた。「人は弱いから群れるのではない。群れるから弱いのだ」と。長い間、集団的運動の世界にいて、これは本当だと思った。

傲慢《ごうまん》かもしれないが、僕は今、右も左も超えたと思っている。左右の「紋切型社会」を脱したと思っている。竹中労さんと出会い、さらに多くの人に紹介してもらい、悩み、苦しみ、考えた。それがよかったと思う。そんな自分の変化の過程を書いたのが『竹中労――左右を越境するアナーキスト』（河出書房新社）だ。竹中さんの評伝を書こうとしたが、それよりは竹中さんに出会って大きく変わった自分のことを多く書いたような気がする。

今この原稿を書いている時、ライターの昼間たかし氏から電話があった。12月末にロフトプラスワンでトークライブをやるので出てくれという。テーマが何と「竹中労を徹底的に語り尽くす」だという。凄い。勿論、引き受けた。「武田砂鉄さんにも出てもらいます」と言う。「鈴木さんの書いた『竹中労』を編集し、世に出したのが武田砂鉄さんですし」と言う。砂鉄さん自身も竹中労になろうとしているのか。いや、昼間氏が最近出した『コミックばかり読まないで』（イースト・プレス）を読んだら、昼間氏も竹中労に一番影響を受けたと書いている。危険を承知で対象に飛び込み、あえて喧嘩を買って書いてゆく。その向こうみずなやり方も似ている。僕だって竹中さんには影響を受け、少しでも近づきたいと思っている。竹中労さんを目指して闘う3人がロフトで競い、激突することになるだろう。負けられない、と思った。竹中さんの作品を全て読もうと思っている。同時に、竹中さんが目指した大杉栄にも挑戦している。無理をして、『大杉栄全集』（全12巻。ぱる出版）を買った。今、1巻から読んでいる。

竹中さんは現代書館から出した『大杉栄』の最後に「大杉栄とは、私である」と書いている。衝撃的だ。「竹中労とは、私である」と豪語してみたい。ひそかにそう思っている3人だ。いや、ライターをしている人、目指している人は皆、そう思っているのではないか。その話を昼間氏にしたら、「僕もそう思い、全集を買ったんです」と言う。「大杉栄全集」かと思ったら、「ショーペンハウエル全集」ですと言う。ウーン、負けられないと思った。

10月20日（火）午後1時から格闘技雑誌で田原総一朗さんと対談した。僕は学生時代から合気道をやり今、三段だ。また50歳から講道館に入門し、今、柔道三段だ。プロレスや他の格闘技も好きで、昔は格闘技雑誌に連載を持っていた。今回は久しぶりの依頼だ。空手、柔道、ボクシングなどの現役格闘家と対談し、日本の現在を斬ってほしいと言う。そして田原さんになったのだ。「いろんな格闘家の名前が挙がったんですが、今の世の中で一番闘っている人といったら田原さんになったんです」と編集者は言う。驚いた。田原さんとは何度も対談しているが、〈格闘家〉として見たことはなかった。でも、この日本を、いや世界をリングにして、一人で闘っている。81歳だが、徹夜で「朝まで生テレビ」の司会をやっている。『80歳を過ぎても徹夜で討論できるワケ』という本も出している。左右の、いや、あらゆるジャンルの猛者、論客たちを捌《さば》いて朝生の司会をやっている。「猛獣使い」とも言われるが、本人が猛獣だ。

「たった一人でも闘える」覚悟を聞いた。「いや、たった一人だから闘えるんです。竹中労だって言ってたじゃないか」と田原さん。ここでも、竹中労さんの話になった。群れないで一人で闘う。その点、田原さんも竹中さんと同じだ。「それに子供の時から好奇心が旺盛だったんです」と言う。小学校5年生で敗戦を体験した。「君たちは天皇のために死ぬんだ」と言っていた先生が、2学期になると、「日本は民主主義の国になったのだ。素晴らしい」と喜々として言う。「大人は信じられない」と田原少年は思った。大学卒業後に就職して会社勤めをしていたが、「これは何だ」といろんなことに疑問がわき、ジャーナリストの道に進んだ。ロシア、イラク、北朝鮮と飛び、不可能な取材に挑む。左右からも攻撃を受け「殺してやる」と脅迫電話が来るし、街宣車が押しかける。それでも怯《ひる》まない。「じゃ、話し合おう」と何百人、何千人もの集まりに一人で出かけてゆく。こんな蛮勇があるのは田原さんだけだ。日本で最も闘っている格闘家だ。でも、恐怖を感じないのか。普通なら足が竦《すく》み警察に電話する。「いや、能天気なんでしょうか」と田原さん。いや、そう言えるのは「強い人」だからだ。

第41回

二つの「40周年」と三島

『創』16年1月号

高野孟さんと（15年11月19日）

「40周年」記念大会・パーティが2日続いた。11月19日（木）は『インサイダー』創刊40周年記念パーティ。翌11月20日（金）は「創立40周年 大地を守る感謝の集い」だ。両方とも満員だった。40年前といえば75年だ。この年に生まれた雑誌、新聞、機関紙は多い。また政治団体、市民運動も多く生まれた。新しい「思想戦」の幕開けだった。左右の武力闘争は終わり、次は何が始まるか。何が出来るのか。それを模索した。政治や活字に変革の夢を託せる時代だった。

11月19日（木）の『インサイダー』創刊40周年記念パーティは午後6時半から神田の学士会館で開かれた。編集長の高野孟《はじめ》さんが挨拶し、40年の闘いを語る。75年11月に故・山川暁夫編集長のもと『インサイダー』を創刊してから40年。その5年後に高野さんが編集長を引き継いだ。通算で１３６0号を超え、原稿量にすると単行本50冊余りになるという。「現代史の同時進行ドキュメント」をひたすら書き綴《つづ》ってきた。ここに書いた人、読んでいた人、かかわりを持った人は多い。ほとんどのマスコミ人、ジャーナリストがかかわり、影響を受けてきた。田原総一朗さん、島田雅彦さん、鳩山由紀夫さん、金平茂紀さん…などが挨拶をし祝辞を述べる。田原さんの挨拶が印象的だった。「高野さんとは一緒に仕事をすることが多かった。この世界ではいろんなことがある。喧嘩もするし、争いもする。しかし高野さんには一度も裏切られたことがない。本当に信頼できる人だ」。ジャーナリズムの世界には左翼運動出身者が多い。実力が全てだ。目的の為なら手段を選ばないところもある。ところが高野さんにはそんな悪癖はない。人をひきつける人徳がある。不思議な人だ。事件の報道よりも人間を大切にする人だ。

翌11月20日（金）は午後2時より東京プリンスホテルで、「創立40週年　大地を守る感謝の集い」が開かれた。第1部は着席形式での記念セレモニー。第2部は立食形式の記念パーティ。８００人以上が集まった。時間通りに行ったら、もう席が無い。やっと空いた席を見つけて座る。

株式会社「大地を守る会」代表取締役の藤田和芳さんが最初に挨拶をする。「大地を守る会」の初代代表は元全学連委員長の藤本敏夫さんだった。初めのうちは随分と批判され、叩かれた。「過激派が農業ごっこをしている」「すぐに潰れるさ」「ゲバ棒をダイコンに持ちかえただけだ」…と。しかし今、そんなことを言う人はいない。無農薬、有機農業の「大地を守る会」の生産者、消費者は急激に増え、日本だけでなく世界中に広がっている。ローソンとも提携し、新分野にも挑戦している。また国内外の社会運動もやっている。「株式会社になっても社会運動は出来るのです」と藤田さんが言う。いや、株式会社になったからこそ信用され、やれる社会運動も増えたのだろう。

僕は「大地を守る会」とは、初代の藤本敏夫さんと知り合い、それ以来のつき合いだ。元々は竹中労さんだ。竹中さんに桐島洋子さん、小沢遼子さん、淡谷まり子さん、奥谷禮子《れいこ》さん…を紹介された。

さらに小沢さんのパーティで松田妙子さんを紹介された。衆議院議長だった松田竹千代さんの娘さんで、住宅産業研修財団理事長だ。三島由紀夫とも交遊があった。会うなり、「月に一回、勉強会をやってるけど来ない？」と誘われた。住宅会社の人や、マスコミの人、ライターもいるし、政治家の卵も出席してるという。「ヨコの会」という。三島由紀夫の「楯の会」の向こうを張って名付けたという。「あ、そうですか」と答えたが、全く行く気が起こらなかった。ところが、「元全学連委員長の藤本敏夫も来てるよ」。それを聞いて、即座に「行きます」と言った。

藤本さんのことは前々から知っていた。「敵」ながら天晴《あっぱ》れな人だと思っていた。佐世保のエンプラ闘争を指揮し、そのことを『朝日ジャーナル』に書いていた。市民が熱烈に支持、応援してくれた。機動隊に追われて逃げ、商店に飛び込む。警察が追ってきても、「そんな人はいません」と言ってかばってくれたという。今ではとても考えられない。すぐに一一〇番に電話する。また佐世保では市民が学生運動を熱烈に支持した。カンパ箱には1万円札が入る。カンパ箱が足りなくなって、かぶってるヘルメットを逆にしてお金を入れてもらった。父や兄を戦争でなくした人もいて、アメリカに立ち向かう学生に感動したのだ。それを読んで焦った。ナショナリズムを彼らにとられた、と思った。

単なる左翼とは違う、と思っていた。だから「ヨコの会」で会った時は、すぐに意気投合した。毎月会って、一緒に共同研究の発表をしたこともある。多くのことを教えてもらった。若くして亡くなったのは何とも残念だ。藤本さんの奥さんで歌手の加藤登紀子さんも「大地を守る会」を全力で応援した。「社員に給料を払えなくてお金を借りたことが何度もありました」と藤田さんは言う。11月20日（金）の「感謝の集い」では全国から農業をやっている生産者も多く来ていた。「生産者リレートーク」も行われ、ビデオ映像付きで紹介されていた。ソウル市長からのお祝いビデオや北京の農家からのメッセージも紹介される。第2部の後半は加藤登紀子さんのライブが行われた。

昔、学生運動をした人もいる。「何でここに鈴木がいるんだ」と言う人もいる。藤本さんとは僕の方が付き合いが長いのに。学生時代に僕らと乱闘したと言う人もいた。「森田必勝と鈴木がうちの大学に殴り込みに来た」と言う人もいる。情宣活動で行っただけだ。左翼と論争になり激昂して殴り合いになったんだろう。よくあることだ。あの頃は。「森田必勝氏と会えたんだから、それだけでもよかったじゃないか」と言った。

そういえば、今年（２０１５年）は三島事件から45年だ。そして戦後70年だ。その節目の年だからか、三島事件の本が多く出ている。産経新聞では3回にわたって特集していたし、テレビ朝日の「報道ステーション」でもやっていた。森田必勝氏の遺稿『わが思想と行動』（日新報道）も新装版が出た。中村彰彦氏の『三島事件もう一人の主役――烈士と呼ばれた森田必勝』（ＷＡＣ）も改訂版が出た。

さらに三島、森田両氏の追悼、顕彰の集いが全国で行われている。今年は特に多い。これまでは「楯の会」の人や、当時、一緒に運動をしていた同志が呼びかけてやる集まりがほとんどだ。でも今年は違う。文学者や評論家などの会も増えた。さらに「国際三島由紀夫シンポジウム」という国際的な集会まで行われた。これは凄い。この国際的なシンポジウムを含め、11月だけでも6回の集会に出た。こんなことは今年だけだろう。三島事件から45年という年だ。だからだ。じゃ、5年後は三島事件から50年だ。その時の方が盛り上がるだろう、と思う人がいるが、それはないだろう。今年は「戦後70年」だ。それに安保法制が国会を通り、憲法改正が視野に入ってきた。それが大きい。だから今年なのだ。

今、保守の方が強い。そして憲法改正だという。45年前、三島は市ヶ谷の自衛隊駐屯地で憲法改正を叫んで自決した。しかし、三島の声は自衛隊には届かなかった。国会にも国民にも届かなかった。三島事件という〈事件〉で終わった。今、その声がやっと届いた。安倍首相自ら憲法改正を言っている。次の参議院選挙で自民が圧勝したら、本当に改憲をするのではないか。そう言われている。右派、保守派の人達は大喜びだ。昔、一緒に右派運動をやっていた人々も、大喜びだ。「三島の叫びがやっと届いた」「我々の悲願がやっと実現できるのだ」…と。「それなのにお前は何で反対するのだ」と僕は彼らから糾弾されている。僕だって憲法は見直すべきだと思っている。また三島、森田両氏の叫び、決起には大いに頭が下がる。その上で考えてみる。では、三島は今の状況に満足しているのか。自分の憂い、叫びが取り上げられて、いい方向に向かっていると思っているのだろうか。どうもそうは思えない。自衛隊を国外に出し、安保法制を通し、次は戦争だ。そして米軍に言われるままに行動する。三島は45年前、「このままでは自衛隊はアメリカの傭兵《ようへい》になる」と言っている。まさに、その通りになっているではないか。今、三島が生きていたら、失望するだろう。日本がいい方向に歩んでいるなどとは思わないだろう。

最後に三島の「国際シンポジウム」に触れておこう。今年が三島事件から45年だ。三島は生きていたら90歳だ。その記念もあって、こんな大きなシンポジウムが行われたのだろう。ところが、違った。3年前から行われていたという。初めは小さな集まりだったという。口コミで話題が広がり、ネットでも報道された。外国からも講師は来るし、多分、今年で最高の「三島イベント」だと思う。11月14日（土）、15日（日）、22日（日）の3日にわたって行われた。僕は初めの11月14日（土）だけ出席した。場所も講師も、この日が最高だったと思う。今まで3回やったというが、その中でも最高だろう。

では当日のスケジュールを少々紹介しよう。

10：00　開会挨拶。田尻芳樹（東京大学）
10：10　基調講演　司会・佐藤秀明
　松本徹（三島由紀夫文学館館長）：「東西の古典を踏まえて」
　イルメラ・日地谷＝キルシュネライト（ベルリン自由大学）：「『世界文学』を視野に入れて」
　ドナルド・キーン：「三島由紀夫と私」

昼食休憩をはさんで、平野啓一郎「行動までの距離」、芥正彦「原爆／天皇。そして三島由紀夫と東大全共闘」、高橋睦郎「ありし、あらまほしかりし三島由紀夫」。さらにはパネルディスカッション「21世紀文学としての『豊饒の海』」。よく、これだけの企画が出来たものだと感心した。キーン、平野の講演も素晴らしかった。一番衝撃的なのは、46年前の「東大全共闘vs三島由紀夫」のビデオが映された時だ。三島と学生が激論している。それが終わると、何と、その学生が登壇する。芥正彦氏だ。そして激論の「続き」について話してくれる。驚いた。それにこの「国際三島由紀夫シンポジウム」は、東京大学駒場キャンパス講堂（900教室）で行われたのだ。「東大全共闘vs三島」が行われたその場所で我々は46年前の映像を見、芥氏の話を聞いたのだ。

第42回

辻元清美さんと「朝生」

『創』16年2月号

辻元清美さんと（15年12月9日）

12月9日（水）「辻元清美　政治活動20年へ。感謝と飛躍の集い in 東京」。会場の憲政記念館は超満員だった。午後4時半から始まり、第1部は田原総一朗さんと辻元さんの対談、5時半からは第2部の懇親会。議員になってもう20年になるのか。その前から大活躍をしている。早大在学中に「ピースボート」をつくり、世界中を回る。田原さんが司会する「朝まで生テレビ」には50回以上出ている。出演の多さでは第5番目だという。

筑紫哲也さんが『朝日ジャーナル』でやっていた企画にも何度も出ていた。「若者たちの神々」の後にやった「新人類の旗手たち」に出ていた。元気一杯だった。僕も何度か一緒に出たことがある。「朝生」や『朝日ジャーナル』等の討論で、いつも反論され、やり込められた。でも、いつも正々堂々と闘うし、爽《さわ》やかな感じがした。新しい市民運動家として登場し、議員になる。国会でも大活躍だ。しかし、「山あり谷ありでした」と本人が言う通り、逆境もあった。でも不死鳥の如く復活した。本人の努力、情熱。それに周りの期待が大きかった。辻元しかいない。辻元に頑張ってもらわなくては…と思っているのだ。民主党は勿論、「敵」である自民党からも……。翌日の「産経新聞」に〈山崎元副総裁「自民一党支配良くない」〉という見出しで、こんな記事が載っていた。

〈山崎拓・元自民党副総裁は9日、東京都内で開かれた民主党の辻元清美衆院議員のパーティーに出席し「私も自民党の一員だが、自民一党支配は日本の民主主義にとって良くない。野党にもっとしっかりしてもらいたい」とエールを送った〉

珍しい記事だし、珍しい発言だ。自民一党支配で驕《おご》り、何でも出来ると思ってしまう。腐敗し、活力もなくなる。「いい敵」がいてこそ批判があり、議論をし、民主主義が育つ。だから野党にも頑張ってほしいという。その中心は辻元さんだ。国会で最も闘い、最も存在感がある。「総理！ 総理！」と叫び、小泉さんを追いかけ、追いつめていた。あのシーンも強烈に国民の眼に焼きついている。

民主だけでなく、社民、共産からも来ていたし、自民党からも来ていた。第1部では田原総一朗さんと対談していた。田原さんは辻元さんの活躍をじっと見守ってきた。どうしても朝生の話になる。この日も朝生に一緒に出た人が沢山来ていた。会場で目についた鳥越俊太郎さん、蓮池透さんに声をかけ壇上にあがってもらう。4人で「ミニ朝生」になった。「初期の頃は凄かったですね。大島渚さんが突然怒鳴ったりして」と辻元さん。それにあの頃は、酒も煙草も自由だった。酒を飲みながら大声で怒鳴り合っていたのだ。始まる前から酔っている人もいる。午前1時から開始だから、その前はいろんな集まりで飲んでいることが多い。泥酔して局の人におぶわれて来た人もいた。本番中に怒鳴り、さらに席を立って歩き回る人もいた。アナーキーな番組だった。そんな中で辻元さんは闘ってきた。さらに国会ではそれ以上の激闘だ。そんなことを思い出しながら、第1部の「ミニ朝生」は続くが時間切れ。「続きは第二部で」と辻元さんは言うが、そんな余裕はない。さらに多くの人がつめかけ、会場に入らない。祝辞・激励の挨拶も多くて、「一人2分で」と言う始末だ。山崎拓さん、共産党の小池晃さん、民主党の岡田克也さん、長妻昭さん、世田谷区長の保坂展人《のぶと》さんなどが挨拶する。歌手の石川さゆりさんも祝辞を述べていた。そして僕も。

田原さん同様、僕も辻元さんとは昔からの付き合いだ。朝生や『朝日ジャーナル』などに一緒に出た。でも辻元さんは左翼だし僕は右翼だ。対立し激論することが多かった。「だから去年の12月、選挙の応援演説を頼まれた時は驚いた」という話をした。この連載でも書いたが、辻元さんは衆院選に出て、その応援で僕は高槻市に行った。僕なんかを呼んだらかえってマイナスだろう。周りの人間からの反対もあったと思う。ところが、ネトウヨにメチャクチャ攻撃されているという。高槻に駆けつけたら、スーパーの前で辻元さんは演説していた。「私は極左ではありません。反日ではありません。その証拠に右翼の鈴木さんとも友達です。あっ、その鈴木さんが応援に来てくれました！」。そして僕が話をする。昔から辻元さんとは闘ってきた。でも辻元さんはいつも爽やかだし、正々堂々と論を進める。揚げ足をとったり、怒鳴りつけたりしない。だから山崎拓さんのように自民党からも注目され期待されている。国会で批判・論破された人も不思議なことに辻元さんを認め、評価している。委縮して内向する日本において、その殻を破り日本を元気にするのは辻元さんだ。右から左まで支援者も多い。考えは違っても人は話し合える。それを実証している。「次はぜひ首相を目指してほしい」と僕は言った。日本初の女性総理だ。「ソーリ！　ソーリ！」と今度は連呼される側になってほしい、と言った。

12月10日（木）午前中、週刊誌の記者に取材されていたら、「野坂昭如《あきゆき》さんが亡くなったんですね。鈴木さんも親しかったんでしょう」と言う。昨夜亡くなられたという。辻元さんのパーティーで、「ミニ朝生」をやっていた頃だ。笑って見ていたのかもしれない。去年、テレビで野坂さんの娘さんに会った。「元気になってきたので、また皆さんに会えると思います」と言っていた。それで喜んでいたのに。何とも残念だ。野坂さんは「火垂《ほた》るの墓」などで直木賞を受賞し、焼け跡闇市時代の飢餓体験をよく書いていた。83年、参院選で初当選。ところが同年の衆院選では旧新潟3区から立候補し、故田中角栄元首相と争って落選した。90年には、大島渚監督の真珠婚パーティーで酔っ払い、大島監督を殴りつけて話題になった。テレビの追悼番組ではこの時のシーンが何度も流れていた。テレビも大勢来ていたし、バッチリ映っている。血の気が多いのか、思ったらすぐに行動に移す性格なのか。

田原総一朗さんが『週刊朝日』（12月25日号）でコメントしていた。

「番組（朝生）の〝爆弾〟だった。出演者を怒鳴りつけるのも当たり前で、毎回どんな発言が飛び出すかわからず、いつもヒヤヒヤしていた。あらゆる価値をみんな疑っている。根本的にアナーキーな性格。戦争で義理の両親や妹を失った経験が影響しているのでしょう。国家なんて信用しないという思いを強く持っていた」

でも本当に真面目な人だった。さらに田原さんはこう言う。「本当はやさしくて繊細な人。激しい事を言っている自分への抵抗もあったと思う。自分とけんかして、自分を傷つけているような感じ。それでも言わないといけない使命感のようなものがあったのでしょう」

なるほど、田原さんはよく見ている。思い切りオチャメで好奇心が強く、歌もうたった。故小沢昭

一、永六輔両氏と「中年御三家」と称して日本武道館でリサイタルを開いた。実に行動的だ。早稲田大学中退後の63年、『エロ事師たち』で小説家デビュー。同年、作詞した「おもちゃのチャチャチャ」がレコード大賞童謡賞を受賞した。また、テレビでCMソングも歌った。「ソ、ソ、ソクラテスかプラトンか…みんな悩んで大きくなった（サントリーのCM）」。これはまさに一世を風靡《ふうび》した。僕はこういう剽軽《ひょうきん》な野坂さんが好きだった。本は随分と読んだ。僕が衝撃を受けて一番好きな本は『還暦まで千人斬り』だ。週刊誌に連載していたので全て本当かと思っていた。こんなのを公表していいのかと、ハラハラしながら読んでいた。この本は野坂文学の最高傑作だと思う。三島由紀夫の『仮面の告白』と並ぶと思う。

この日（10日）は、午後2時から日比谷で袴田巌さんの映画の試写会を見る。金聖雄監督のドキュメンタリー「袴田巌　夢の間《ま》の世の中」だ。14年3月27日、冤罪でありながら死刑囚として、48年間という途方もない時間を獄中で過ごした袴田さんの再審が決定し、即日釈放された。その日からカメラを回し、釈放から1年半の袴田さんの生活を追う。48年なんて我々に想像も出来ない。酷《ひど》い。残酷な国家権力だ。しかし抗議、恨み、怒りの映画にはしない。お姉さんの献身的な尽力で、巌さんが「現実」を理解し、次第に顔の表情も明るく柔らかくなっていく。長い獄中生活の中で巌さんは自らの世界を作り、守り、それで外界と戦ってきた。それは拘禁症とあいまって妄想にもなる。たとえば外から言われる「希望」や「甘い話」は信じない。うまく行かなかった時の落胆が大きいし、権力側が仕かけることも多い。ナチスの収容所を書いた『夜と霧』にもあった。「クリスマスには解放されるらしい」という噂が流れ、皆が狂喜する。しかしそれは無責任な噂だった。嘘だと知った時、皆絶望した。本当に信じていた人たちはバタバタと死んでいった。全てを疑い、自分の世界に閉じこもることで巌さんは生き抜いてきた。「釈放だよ」とお姉さんが言った時も、「嘘だ！」と信じない。外に出て、家に帰り、そこで少しずつ現実を受け入れてきた。お姉さんや支援者の力で心の中に抱えていた闇を照らし始め、妄想を溶かしてゆく。とても温かい映画だ。この日はお姉さんの秀子さん、狭山事件の石川一雄さん、布川事件の桜井昌司さんも来ていて上映後、監督とトークしていた。素晴らしい映画だ。冤罪事件、裁判、死刑。さらに人間の覚悟、勇気。そして家族……。多くのことを教えられ、考えさせられた。

12月13日（日）。午後6時から浦安市民プラザで映画「天皇と軍隊」の上映とトーク。この映画には僕も出ているので呼ばれて話したのだ。これは6年前、フランスで作られ全世界で上映され好評を博したが、当の日本でだけは上映されなかった。客観的に日本の戦前・戦中・戦後を描いているが、「天皇」を扱うのが怖いのか、6年間上映出来なかった。今年の夏、ポレポレ東中野で上映され、半年後、浦安で上映されたのだ。歴史ドキュメンタリーの中に、ベアテ・シロタ・ゴードンさんや、福島みずほさん、高橋哲哉さんなども登場し、語る。僕も出ている。バランスがとれていて実にいい映画だ。日本の映画界は余りに怖がっているのではないか。アレクサンドル・ソクーロフ監督の「太陽」やピーター・ウェーバー監督の「終戦のエンペラー」。そして「天皇と軍隊」。外国で作られた映画ばかりだ。それを見て日本の戦争について、憲法について、天皇について知る。初めて知ることも多い。しかし、「天皇」を取り上げているということだけで、上映もままならない。自主規制しているのだ。そうすると市民運動の自主上映会しかないのか。とても残念だ。

第43回

討論の質を上げるには

『創』16年3月号

「拉致問題と北朝鮮の真実」
蓮池透さんと（16年1月16日）

1月14日（木）午後7時より銀座TACTで「三島由紀夫生誕祭」。三島の亡くなった日（11月25日）はよく知られているが、誕生日は余り知られていない。数年前から行われている。今年は生誕91年だ。祝辞が述べられ、バースディ・ケーキが出る。皆で「ハッピーバースディtoミシマ」を歌う。こういう集まりもいいものだ。「ナショナリスト三島」ではなく、「世界の三島」を考える。去年（2015年）の11月には、「国際三島由紀夫シンポジウム」が3日間にわたり開かれたし、ドナルド・キーンを初め外国からも多くの研究者が来ていた。三島を軸にして世界を考える集まりだった。

この日の「生誕祭」も、国家・民族・思想を超えて三島を考える。第1部は、今、突如として売れ出した三島の『命売ります』を取り上げる。パネラーは3人。『平凡パンチの三島由紀夫』を書いた椎根和さん。『三島由紀夫の来た夏』を書いた横山郁代さん。三島をよく知るこの2人と僕だ。『命売ります』は決して三島の代表作ではない。でも面白い。エンタメ小説だ。謎のスパイ組織が出てくるし、美女の誘惑もあるし、ハラハラ、ドキドキの冒険小説だ。まるで「007」のようだ。そう言ったら「だってイアン・フレミングの『007』を読んで、その手法で書いたんですから」と椎根さん。他にも外国の作家の手法を借りて書いた作品がたくさんあると言って例をあげる。スパイ小説だけでなくアガサ・クリスティの推理小説も読み漁《あさ》り、その手法を借りている作品があるという。これは意外だった。当時、三島は『暁の寺』を書いていて、難解な仏教用語と取り組み苦闘していた。そんな時、週刊誌に連載していたのが『命売ります』だ。エンタメ小説を書くことで息抜きができた。また、そんな軽い小説の中だからこそ三島の「本音」も出ている、と椎根さんは言う。

第2部は「女たちが語る映画『11・25自決の日』」。三島事件を描いた若松孝二監督の映画を通し、三島の生き方を考える。御手洗志帆さん、瀧澤亜希子さん、高木あさ子さんの若い3人の女性が語る。面白い企画だった。その後、客席の皆を含めて、三島作品、三島映画について夜遅くまで語り合った。

1月16日（土）。午後1時より「座・高円寺」。〈今だから語る、拉致問題と北朝鮮の真実〉。パネラーは、蓮池透さん、原渕勝仁さん、そして僕。司会は椎野礼仁さん。蓮池さんの本が国会で取り上げられ話題になり、この日も満員。『拉致被害者たちを見殺しにした安倍晋三と冷血な面々』（講談社）が問題の本だ。国会で民主党の議員がこの本を取り上げて安倍首相を追及、「拉致問題を利用して成り上がったのは本当か」「見殺しにしたのは本当か」と。安倍首相は激怒。「どっちを信じるのか。私の言葉が嘘なら議員を辞める！」とキレた。でも、家族会事務局長だった蓮池さんは裏の裏まで知っている。本当のことを言われ、ズバリと急所を衝かれたので安倍首相はキレたんだろう。「座・高円寺」ではさらに詳しくその話をしてくれた。問題の本は即、完売だった。

1月17日（日）午後1時、浦安市民プラザ。「丸腰国家に学ぶ、平和のつくりかた」を聞きに行く。

「軍隊を捨てた国」コスタリカのことを足立力也さんが話してくれる。「軍隊がなくって国を守れるのか。外国に攻められたらどうするのか」僕らはそんな疑問を持つ。足立さんもそんな疑問を持ち、実態を見ようと、コスタリカの大学に留学した。単に軍隊を捨てただけでなく、非武装を利用し、内政と外交のコンビネーションで積極的に平和を作り出している。日本も戦後、軍隊を捨てたはずだった。コスタリカになるはずだった。しかし今、周辺諸国を挑発し、周辺諸国の脅威を煽り立て、だから軍隊増強を！憲法改正を！と政府は叫んでいる。足立さんは言う。「コスタリカの外交努力、平和を作る方策に学ぶべきだ」。そして日本を含む東アジアで平和を構築する方法論を提示する。僕らの「常識」を打ち砕いてくれる。夜寝る時に家にカギをかける。軍隊も同じだ、と僕らは教わってきた。しかし、そんなたとえ話で語ることがおかしいと足立さんは言う。コスタリカは軍隊を廃止し、武力を使わないことで他国から信頼され、中米地域の平和に貢献してきた。ラテンアメリカでの米国の力は強大で、その中でどうやって軍事的にＮＯと言えたのか。国民はどう応じてきたのか。その道のりを解説してくれる。「戸締まり論」で終わり、思考停止している我々の愚かさを知らされた。とても勉強になった。

1月18日（月）午後4時半から早稲田大学。ＴＢＳの金平茂紀さんが教えているゼミに出る。日本の安全保障の話。聞いてきたばかりのコスタリカの話をする。昔は、「非武装中立」「有事駐留」と政治討論会で言う人がいた。「愛国心なんていらない。中心にまとめようとするから排外主義になる」と言う人もいた。そう言う自由もあった。しかし今、そんなことを言う自由はない。少しでも言おうものなら、「それでも日本人か！」「売国奴め！」「常識がないのか！」と罵倒され、瞬時に潰されてしまう。違う意見の人に耳を傾けるという姿勢がない。全面的に相手を潰し、自分の考えを押し付けることしか頭にない。対話・討論のやり方を知らないのだ。意見の違う相手を理解し、話し合おうという気がない。でも昔はあった。そのことを考えてほしいと金平さんは言う。「考える材料として東大全共闘と三島由紀夫の討論を見てもらいましょう」と言う。

これは三島が自決する前の年だから、今から47年前だ。当時、ビデオがなくて、ＴＢＳは映画として撮った。そして時々、ＴＢＳで放映している。今まで流した分をまとめて、この日、学生に見せる。左右激突だし、怒号と罵声ばかりで全く接点はない。相手の意見を全く聞かない「悪い例」として見せたのだと思った。しかし違う。学生がどんな難解な言葉や抽象的な言葉を使って論争を仕かけても、三島は怒らない。むしろ楽しんでいる。その下らないレベルまで下りて行き、そこで理解し、その上で語る。「三島はもの凄く、優しいんだ」と金平さんは言う。これは驚いた。そういうふうに見ていなかったからだ。この討論会の映像はＴＢＳにしかないが、テープを取って本にしている出版社はいくつかある。それを読むと、三島は嫌々《いやいや》ながら応じ、うんざりしていると思っていた。しかし長い映像を見ると違う。三島の目は輝き、実に生き生きとしている。難解な言葉を楽しんでいる。どんな下らない議論にも、「何言ってるんだ」「やってられない」と否定はしない。逃げない。学生の低みに下りて行き、キチンと理解してやる。その上で論争する。

なんて優しいんだろう、この人は、と思った。今、こんな人はいない。こんなに勇気を持って、余裕を持って学生に対処する人はいない。意見の違う人に対し、でもその人間を敬い、その上で討論する。そんな人はいない。皆、タバコをすい、言葉は乱暴だったが、考えの違う人がいることを認め、その上で討論する。これは討論する上でテキストになるだろう。ぜひ全体をまとめてDVDにして発売してほしい。日本全体の討論の質も確実に上がる。

1月19日（火）午後2時。山梨県立大学に行く。大講堂でシンポジウムに参加する。〈戦後70年を終え、あらためて日本のアイデンティティを考える＝日中韓それぞれの観点から〉。ゲストは4人。石純姫《ソクスニ》さん（苫小牧駒澤大学国際文化学部准教授）、張兵さん（山梨県立大学国際政策学部教授）、鈴木邦男。コーディネーターは徐正根《ソジョングン》さん（山梨県立大学国際政策学部教授）。「日本人・日本文化の多様性と重層性」について3人のゲストが30分ずつ講演する。続いて4人でシンポジウム。さらに学生からの質問を受ける。全部で4時間だ。３００人の学生も皆、熱心に聞いている。

今、日本の政治は改憲に向けて何やらキナ臭い。安全保障というならまず近隣諸国と仲良くするのが第一だ。いや仲良く出来なくとも、問題、対立があっても戦争にはしないという合意、システムが必要だろう。だが、他国を挑発し、それで脅威を煽《あお》っている。日中・日韓関係は今や最悪と言われている。それを少しでも是正することは出来ないのか。とくに相互理解と信頼をベースにした共存共栄の関係に変えていくことは出来ないのか。この討論で何らかのヒントが得られたらと思う。…とコーディネーターの徐さんが挨拶する。そして言う。「壇上に並んだゲストは4人です。中国の人が1人、韓国の人が2人、日本人は鈴木さんだけです。3対1です。完全なアウェイです。でも、そんなことで怯《ひる》む鈴木さんじゃないでしょう」。

そうか、3対1か。そんなことは全く考えたことがなかった。考えが違うからこそ話してみたい、教えてもらいたいと思うのだ。少しでも一致し、交わる点があれば、そこから議論を進めていける。

思わぬ発見もあるし、思わぬ進展もある。アウェイでいいんだ。ホームだったら議論する必要もない。同じことをどれだけ過激に言うかの競争になる。また、小さな差を見つけて、大袈裟《おおげさ》な言葉で罵倒する。「それでも日本人か！」「愛国心はないのか！」と。

3対1のアウェイは実に楽しかった。知らなかったことを教えてもらったし、自分の思いちがい、固定観念を正してもらえた。これが右翼3と僕だと、こっちの方がキツイ。

1月20日（水）東京駅発朝10時の新幹線に乗り、午後1時、新神戸に着く。鹿砦社の福本高大氏が迎えに来てくれた。駅の裏の「布引の滝」を見て、食事をし、カメラマンと合流して、内田樹さんの自宅へ行く。3時半から2時間、対談。去年、内田さんと対談した本『慨世の遠吠え＝強い国になりたい症候群＝』（鹿砦社）が重版になり、売れた。「じゃ、第2弾を」ということだった。内田さんの書斎は天井まで本棚がある。上の本はハシゴを使って取る。内田さんは合気道の先生でもある。自宅の隣りに合気道場を作って毎日教えている。混迷・混乱の時代において武道は何ができるのか。また武士道を含め日本人らしくどう生きたらいいのか…について2時間話し合う。教えられることが多い。

2時間の対談の後は道着に着替え道場へ。門弟の人もたくさん来て練習が始まる。僕も参加させてもらう。体が固いし、なまっているので、柔軟体操でもう息があがる。それから内田さんに稽古《けいこ》をつけてもらう。僕は学生時代から合気道を習い3段だ。その後、柔道も習い始め3段だ。でも内田さんに全く通じない。簡単に極められ、投げ飛ばされる。受け身を取るだけで精一杯だ。でも何をやっても敵《かな》わないという人がいることは嬉しい。ホッとする。帰りの新幹線ではすぐに寝てしまった。身体は痛いが精神的には満足感で一杯だった。

第44回

宗教の暴走

『創』16年4月号

「A2」上映後のシンポジウム
（16年2月10日）

2月5日（金）午後3時24分東京駅発の新幹線で長野へ。4時40分着。「ひかりの輪」の人が迎えにきていた。車で会場へ。「ひかりの輪」代表の上祐《じょうゆう》史浩さんとのトークだ。上祐さんは元オウム真理教の幹部だが、今はオウムを完全否定し、自己批判し、脱却している。自らの反省と懺悔《ざんげ》を含め、今は（宗教ではない）開かれた、哲学的な勉強の場を作っている。自らはサリン事件に関わっていないが、事件被害者たちと話し合い、賠償を続けている。また、何故あんな事件が起きたのかを徹底的に分析し、反省し、二度とあのような事を繰り返してはならないと、何冊も本を出し、呼ばれればどこにでも行って話している。徹底的に批判・罵倒されるのを覚悟でテレビの討論番組にも出ている。

これは潔いと思うし、ちょっと他人には真似できないと思う。サリン事件の時はロシアに追われていて事件のことは何も知らなかったのだし、普通なら、「自分は騙《だま》されていた。自分も被害者だ」と言って、逃げるだろう。そして全く別の所で生き、仕事をするだろう。でも上祐さんは、かつて麻原彰晃を信じ、運動したという責任を感じ、過剰なまでにそれを背負い、賠償する。宗教が何故、暴走したのか。その原因と背景を分析する。いまだ麻原の呪縛から脱却できない人とも話し合って脱却を助けている。最も損なことを自ら進んでやっている。オウムの犯罪と失敗について一番明確に話してくれるのは上祐さんだと思う。だから僕は、新宿のロフトプラスワンや西宮、姫路、札幌などで、トークをした。一緒に本も作っている。

東大、京大を初めとした優秀な学生たちが大量にオウムに入った。また著名な学者やタレントが麻原を絶賛し、「現代のキリストだ」とまで言った人もいた。今となっては「愚かだ」「なぜ騙されたんだ」と嘲笑することも可能だ。しかし当時の絶賛と熱狂は凄まじかった。

「朝まで生テレビ」でオウム真理教と幸福の科学が出て闘った時だ。朝生始まって以来の高視聴率だった。この時はオウムは坂本弁護士一家を殺害した後だった。でも僕らは知らない。5時間の討論を見終わって感じたことは何か。オウムの信者は真剣に、真面目に修行している。ひたむきだ。「幸福の科学」とは比べものにならないくらい深く修行を積んでいると思った。司会をしていた田原総一朗さんも局のスタッフもそう思ったという。僕もそう思ったし、「こんな真面目な人たちは殺人などやってない」と思った。ストイックでピュアなものを求める人々の気持ちにフィットするものがあった。

ところが彼らは殺人をやっていた。そして、その狂気はさらにエスカレートしサリン事件になる。サリン事件が起こり、それがオウムの犯行だと分かった時、世間は掌を返したようにオウムを批判し、罵倒した。オウムを全否定した。信仰のカケラもなく、超能力も嘘であり、初めから犯罪集団だったのだと。彼らの教義も修行も嘘でありトリックだったという。確かにそう言って否定したら楽だろう。手品の種あかしをするように断言する人もいるが、僕には納得がいかなかった。それだけではない。だって、今でも麻原を信じている人間がいるし、「オウムはサリン事件をやってない」と謀略説を唱える人もいる。

そんな時、上祐さんの話を聞いて、ストンと納得できるものを感じた。世の人々は、麻原を否定する時に、「超能力は嘘だ」と言って、そこから麻原を全否定しようとする。だが身近にいた上祐さんは違う。勿論、麻原を否定する。だが超能力はあった。あったかもしれないと言う。特に人の心の中を覗くことにかけては信じられない能力を持っていた。その上で上祐さんは言う。麻原は特殊な能力を持っていた。超能力といってもいい。だが、超能力を持っているからといって、いい人とは限らない。ガーンと頭を殴られる思いだった。これこそが真実だと思った。

大昔、人間が文明から遠く離れ、自然そのままの生活をしていた時、自然の変化やその予兆を知ったであろう。今から見たら、その人たちは超能力者だ。だから今、超能力を持っている人がいてもそれだけで「いい人」とは限らない。むしろ大昔の人間の生活に戻っているだけかもしれない。超能力は進歩ではなく「退化」なのだ。

そんなことを教えられた。また、オウムの膨張・末路は、大日本帝国の膨張・末路と似ているという。日清・日露の戦争に勝った日本は、膨張し、思い上がった。日本は神国だから勝ったのであり、負けるはずはないと思った。そしてアメリカとの戦争に向かった。オウムも何度も危ない時がありながら切り抜けた。警察からも逃れた。これは自分たちが神に守られているからだと思い、さらに暴走することになる。

神に守られているという誤った選良意識。だから何でも出来るのだという思い上がり。錯覚。これは両方に共通しているという。長野でもその話を詳しくしてくれた。この日の会場は、「インディア・ザ・ロック」という、お酒の飲めるお店だった。奥に小さな舞台があり、楽器をひいたり、トークも出来る。ライブハウスだ。一般の人も多かったし、地元の新聞、テレビの人もきていた。実は、会場が決まったのは２日前だ。本当は、１カ月ほど前から会場を借りていた。ところが公安警察や公安調査庁が、「なぜオウムに会場を貸すんだ」と圧力をかけた。もうオウムではないし、その反省を込め、二度とあのようなことが起こらないように話をしているのに、警察はひどい。その会場は警察の圧力に負けて、急に貸せないと言い出した。そして新しい会場探しに忙殺され２日前にやっと決まったのだ。「レ・ミゼラブル」のジャン・バルジャンのようだ。刑務所から出て必死に善人になろうと仕事を探すのに、警察はそれを阻止し、追いつめていく。「もう一度犯罪を犯せ」といわんばかりに追いつめる。元オウムの人たちも、反省し、オープンに勉強し、多くの人にオウムの失敗・愚かさを教えているのに警察は邪魔をする。「立ち直るな」「もう一度、危ないことをやれ」と悪の道に追い立てているようだ。これは記者会見をやって、どっちが危険かを訴えたらいい、と僕は言った。

２月10日（水）「座・高円寺」で、〈ドキュメンタリー・フェスティバル〉をやっている。この日、５時半からは森達也監督の「Ａ２（完全版）」の上映。そして上映後、トークがあった。森達也監督と田原総一朗さん、それに安岡卓治さん（映画プロデューサー）。さらに特別出演でアーチャリー（麻原の三女）が出る。この映画には高校生のアーチャリーが映っており、その全てをカットしたという。この日の完全版ではそれが復活していた。アーチャリーに配慮してカットした。しかし和光大学に合格しながら、「麻原の娘」と分かって合格を取り消された。あの時は、これはおかしいと反対運動が起こり、僕も大学に行った覚えがある。

久しぶりに「A2」を見て思ったことがある。サリン事件後、オウムは解散し、アレフになる。しかし、どこに引っ越しても住民運動や右翼の抗議で、追い出される。「オウムは出ていけ！」と。どこまでもついてくる。警察が住民や右翼を煽り立てているのだ。しかし、元オウムの人たちが全て解散し、全員、地下にもぐってしまったらかえって危ないだろう。一カ所に住み、24時間、警察に監視されている。人の出入りも全て分かる。そこまで追いつめている。非合法闘争はやらないし、全ては合法的にやろうとしているのに、こんなに弾圧する。弾圧にたえかねて牙をむくのを待っているようだ。

「A2（完全版）」の上映もよかったし、その後のトークもよかった。田原さんは森さんやアーチャリーにもズバズバと質問する。まるで「朝まで生テレビ」のようだ。「A2」を撮る上での苦労話や、何が問題なのか…についても熱く語っていた。

映画を見ていて奇妙なことに気がついた。元オウムの人達はどこへ行っても追い出される。ある時、「話し合え！」と要求した右翼に対し、元オウムは「じゃ話し合いましょう。部屋に来て下さい」と伝えるが、警察が中に入らせない。「会うと危ないから」と警察は言うが、違う。冷静に話をされると困るからだ。「対立」し、「喧嘩」していてほしいのだ。だからこそ警察が存在する理由がある。

昔、日教組の委員長だった森越康雄さんと対談したことがある。日教組大会には全国から右翼団体が押しかけて抗議する。森越さんがまだ若くて青年部長の時、右翼の抗議を聞き、抗議文を受け取る係をしていた。ある時は、老人の右翼の人が来て抗議文を渡す。「何か言いたいことはあるか！」と怒鳴った。森越さんは「お身体に気をつけて頑張って下さい」と言った。全く思いもかけない事を言われ、老右翼は涙を流した。「お前はいい奴だな」と。そこへ警察が割って入り、右翼を帰した。理解し合ってもらっては困るのだ。あくまでも「対立」の構図を作っておかなくては。

2月17日（水）午後6時半。代官山のライブハウス「晴れたら空に豆まいて」で上祐史浩さんとトーク。2月5日に長野市でトークをやったので今月2回目だ。10日にアーチャリーに会ったし。また、アレフの荒木浩さんとも時々会う。12月27日（日）の安田好弘弁護士の忘年会でも会って話をした。元オウムの人達もアレフやひかりの輪とは別に独自の活動をしているし、一緒にやることはない。三者と会っているのは僕ぐらいだ。これが右翼や左翼だと、こんな立場は許されない。「どっちをとるのかはっきりしろ」と言われる。その結果で敵か味方か決められる。

代官山での上祐さんとの対談は、長野での対談の続きのような話になった。それに、この日のテーマが凄い。〈テロ・暴力…混迷の時代を生き抜くには？　未来を切り拓く思想〉。こんなにおとなしく、合法的に活動し、全てオープンにやっているのに上祐さんたちは、警察に徹底的にマークされ、嫌がらせをされている。おとなしい、合法的な団体になってもらっては困るのだろう。もっともっと危ない集団になり、地域住民や右翼と喧嘩し、問題を起してほしいのだ。それでこそ警察も存在価値がある。公安（警察）があるが為に起こる事件はかなりある。「そうです」と言って話に入りこんできた人がいた。元警視庁刑事（公安）の北芝健さんだ。面白そうだから聞きに来たという。北芝さんも入れて、宗教、右翼、表現の自由について熱く語り合った。

第45回

死刑をめぐる実験映画

『創』16年5・6月号

植垣康博さんと（16年3月20日）

3月19日（土）から25日（金）まで、大阪十三《じゅうそう》のシアターセブンで映画「望むのは死刑ですか考え悩む〝世論〟」が上映された。連日上映後トークイベントが開催された。初日の3月19日（土）は監督の長塚洋さん、被害者遺族の原田正治さん、そして僕の3人が話をした。原田さんはこの映画にも出演している。映画のパンフレットには原田さんのことをこう紹介していた。

〈一九八三年「半田保険金殺人事件」で末弟が殺害され、事件の10年後、被害者遺族として加害者との面会に臨む。以後、彼の死刑停止および面会継続を求め活動を開始し、犯罪被害者の救済支援および確定死刑囚との面会の自由を主張し講演活動等を行っている。被害者と加害者との出会いを考える会Ｏｃｅａｎを設立、著書に『弟を殺した彼と、僕。』（ポプラ社。２００４年）〉

この経歴を見ると誰もが驚く。弟を殺され、「犯人を極刑にして下さい」と裁判で証言していた原田さんだ。それがどうして犯人と会う気になったのか。その心の苦悶が映画の中でも語られている。会わないで、ずっと憎み、怨んでいる方が精神的にはラクだっただろう。毎日のように手紙は来ても初めは見ない。いくら謝罪の言葉が書かれていても、もう手遅れだ。一切、手紙は見ない。早く処刑してくれと思う。しかし、ある日、どんなことを書いているのかちょっと読んでみるか、と思った。「魔が差したのだ」と原田さんは言う。他の手紙も読んでみた。今は毎日のように手紙で謝罪し、懺《ざん》悔《げ》している。だったら何故、あんなことをやったんだ。疑問も湧《わ》く。よし、面会に行って直接、問いつめてやろう。思い切り面罵してやろう。そう思って面会に行った。そして何度も行った。

会う中で原田さんの心の中に不思議な変化が生まれた。決して許したわけではない。でも死刑になれば全て解決するのか。被害者遺族の心は解放されるのか。そんなことはない。むしろ、生きて謝罪し、懺悔し続けてほしい。そして彼の死刑停止を求め、面会をずっと継続させてほしいと法務省に訴えた。本当ならば被害者遺族の気持ちが最優先されるはずだ。被害者遺族は皆、死刑を望んでいる。それ以外では遺族の恨みや絶望は癒《い》されない。だから死刑にするのだ。つまり、遺族の気持ちが死刑制度存置の大きな根拠になっている。原田さんの場合は、その被害者遺族が「死刑にしないでくれ」と言っているのだ。でも被害者遺族の切実な叫びは無視された。

そしてある日、死刑は突然執行された。原田さんは愕《がく》然《ぜん》とした。数年前ならば、死刑によって気分が晴れただろう。ところが今は達成感も充実感もない。逆に刑を執行した法務省に猛然と腹が立った。許せないと思った。そして今は死刑反対の運動をやっている。全国で講演活動も続けている。仲間の人達と一緒に「死刑反対」の署名を集めていた。地方の駅前だ。そこに怒鳴り込んできた男がいた。「何が死刑反対だ！　お前らに被害者遺族の気持ちが分かるのか！」と。「被害者遺族は皆、死刑にしてくれと言ってるんだぞ！」と。それを聞いた仲間の人が原田さんを指差して、「この人が被害者遺族です。話し合いますか」。怒鳴り込んできた男はあわてた。「あっ、いかん。汽車が出る時間だ。急がなくちゃ」と言って、そそくさと去っていった。

原田さんは自分の気持ちの変化、葛藤について著書『弟を殺した彼と、僕。』の中で詳しく書いている。読んだが信じられなかった。被害者遺族なのに何故、死刑反対運動をしているのか。この後、東京で原田さんの話を聞いた。圧倒された。こんな気持ちになれる人がいるのかと驚いた。弟を殺されて、その犯人を怨まず、さらに死刑反対の集会に出、デモ行進にも参加している。こんなこと、僕らだったら絶対に出来ない。まるで神のような人だと思った。

原田さんとは何度か一緒に対談している。会うたびに教えられることが多い。また原田さんは獄中にいる死刑囚を何人か紹介してくれた。光市事件の青年に会ったら、「あっ鈴木さん、『ゴー宣』で見てたので初めての気がしません」と言う。実にしっかりしているし、静かに反省、謝罪の言葉を語る。これには驚いた。マスコミで読む限り、奇矯《ききょう》な発言が目についた。死体を押入れに入れたら、ドラえもんが生き返らせてくれる。そんなことを大真面目に言う。本当に彼が言ったのかどうか分からない。そう伝えられた。変だなと思ったし、病気なのかもしれないと思った。でも会ってみると全く違う。しっかりとしている。冷静に事件のことも話し反省している。

また原田さんに連れられて20代の若い死刑囚に会った。仲間と徒党を組んで悪さをし、道で出会った初対面の人に次々と喧嘩を吹っかけては暴行し、殺す。獣のような行為だ。いや、獣だってこんな酷いことはやらない。「こんな奴らは死刑だ!」と心の中で叫んでいた。後に全員が逮捕され、その中でも主導的だった3人に死刑が宣告された。獄中では朝から晩まで、「なぜあんなことをしたんだろう」「なぜ逃げなかったのか」「止められなかったのか」と反省と懺悔ばかりだ。何を考え、何を反省しようとも全ては手遅れだ。でも毎日毎日、反省と懺悔を繰り返した。

彼に会う時も気が重かった。自分の身の不運を嘆き、「何で俺だけが死刑なんだ」と他を怨むのだろう。そう思っていた。ところが違う。彼は晴れ晴れした顔で言う。「僕は死刑を宣告され、そのうち死刑になるでしょう。でも幸せです」と言う。えっ？と思った。聞き違いをしたのかと思った。「もし捕まらないで逃げていたら、自分は獣のままでした。それを考えると、ゾッとします。幸いにも捕まり、ここの先生たちや面会に来てくれる人と出会い〈人間〉になれたのです。だから死刑になっても幸せです」

驚いた。涙が出るほどの衝撃を受けた。これから殺されるのに、それでも、幸せだという。人間として目覚め、そして死んでゆく。捕まってよかった、と言う。もし自分だったら、こんな心境にはなれない。狂ったように絶叫し、身の不運を嘆き、他人を怨むだろう。ところが彼は、幸せだという。「神」になっていると思った。しかし、凶悪犯を反省させ、神にし、そして殺すのだ。死刑制度は残酷だ。

大阪のシアターセブンでやったトークの話に戻る。この映画はかなり変わった映画だ。実験映画であり、討論映画だ。大勢の人が集まって死刑について論じる。ただ、テレビ討論でやるような言いっ放し、怒鳴り合いではない。東京圏在住の135人の参加者（20歳〜68歳の男性68名と女性67名）は、2日間における講義と小グループでの話・意見交換後に死刑に対する意見を再度考える。たった2日間の実験で量的変化はあまり見られなかったが、参加者の質的変化は明らかだった、という。

この映画「望むのは死刑ですか」のサブタイトルは「考え悩む〝世論〟」と付いている。世論は「国民の8割が死刑に賛成」だ。いろんな調査でもこの数字は変わらない。圧倒的多数が支持しているのだ。でも実はこの8割は死刑についてよく知らない。その実態も、効果も、「凶悪犯罪の抑止になっている」と漠然と思っている人が多い。では、一般市民135人に集まってもらい討論をし、講演を聞き、それでどう考えが変わったか。その実験をやる。

この135人の集め方が問題だ。保守的な雑誌が呼びかけたら、死刑存置が圧倒的になる。また左派的な市民運動がやったら死刑反対が圧倒的になる。だから「国民の8割が死刑支持」という世論と同じものをつくる。世論の縮小版だ。つまり「死刑存置が8割」になるように集めたのだ。市場調査の会社が、まず死刑に賛成か反対か書いてもらい、それを基に、死刑賛成の人が8割になるように集めた。これはすごい。その後は――(映画のパンフレットによると)

〈2日間の調査ではまず弁護士や専門家、犯罪被害者などから話を聞く。続いて、市民どうしで意見を述べ合う。すると市民たちは、さまざまな反応を示し始めた。死刑に反対する被害者も存在すると知って「死刑支持が揺らいだ」という若者。死刑が犯罪を減らすとは証明できないと知って「もっと苦しい刑罰が必要かも」と言いだす中年男性。冤罪による死刑判決の多発に、とまどう若い女性。知ることで初めて悩み、自分とはまったく違う意見に触れて悩み、当たり前と思ってきた考えを揺さぶられる〝世論〟の担い手たちを、カメラは捉え続ける〉

まさに実験映画だ。お互いに知らない一般市民が集まって討論するから出来たとも言える。2日間の間に、自分の考えがどう変わったかを素直に発表する。もし名の知れた政治家や評論家、ライターてしまうからだ。考えを変えたら、終わりだ。変節漢といわれる。もう仕事はこない、と思ってしまうからだ。だから敢えて「一般市民」を集めたのだろう。映画館でのトークは1時間以上。客席からの質問も受ける。犯罪を研究している大学の先生もいて、議論も深まった。原田さん、長塚監督とはトーク後も外の居酒屋で遅くまで話をした。

死刑反対運動では原田さんの存在が大きい。一番、説得力がある。でも「神」になった原田さんの試練はまだ続いている。犯人をただ、ひたすら憎んでいる間は家族も支援グループも一緒だった。ところが原田さんは犯人と会い、さらに死刑反対運動までやっている。まわりの人たちは理解できない。原田さんも説明しようとするが、聞いてもらえない。仲間を説得するのが実は一番難しいのだ。「なんだ、原田さんだけがいい格好をして」となる。家庭でも言い争いが続き、奥さんとは離婚。また自らも病に倒れ、今も喋るのはかなり不自由だ。でも必死で頑張っている。僕は原田さんを「神」とも思っているし、その後の〈試練〉も見てきた。両方における闘いをもっと聞いてみたい。対談かインタビューか、原田さんの本を何とか作ろうと今、考えている。

3月20日（日）、午前中、原田さんとあべのハルカスに行く。ビルとしては日本一の高さだ。午後、原田さんと別れて静岡へ。元連合赤軍兵士の植垣康博さんがスナック「バロン」をやっている。植垣さんは逮捕されて27年間刑務所にいた。出所後に静岡市でスナックをやっている。スナックを開いて15年目だ。そのお祝いも兼ねて、「スナック・トーク」をやる。お客さんを相手に、日本の現状、今後について話す。

第46回

信仰と愛国心

『創』16年7月号

花房東洋氏(右)、魚谷哲央氏(中央)

5月15日(日) 朝の新幹線で名古屋へ。そこで乗り換えて岐阜へ。午前11時半から岐阜護國神社。大夢館創立50周年大会に出る。五・一五事件の三上卓さんの遺志を継いで花房東洋氏が岐阜に大夢館を創立した。それから50年になる。でもその前から僕は花房氏を知っている。共に「生長の家」の活動家だったからだ。当時の「生長の家」は非常に愛国的な宗教団体だった。「宗教は本来、個人の病を治し、心の平安を得るためのものだ。しかし今、日本そのものが病に苦しんでいる。危篤だ。日本を救うために立ち上がれ」と言われた。街頭で演説、デモをし、大学では左翼学生と闘った。

この危機の時代に僕は早稲田に入り、全共闘と闘った。赤坂乃木坂にある「生長の家学生道場」にいた。ここは全国から35人の学生が集まり共同生活、修行をする道場だった。昼は大学に行くが、朝晩は宗教行事があり、修行の毎日だ。朝は4時50分起床。お祈り、先生の講話、国旗掲揚、清掃、体操…があり朝食。夜もお祈り、輪読会がある。35人も学生が共同生活をしているので、「生長の家」の行事にも駆り出され、車の誘導、会場整理係をさせられた。また革命の危機から日本を救う為に、デモ、街宣をし、紛争中の大学にも集団で行き、左翼学生と闘った。

原宿には「生長の家」本部があり、そこには信仰と愛国心に燃える本部職員が多数いた。また東京の飛田給道場を始め、河口湖、宇治、長崎などに「生長の家錬成道場」があった。肉体的、精神的な病を治したいと思う人が数日間、あるいは10日も泊り、修行する。中には長期の特別練習生もいた。自分の病を治し、さらに日本のために闘いたいと思う人。あるいは親にも見放された不良や非行少年もいた。このままでは警察に逮捕され、少年院に行くしかない。そんな非行少年たちが集められ、修行していた。若い時にヤクザで、人を殺して、網走刑務所に入り、中で「生長の家」に触れて改心した野尻稔さんという人が飛田給の先生をしていた。この人が、全国から来た非行少年たちの面倒を見ていた。その非行少年の一人が花房氏だった。

この飛田給の長期練習生、そして「学生道場」の学生、さらに「生長の家」本部の若い職員たち。この三者が集まって、「特別行動隊」が作られた。日本の革命を防ぎ、イザという時は「生長の家」の先生がたを命にかけて守ろうとした。三者は集まって勉強したり、実地の訓練活動もした。ただ花房氏などは、いい思い出はないらしい。「非行少年のくせに何が愛国だ」と貶《さげす》んだ眼で見られる。「自分たちはエリートだ」と思っている学生道場の人間は特に嫌だったという。「鈴木さんなんかは特にその意識が強かった。露骨に蔑視されていた」と花房氏は今でも言う。蔑視していたわけではないが、この日本を救うのは俺たち学生だ、という意気込みと誇りは確かに強かったと思う。「それなのに何故、愛国心もない非行少年たちと一緒に訓練させられるんだ」という不満はあった。

花房氏は決して「親に見放された非行少年」ではなかったという。愛国心に燃えた純粋な青年だったという。その証拠に、道場を出た後、三上卓、野村秋介氏らと会い、愛国運動の世界に入る。今は、5月15日は毎年、岐阜護国神社で大夢祭を行っている。五・一五事件の決起者の側にだけ立つのではない。殺された犬養毅首相や殺された警察官も一緒に追悼している。「生長の家」にいたからこその発想だろう。また日常生活の中でも、「生長の家」で教わったことがフッと浮かんできて、救われることがある、と言う。

宗教と愛国心は似ている、と思った。どちらも自分の胸に秘めておけばいい。それに基づいて生活する。それが結果に出る。それだけでいい。大声で言い立てるのは違うだろうと思う。

5月17日（火）午後6時。「鈴木邦男シンポジウムin札幌時計台」。2カ月に1回、時計台の講堂で講演とトークをやっている。今日は19回目で、ゲストは麻原彰晃三女・松本麗華さん（アーチャリー）だ。テーマは「止まった時計＝父・麻原彰晃と私」。２０１５年、本を出し、マスコミの取材にも答えている。また、いろんなところでトークや座談会にも出ている。しかし、１００人以上を前にして1時間も話すなんて、やったことがない。無理ですよと、始まるまで悩んでいた。しかし、イザ始まると、実に堂々としている。人々の心に直に飛び込み、はなさない。感動的な話だった。今まで19回講演会をやっているが、そのうちでもトップクラスだと思う。初めは興味半分の人もいただろう。あるいは反発していた人もいただろう。しかし、彼女の話には皆、感心して聞き入っていた。もしかしたら、麻原彰晃という人物の「いい面」だけを全て受け継いでいるのかもしれない。また内部にいた者にしかわからないオウムの話。さらに何故、オウムが暴走したのか。彼女の見た事実を語る。これは貴重な話だ。あんな極限状況に生を受け、信じられないような環境で育った。どうして私だけが不幸なんだ、何であんな親のもとに生まれたのだと、親を恨み、世の中を恨んでもいい。普通ならそうなる。しかし麗華さんは明るいし、人を恨まない。また人のせいにしない。これは驚きだ。

サリン事件などは麻原の独裁下で起こったのではなく、省庁制にして権力を分散させた、いわば民主制にしたために起こった事件だという。弟子たちは、麻原に都合のいい情報だけを入れ、競い合ったという。麻原独裁ならばあのような事件は起こらなかったと言う。麻原を信じているのだ。

あの事件を大きな反省とし、ではこれから宗教はどうあるべきか。今、宗教は本当に必要なのか、などについても麗華さんとかなり話し合った。麗華さんは学校に全く行かず、独学で勉強し、和光大学に入学したが、麻原の娘だと分かり、入学が取り消されている。酷《ひど》い話だ。あの時は、僕も抗議のシンポジウムに行ったことを覚えている。その後、麗華さんは他の大学に入り、心理学を学ぶ。その関係の仕事をしたいという。とても努力家だし、明るい面のみを見つめて歩いている。1時間、皆の前で話すことでも一人で悩み、練習したようだ。そして自分の可能性に挑戦していく。すごいと思う。一緒に来たお姉さんも驚いていた。「初めて聞いた。あんなに話が出来るとは思わなかった」と。無限に成長する人なんだ。学校などでも教えてほしい。

僕も宗教に縁が深い。高校時代から「生長の家」の運動をしていた。それが元になって、右翼・民族派の学生運動をやることになった。そして、青年、中年運動だ。危ないことも沢山あったが、バックグランドにあった宗教に助けられたと思う。あまり大きな声では言わないが、「心の持ちよう」などは昔、教わったし、今、助けられていると思う。

人間は、常に「成功」するわけではない。失敗も多い。「失敗したり成功したり」だと思う。ところが内田樹さんによれば、そんなのはトップの何%かの人間であり、一般の90%以上の人間は、ずっと「負けたり、負けたり」だという。人生は負け続けなんだ。その時、どう思い、どう立ち上がれるかだ。全てを他人のせいにしていたら不満だけで、立ち上がれない、寝たきりになる。

失敗しないように、ビクビク歩くか。それもムリだ。失敗は必ずある。じゃ、失敗した時、どう「受け身」をとるか、だと思う。宗教をやった人や左右の学生運動をやった人たちは、失敗した時の「受け身」を知っているのだと思う。僕は宗教の体験や、昔、教えてもらった「生長の家」の先生方のお話。また今もたまに読むが、「生長の家」の本だ。宗教体験がいい「受け身」になっている。あっ、あの時、こんな話を聞いたな、と思い、ホッとすることが多い。さらには、柔道、合気道をやっていることで、こちらは本物の受け身がある。また「お笑い」は随分と聞きに行ったり、落語、漫才の人などにも会う。その中で、世の中のことを楽に考えられるようにもなったと思う。その意味では、いろんな「受け身」を教えてもらい、本当によかったと思う。

翌18日（水）昼、札幌・千歳から飛行機に乗ったら、バッタリ、鳥越俊太郎さんに会った。前の日は小樽で、お坊さんばかりの集まりに呼ばれて講演してきたという。そんな形でオープンに宗教の話が出来ることがいい。僕は、昨日は麻原彰晃三女のアーチャリーと講演会をやってきたんですよ、と言った。そして「今、宗教はどうあるべきか」「どう付き合うべきか」の話をした。

「そうだ今、これを読んでいるんです」と一冊の本を取り出す。菅野完さんの『日本会議の研究』（扶桑社新書）だ。「古本屋だと10倍で売ってますよ」と言う。日本会議はこの本を出した扶桑社に対し、「本を回収しろ」と訴訟を起こしている。

日本会議の人たちは安倍政権を支え、憲法改正をやらせようとしている。強力な市民運動だ。「でも、この人たちは鈴木さんの昔の仲間なんでしょう。鈴木さんのことも出てくるし」と鳥越さんは言う。そうなんだ。「生長の家」が中心になって右翼、民族派の全国組織を作り、左翼と闘った。「全国学協」が出来、初代の委員長は僕だった。しかし、人徳がなく、組織力もなく、すぐに解任されて追放された。その内ゲバがなかったら、今も一緒にやっていたかもしれない。あるいは、「生長の家」の本部に入るとか。でも、どこに入っても長続きはしなかっただろう。それに、60代、70代になってから追放されたら、もうやり直しができない。20代後半という早いころ追放されてよかったと思う。おかげで、もっと広い世界で闘うことが出来た。

また、70年から4年間、産経新聞にいたがそこもクビになった。高校でも一度、退学になっているし、クビ・追放の連続だ。当時は悔しがったり、反発して喧嘩もしたが、今はよかったと思っている。どんな小さな組織にいても、居心地がよかったら、ずっと居つく。自分からやめられないから、他の力で、外部に押し出してくれたのだろう。そう思っている。別に負け惜しみではない。本当にそう思っている。こういうふうに考えられるのも「生長の家」の教えを受けたからだと思う。

5月21日（土）　仙台。午後5時半から、東北学院榴ヶ岡高校の同窓会だ。２００人以上が集まった。僕は反抗的な生徒で、一度は退学になったが、姉のすすめで、半年間、教会に通い、懺悔《ざんげ》の生活をし、やっと退学を取り下げてもらい、1年遅れて卒業、そして早稲田に入る。今は、ちゃんと卒業生として同窓会にも呼んでもらえる。ありがたい。あの時は反抗していたが、今は感謝している。キリスト教を勉強したおかげで、ドストエフスキーやトルストイを読んでも分かる。

第47回

追放されてよかった

『創』16年8月号

佐高信さんと日本会議について話す（16年6月17日）

6月16日（木）午後1時から2時20分、BS朝日の「激論！クロスファイア」に出る。田原総一朗さん、中島岳志さんと「なぜリベラルは力がなくなったのか」について話す。中島さんは保守を自認するが、リベラルだ。「鈴木さんは昔は極右で暴れていて、でも今はリベラルと言われる」と田原さん。そうなんだ。時代の軸が大幅に右に傾き、僕は置いていかれた。「でも時代が急激に進む時にこのままでいいのかと疑問を持ち、寛容の心を持つのが保守なんです」と中島さん。「だから保守とリベラルは共存できるんです」と。そうか、寛容の精神が保守なのか。それにしても今の「保守」はかなり荒っぽい。愛国心を押しつけ、憲法改正を強行しようとしている。この保守の自民だけが強くて、他のリベラルはなぜ弱いのか。自民の戦略のうまさもあるが、リベラルの頼りなさもある。本当は国民があって憲法があるのに憲法がまずあって国民があるような感じだ。憲法を改正し、軍備を増強すれば自分たちも強くなれると錯覚する。逆なのに。改憲し米軍と共に自衛隊を外に出す。それによって国民の権利や自由は大幅に抑圧される。今、改憲する意味はない。今の自民党のような改憲には三島由紀夫だって（生きていたら）反対しただろう。

番組が終わって、「保守といえば凄い団体ができたね」と「日本会議」の話になった。「鈴木さんの昔の仲間でしょう」と聞かれる。そうなんだ。最近はどこへ行ってもその話ばかりだ。

6月17日（金）午後6時半から九段下の寺島文庫に行く。そこで佐高信さんと対談。今回のテーマはズバリ「日本会議の正体」。菅野完さんの『日本会議の研究』（扶桑社新書）が売れに売れている。「安倍政権を動かし憲法改正をさせようとしている。凄い力をもっている。この本を読むと後半に鈴木さんのことが出ている。全共闘と対決し、昔は一緒に闘ってたんですね。それで全国学協をつくって初代の委員長になった。ところが1カ月で解任されてしまった」

そうなんですよ。年長だからということで委員長に推されたが、運動は伸びないし、人徳はないし、その責任をとらされて解任された。僕の替わりなんかいくらでもいた。その全国学協の学生たちが、青年協議会をつくる。そして「日本会議」の中心になっている。全共闘と闘い、自治会を取ったりした。命がけの闘いだ。その体験があるし、実務能力もある。今までの右派、保守とは全く違う。有能だし、真面目だし、実務能力がある。それで安倍さんたちにも信頼がある。

大体、自民党に近づく若者というのは利権か金だ。議員秘書になり、行く行くは議員になりたい、あるいは金だ。ところが日本会議の人たちはそうした野心が全くない。真面目だ。それに地方議員も多いし、よくまとまっている。元号法制化の時も地方議会で議決をし、中央に攻め上る。中央と地方、両方からの戦略を持っている。自民のシンパ、保守といえば、口先だけの人が多い。ところが彼らにはきちんとした戦略があり、戦ってきた実績がある。だから強い。全共闘と闘い抜いてきたからだ。

長崎大学を始め全国で自治会選挙に勝利し、「民族派全学連をつくろう！」と言っていたこともある。すごい力だ。

『週刊金曜日』では「日本会議」の特集号を出しているし、そこにも僕は書いている。「昔の学生運動仲間だ」ということで、いろんな週刊誌から取材された。しかし「真面目で、実務能力がある」とばかり言ってると、「昔、追い出されたんでしょう。恨みはあるでしょう。もっともっと激烈に批判して下さいよ。でないと面白くない」と言う。それでボツになった記事が多い。

「全国学協の委員長を解任されたから、恨みはあるはずだ。それをぶちまけてほしい」と言う。しかし、ないのだ。あの時、解任されなかったら、今も一緒に運動をやり、「日本会議」の運動もやっていたかもしれない。でも、学生時代に解任されて本当によかったと思っている。どんな小さな団体でも、そこに所属していたら愛着がわく。これが大きくなったら、理想の社会が実現されるのだと思う。だから、辞められない。

それに当時は「生長の家」の学生が中心にやっていたが、生長の家は生政連という政治団体を持っていた。玉置和郎さんや村上正邦さんを始め多くの国会議員を出していた。今は生政連もなくなったが、あったら、昔の学生運動仲間は皆、国会議員になって活躍していただろう。それだけの能力のある人たちだ。昔は僕も、選挙には出れないだろうが、それをサポートする側にはなろうと思ったことがある。また「生長の家」本部に入り、宣教師のような生活をしたいと思ったこともある。しかし、やらなくてよかった。後になってから疑問や対立点が生まれ、今頃になって追放されたら、もう「やり直し」はきかない。学生時代に追放されてよかったと思う。

追放されたおかげで、もっと広い大海に出ることが出来た。連合赤軍やオウム真理教の人、新左翼の人たちにも会うことができた。イラクや北朝鮮にも行けた。解任されていなかったら、とてもこんなことは出来なかった。その中で、自分の「愛国心」を客観的に見ることもできた。これは大きな体験だったと思う。

6月18日（土）落語家の快楽亭ブラックさんの毒演会。新宿二丁目の「道楽亭」で。落語の後、二人でトーク。またもや「日本会議」の話になった。今、皆の関心はそこにあるようだ。「すごい血なまぐさい闘いと陰謀があったんですね」とブラックさん。地方で活動し、左翼学生から自治会を取り戻し、自分が全国学協の委員長になれると思った人が、いきなり鈴木にそのポストを奪われた。そして、何とか追い落とそうと周到に計画し、追いつめてゆく。それがドラマを見るように迫力あった。そうか。そんな風に見てたのか。驚いた。推されるままに委員長になったが、配慮が足りなかったのだ。不徳のきわみですよ。無能なのに委員長になったのが悪かったんだ。

「それに、解任されたことは全く恨みに思ってませんよ」と言った。解任されたおかげで、実に多くの人に会い、自分が磨かれた。快楽亭ブラックさんとは竹中労の集会で初めて会った。二人とも凄い人だ。竹中労との出会いがなかったら、今の僕はなかった。全国学協、保守運動をやっていたら「左翼アジテーター」の竹中労とは出会えなかっただろう。また「変態落語家」のブラックさんなどとは一生会えなかっただろう。

最近、『〈愛国心〉に気をつけろ！』（岩波書店）という本を出した。そんなタイトルの本だって、昔ならば出せなかった。『がんばれ！新左翼』とか、『連合赤軍は新選組だ！』とか、『愛国者は信用できるか』…など、こんな本はとても出せなかった。やはり、解任されたおかげだ。あの時はそれが分からず抵抗したり、揉めた。しかし今は、むしろ解任されなかったらどうなっただろう、日本会議について行き、そして「保守派」として叫んでいたか。

岩波の『〈愛国心〉に気をつけろ！』の帯にはこう書かれている。

「日本への愛を汚れた義務にするな！」

三島由紀夫は「愛国心という言葉は嫌いだ」と書いている。当時はそれが分からなかった。「三島さんも困るよな。左翼に迎合して」なんて思っていた。それが分かるようになったのは、追放事件があったからだろう。そうでないと、三島の理解も浅いものになっていた。

三島由紀夫ともう一人いたな。知の巨人だ。福田恆存だ。今は右翼、右派という言葉ではなく、「保守派」という言葉をよく使う。にわか保守派が激増した。保守の源流といわれた福田恆存は今の「保守ブーム」をどう思っているのか。そう思っていた時だった。『滅びゆく日本へ＝福田恆存の言葉』（河出書房新社）が送られてきた。書いた人は佐藤松男氏。学生時代から知っている。福田恆存の信頼厚く、１９７０（昭和45年）、福田恆存を顧問とする「日本学生文化会議」を結成（後、現代文化会議と改称）。膨大な福田の著作の中から、テーマ毎にまとめる。「人間、この劇的なるもの」「文学とは何か」「伝統と近代化を問ふ」「平和と民主主義を疑う」…と。この整理・分類は本当に大変な仕事だ。我々がどの辺から勉強したらいいのか、いい目安になる。たとえば、「保守主義」についてはこう書いている。〈保守的な態度といふものはあっても、保守主義などといふものはありえないことを言ひたいのだ。保守派はその態度によって人を納得させるべきであって、イデオロギーによって承服させるべきではないし、またそんなことは出来ぬはずである。保守派が保守主義をふりかざし、それを大義名分化したとき、それは反動になる。大義名分は改革主義のものだ〉

そうか、今、「保守主義だ」と言っている連中は皆、「反動」なのだ。また、保守主義についてこうも言っている。

〈〝進歩〟もいいことなのですが、〝進歩主義〟といふと、進歩を第一の価値とするといふことで、私は反対するのであります。ですから、〝保守〟はいいことですが、〝保守主義〟といふことになると、保守を第一の価値とする。それに把《とら》はれるといふことで、私は、すべて〝主義〟がつくものは、眉に唾をつけてみるといふ習慣であります〉

保守というものには熱狂、過激なものに対する内省、寛容がある。ところが、「保守主義」となると、一切の批判や反対を許さないようになり、反動になる。そういうことなのだろう。

では、もう一つ。「愛国心」だ。これも今でも言えることだ。いや、今の我々にこそ言っているのではないか。

〈もし人々が愛国心の復活を願ふならば、その基は宿命感に求められるべきであって優劣を問題にすべきではない。あれこれの点において日本は西洋より優れてゐると説く愛国的啓蒙家は、その逆を説いて来た売国的啓蒙家と少しも変りはしない。その根底に西洋に対する劣等感がある。といふのは、両方ともに西洋といふ物差しによって日本を評価しようとしてゐるのであり、西洋を物差しにする事によって西洋を絶対化してゐるからである〉。

ウーン。やはり福田恆存は凄い、と思った。「全集」を読んでみようと思った。

第48回

右ですか？　左ですか？

『創』16年9月号

飛松塾で飛松五男さんと
(16年7月17日)

7月16日（土）午後6時から三軒茶屋にある世田谷ボランティアセンターに行く。「せたがやボロじゆうく」が主催だ。講演を頼まれたのだが、演題が変わっている。「鈴木邦男さん。あなたは右ですか。左ですか」。これが演題だ。2カ月に一度、この会は開かれている。「自由と民主主義を愛でる言論空間」と銘うって、変わった人、聞いてみたい人を呼んで話を聞き、その後、ビールを飲みながらのシンポジウムだ。僕の前には、「ろくでなし子さん、どうしてあなたは逮捕されたんですか」とか、「そうだったのか米日関係！」（猿田佐世氏）といった刺激的なテーマで講演とシンポジウムが開かれている。

あまり問題にしないようなテーマを、時には真剣に考えてみよう、ということなのか。ただ面白がっているだけなのか。僕はもう「右も左も超えた」と思っているが、この機会に少し考えてもいいだろう。結論から言うとパーセンテージの問題だと思う。「百％の右翼」「百％の左翼」なんていない。「百％の善人」と「百％の悪人」もいない。ここに集まった人たちは自分のことを善人だと思っているだろう。悪人なら捕まっているし、ここにこうして来られない。しかし、そうなのか。僕は自分のことを考えてみる。何度も喧嘩しているし、何度も捕まっている。赤報隊事件の容疑者にされたこともある。どうみても「善良な市民」ではない。だから「悪人」だ。反体制、反政府運動をしている人は、政府から見たら皆、「悪人」だ。デモに行っただけで、「テロリスト」と言われた人もいた。

上から見るか、横から見るか、下から見るかで変わる。右と左だってそうだ。ロシアでは昔ながらのマルクス主義者は守旧派であり、右翼だと言われている。「いや、今でも左翼の本道だ」と反発する人もいる。そうだ。右翼と左翼に善・悪の意味付けがついたのはロシア革命からだ。

初めは1789年のフランス革命だ。革命後の議会で議長から見て右の方に保守派の人が陣取っていた。左の方には急進派が陣取っていた。その議会は鳥が翼をひろげたように見えた。それで保守派は右の席（右の翼）に座っていたので「右翼」と呼ばれた。急進派は左翼だ。これが「右翼・左翼」の言葉の起源だ。でもフランス革命の後の議会だから、革命を認めた上での対立だ。王はもういない。王制に戻すかどうかなど、選択肢にない。フランス革命を認め、そこからもっと急激に改革を進めるか（左翼）、ゆっくり変革していくか（右翼）。それだけの差だ。つまり、「スピードの差」なんだ。右翼と左翼の違いなんて。どちらが善だとか悪だとか、そういう価値判断は入らない。

ところがこの「右翼・左翼」という言葉が外国に持ち出されることになる。そして善・悪の価値判断がつく。特にロシア革命だ。自分たちは左翼であると思い、それに反対する地主・資本家などは〈悪〉、〈敵〉として「右翼」と呼んだ。このあたりから、「左翼＝善、右翼＝悪」という言い方が広がった。大正時代に出来た日本共産党も「自分たちは左翼だ。だから正義だ」と言った。反動勢力や旧い階級は右翼だ、と批判した。それを警察も取り締まりの用語として使った。それで右翼・左翼という分類法が広まった。

自分を愛国者と思い、「日本の中心」だと思っている人は、こんな分類に我慢が出来ない。俺達は右翼ではないと言っていた。お上の分類になど従う気はなかった。じゃ吉田松陰は右翼か。西郷隆盛は右翼か。そんなことはない。大体、その当時、そんな言葉もなかった。我々は日本を愛し、日本を護《まも》る。日本の正道をゆく、右翼でも左翼でもない。そんな分類は無意味だ、と言っていた。

ところが、この警察の分類法を受け入れて、「俺達は右翼だ」と言い出すようになったのは60年安保以降だ。左翼革命が起こるかもしれないと恐怖した体制側や警察は、「反左翼」であれば何でもいい。あらゆる人々、勢力を動員して左翼と闘わせようとした。昔からの愛国運動をやっている人だけでは足りない。宗教団体も、ヤクザ、テキヤも、動員した。動員された側は、「そうか、お国の一大事の為に働けるのか。それが右翼か」と思った。右翼に誇りと自覚を持ったわけだ。「右翼団体」も急に増えた。街宣車をつくり、街で演説する。警察も甘い。むしろ協力する。革命になったら大変だと思う企業も右翼に献金する。「俺は右翼だ」と叫ぶ人々が増えた。

だから整理するとこうだ。フランス革命以後、右翼・左翼という言葉が発明された。二百数十年前だ。ロシア革命の後、日本にこの言葉が入ってきた。「左翼＝進歩的・善」「右翼＝反動・悪」として入ってきた。自らを左翼と自認する共産党の人々が言い出したのだから当然だ。自覚的な「右翼」が生まれるのは60年安保以後だ。それから50年。「右翼か左翼か」という分類法が広がった。人間を分類する時、これが最大の規準のように思われている。

たとえばテレビで誰かが喋っている。どういう立場・思想の人か分からない。「あいつは右翼だよ」、あるいは「左翼だよ」と言われると、急に分かりやすくなる。分類して安心しているのだ。自分の理解できるレベルまで落として、安心しているのだ。

これが「右翼・左翼」の言葉の来歴だ。7月16日の講演会でもそんな話をした。その上で、「じゃお前はどっちなんだ。右翼か、左翼か」と問われたのだ。今は世の中がどんどん右寄りになっている。僕を超えて時代の方が右になっていく。僕は変わってないのに、取り残されて、「こいつは左だ」「もう右翼じゃない」と言われることが多い。左翼に進化したのかもしれない。この変化は何か。50年も右翼の運動をやってきたからかもしれない。右翼の中でも素晴らしい人はいるが、くだらない人もいる。左翼だって同じだ。思想ではなく、要は人間なのかもしれない。左の人達とも友人が増えたし、その人達と一緒に行動することもある。そうすると、「左になった」と言われるが、勝手に呼んでくれ、と思う。

50年の右翼運動は楽しかったが、反省すべき点もある。集団運動をやっていると一体感が得られて、心地いい。しかし、「これが正義だ」と思うと、どんどんエスカレートする危険性もある。容易に爆発しやすい。それは気をつけるべきことだ。その点をいくつか書いたことがある。『愛国者は信用できるか』『〈愛国心〉に気をつけろ！』…などの本だ。右翼運動を全否定した裏切りの本だ、と誤解した人もいたようだ。右翼界からは「もう左翼だ」「裏切り者だ」と思われ、ネトウヨたちからは「売国奴だ」「北朝鮮に帰れ！」などと罵倒される。右でも左でも、これはいいと思ったら一緒に行動している。小林よしのりさんが『ゴーマニズム宣言』の中でこんなことを言っていた。「鈴木邦男は朝、目が覚めた時、今日は右翼で行くか、左翼でいくかを決めるらしい」と。思わず吹き出してしまった。そんな器用なことは出来ないが、右だ左だという分類にはもう関心はない。

ここに集まっている人達だって、日常的にはそんなことを気にしないはずだと言った。7月16日の講演会に参加している人だ。「いや自分は進歩的な左翼」と思っている人が多いかもしれない。でも、それは、こういう集会や、政治講演会に出た時だけだ。普段の日常生活では、そんなことを意識していないはずだ。コンビニで買い物をする時、レジの人が「天皇制支持者なら買わない」「脱原発でないと買わない」、なんてことはない。たとえ反動、右翼であろうとノンポリであろうと買っている。日常生活では無限に「妥協」して生きているのだ。討論会の時だけ、大声で喧嘩する必要はないだろう。

右翼・左翼という分類に少しでも妥当性があるとすれば、人間の考え方、生き方の〈傾向性〉を示しているのかもしれない。右翼と言われる人の中でも、脱原発を言う人がいる。左翼と言われる人の中でも、家では専制君主のような人がいる。封建的な考え方の人がいる。女性蔑視の人もいる。だから、パーセンテージの問題だろう。血圧を測る器械のように、思想状況を計るものが出来るかもしれない。いろんなデータを入力すると、出るんだよ判定が。「あなたは右傾度60％、左傾度40％です」とか。僕の場合は多分、左傾度の方が強いと思うが。だから、人を簡単に「右翼だ」「左翼だ」と決めつけるのはいけない。そんな話をした。それから皆でシンポジウムだ。

こういう集会だと年輩の人ばかりかと思ったら、高校生もいる。「大丈夫なの。こんな政治的な講演会に出て。先生が心配してるんじゃないの?」と聞いたら、「先生が、鈴木さんの話なら聞いてくるといいと言ったんです」。これには驚いた。すごい先生がいるもんだ。少数意見を聞くべきだ。その上で判断したらいい。そう思ったんだろう。偉い先生だ。勇気があるし、習う生徒は幸せだと思った。夜、おそくまで話しこんでしまい、最終の電車で帰る。

7月17日（日）　昨夜は遅かった。今日は朝が早いので、あまり寝ていない。7時半の新幹線で姫路へ行く。「第6回飛松塾in姫路」だ。午前11時、姫路駅で飛松五男さんたちと合流。昼食のあと会場へ。駅前の姫路じばさんビル4階だ。午後2時開始。満員だった。元兵庫県警刑事で今は評論家として活躍している飛松さん、それにタレントで、政治、経済、社会問題などでも発言している八幡愛さん。そして僕が講師だ。テーマは「国政を斬る!」。参院選直後でもあり、これから日本はどうなるのか。憲法改正は?経済は?といった話を3人が各自20分ずつ話し、その後、3人でトーク。

今問題になっている日本会議についても聞かれた。ストーカー殺人など警察の失策も話題になっているので飛松さんに聞く。「未解決事件の半分以上は警察官・元警察官が犯人だ」と飛松さんは言う。人手が足りなくて捜査に手が回らないのではない。規律がゆるんでいるからだ。警察官は半分にすればいい。そうすると緊張感で仕事をする、と言う。また、何か凶悪事件が起こると、「こんなことをやるのは日本人ではない」と新聞が書き立てる。警察もそれに満足し、犯人があがらなくても、「外国（人）への恐怖」だけは残る。それで治安は守られている、と思う。公安警察、ヘイトスピーチの規制などについても聞いた。

飛松さんは元刑事だが、驚くほど自由な発想をする。「未解決事件」「公安警察が作る犯罪」「政治と警察」などについて、じっくり話をして、本にしてみたい。

第49回

日本会議と生長の家

『創』16年10月号

長崎の生長の家総本山で（16年8月1日）

8月1日（月）早朝の飛行機で長崎に飛んだ。長崎空港から車で1時間。生長の家総本山へ行く。久しぶりだ。学生時代は何度も来ていたのに。今、会員でもないし組織的な繋《つな》がりはないが、心の故郷だ。民族派運動をやるようになった契機も生長の家だ。

最近、日本会議について取材されることが多い。日本会議の事務局にいる人たちは、ほとんどが生長の家の学生運動をやった人たちだ。僕も学生時代は一緒にやっていた。生学連（生長の家の学生組織）は、「日本の革命を防ぐために」大学で左翼学生と闘った。長崎大学のように左翼から自治会を取り戻した例もある。日本会議事務総長の椛島《かばしま》有三氏は長崎大学の出身だ。大分大学の衛藤晟一《せいいち》氏、別府大学の井脇ノブ子さんたちも影響されて自治会活動をやり、その後、衆議院議員になった。僕は生学連書記長だったし、全国をまわってオルグし、ハッパをかけていた。長崎大学には何度行ったか分からない。生学連を中心にしながらも、もっと広く全国の右派運動をまとめようと、全国学協が結成された。69年だ。全国を回ってオルグしていたし、年齢的にも上だということで僕が全国学協の委員長に選ばれた。九段会館に千人ほどを集めて結成大会は行われた。記念講演は福田恆存さんと会田雄次さんだった。

ところがそれから1カ月もしないうちに僕は委員長を解任された。敵である左翼は急速に力を失い、右派学生が台頭するはずだった。しかし、伸びない。また、日学同、楯の会といった組織も出来て、彼らとの内紛も増えてきた。全共闘が圧倒的に強い時なら、我々右派学生は結束して闘っていたのに……。大きな敵がいなくなると、「でも闘っているのは自分たちだけだ」と自己主張するようになる。似たような組織は邪魔になるのだ。だから、似た組織との抗争・内ゲバが主になる。これは今の状況と似ている。左翼はなくなり、右派・保守派ばかりだ。保守派組織や雑誌で内紛が起きている。昨日まで一緒にやっていた仲間だから何でも知ってるし、いくらでも攻撃の材料はある。

45年前の右派学生の内ゲバの時もそうだった。大きな敵、良い敵がいれば闘いは燃える。ところが、「かつての仲間」との闘いでは燃えない。僕もやる気がなかった。全国学協をつくり、さらに「民族派全学連」をつくろうと意気が上がっていた時だ。全国の大学の中には自治会や学友会の選挙になど出たくないという学校もある。大学も学生もおとなしい。そこに生長の家のネットワークを使って、立候補させた。そんな大学が20校ほどあった。よし、これで民族派全学連を組織しよう、と思った。実現したら、かなり面白い展開になったと思う。ところが、左翼でなく、「かつての仲間」たちが潰しに出た。ひとつひとつの大学に電話をかけ、「おたくの大学は生長の家が支配してるんですか？」と聞く。大学側は否定する。その結果を自分たちの新聞に公表する。またサークル活動をしていても、「これは生長の家の偽装サークルだ。気をつけろ！」と言いふらす。全く消耗的な闘いだった。

そんな闘いはやる気がしなかった。ところが、「闘いを放棄している!」「運動が伸びないのはリーダーが無能だからだ」と批判を受け、中央委員会で解任されたのだ。全国学協、生学連では運動できない。四国の大学にでも入って一からやり直そうかと思ったくらいだ。運動の場がなかったら生きていても仕方がない、とまで思いつめた。

闘う場を完全に奪われて、郷里の仙台に帰り、本屋でバイトをしていた。そして縁があって産経新聞に勤めることになる。入社した年(70年)の11月に三島事件が起きる。三島の自決もショックだったが、一緒に自決した森田必勝氏の死がショックだった。彼は僕の2年後輩だ。早稲田でむしろ僕らは彼をオルグし、運動に誘った立場だ。誘った先輩たる僕らは会社に勤めたり、国会議員の秘書になったり、大学院で勉強したりしている。もう運動の世界から離れて、一般社会に戻ってきている。ところが、誘われた後輩の森田氏はずっと運動を続けていた。そして三島と共に自決した。申し訳ないと思った。俺達は犯罪的だと思った。昔の仲間たちが集まってきて、酒を飲んでいた。かつて僕を追放した人たちもいた。自分たちの仕事を活かし、初めは「マスコミ研究会」という名前で集まっていたが、72年に一水会になった。その2年後、僕は事件を起こし、会社をクビになり、一水会の専従になった。一水会もかなり行動的な団体になる。

一水会を作った時は、生長の家の人間も少しいた。しかし、スタートは生長の家だとしても、今は右派運動をやっているのだ。だから、宗教的な話は一切しなかった。それから46年が経つ。日本会議のように生長の家の人間が中心になって作ったと言われることはない。ただ、僕個人にしても、ものの考え方や生き方の面で、とても影響を受けている。追放事件は、無理に思い出せば、悔しいことはある。しかし、忘れるようにした。それに、追放されたからこそ、もっと大きな世界に出れた。左翼の人や、いろんな宗教の人とも知り合いになった。イラクや北朝鮮にも行った。昔の運動のままだったら、そんな勝手なことは出来なかった。前にこの欄で書いたが、あの時、追放されて本当によかったと思っている。また、そういう方向に考えられるようになったのも「生長の家」的だと思う。

『日本会議の正体』（平凡社新書）を書いた青木理さんとテレビで対談した時、青木さんが言っていた。生長の家はイデオロギー的じゃない。他の宗教も認める。だから、宗教というよりも人生の道徳、生き方を示しているように見えると。確かにそれはある。だからこそ日本会議では巨大な宗教や新しい宗教をまとめて、一つの方向に持っていくことができるのだろう。

僕は昔の仲間に批判される。昔は生長の家の活動家だったのに、今は堕落して左翼とも話しているし、鈴木はダメだ、裏切り者だ、と言われる。ところが昔の運動仲間で石川県にいる布清信君は「いや、鈴木さんこそ生長の家を生きてるんです」と言う。生長の家はキリスト教も仏教も認める。「富士山の頂上は同じだが、そこに行く道はたくさんある」と言っている。また「万教帰一」とも言っていた。布君いわく、「左翼とも、オウムとも話し合い、考えようというのは、まさに万教帰一ですよ」と。考えてもなかったことなのでうれしかった。

そんな時、九州にいる昔の仲間が誘ってくれた。「長崎に来なよ、谷口雅春先生にも報告しなよ」と。谷口雅春先生は亡くなったが、長崎の総本山にお墓がある。行かなくちゃと決意して行った。本当に久しぶりだった。大きな山がいくつもある。そこだけが町のようだ。お宮もあるし、錬成道場もあるし、資料館もある。

ともかく壮大だ。「昔はよくここに献労錬成で来たんですよ」と言った。この総本山を作る前だ。基礎的な土運びや木材運びなどは錬成に来た人々がやる。朝から晩まで働いて、夜に講習を受ける。でも「献労」だ。元気で働かせて頂き、ありがたい。そういう錬成だ。必死に働いて、それで自分でお金を出して錬成を受ける。働いて金をもらうなんて誰も考えない。純粋だったと思う。長崎だけでなく、宇治、河口湖、飛田給などにも大きな錬成道場がある。各県に教化部がある。学生の時には夏、冬は全国の学生錬成を回った。河口湖で錬成を受けた時は、富士登山もした。それも2回もだ。「宗教の話は興味ないが愛国心の話を聞きたい」と言って、他の右派学生も参加してくれた。三島と一緒に自決した森田必勝氏も飛田給でやった学生錬成に参加してくれた。あの頃は、かなり自由だった。「楯の会」の初代学生長になる持丸博氏は水戸学を高校時代から勉強していた。平泉澄さんの日本学協会の合宿があり、大阪の千早城でやっていた。持丸氏に誘われて森田必勝氏も僕も参加した。朝から晩まで勉強、勉強だった。「ぜひ今度は生長の家の合宿に出てくれよ」と持丸氏を誘った。「いいよ」と快諾してくれた。その合宿で生学連書記局の女性と恋に落ちる。生学連書記長だった僕が紹介した。その人が今は杉並区の区議だ。松浦芳子さんだ。大活躍をしている。

生長の家出身、あるいは本を読んで影響をうけた人は実に多い。僕もそうだが、宗教に触れ、宗教運動をしていた。それが右派運動をやることになるとは思わなかった。右派運動の中でも、時々、リベラルな面が出るのは多分、生長の家出身だからだろう。今、日本会議は安倍政権を応援し、憲法改正をやらせようとしている。国会では3分の2を取ったんだし、「憲法改正の発議」は出来るだろう。「いや、実際に決めるのは国民の皆さまです」と安倍首相は言う。国会で発議してもその後、国民投票で過半数をとらなくてはダメだ。そのことを言っているのだ。でも国民投票にまで進んだら、興奮状態の中で、皆、「憲法改正だ！」と叫んで投票するだろう。自民党は改憲して形を残したいと思うだろうし、個人の自由や権利を犠牲にしても「強い国家」を目指すだろう。しかし、信仰のある人たちは権力でもって思想の自由・信教の自由、いろんな権利が抑圧されるのを良しとはしないだろう。

僕は全国学協から早くに追放されたおかげで愛国心や愛国心に基づいた運動のことも客観的に見れるようになった。同じ思想を持った人々と運動することは確かに楽しいし、素晴らしい。宗教運動、政治運動、市民運動についても言える。「そうだ、そうだ」と声を上げ、陶酔《とうすい》する。この人達が増えていけばこの日本は確実に良くなる。素直にそう思えた。しかし「同じ考え」の集団はすぐに過激になりやすい。「これは正義だ」「愛国心を持つのは常識だ」「外国から日本を守るのは当然だ」…と。常識は疑われることはない。そして、過激になる。また、こんな当たり前のことが分からないのか…と反対派に敵対的になる。その点、僕は「同じ考えの集団」から追放され、外から見ることも出来た。「愛国心」や「当然の運動」についても客観的に見られるようになった。追放され、広い大海に放り出されたから気づいたことも多い。ありがたい体験だった。8月1日、長崎の生長の家総本山でも、そんなことを感じていた。神社があり、錬成道場があり、温故資料館があり、谷口雅春先生が若い時に住んでいた茅ぶきの家も復元されていた。谷口雅春先生のお墓参りをした。今までの自分の運動についても報告した。かなり長い時間いた。「心の故郷」に浸っていた。そして懐かしい長崎大学に行ってみた。今は平和だ。学生運動もないし立て看板もない。翌日は出島や軍艦島のほか平和公園や浦上天主堂にも行ってみた。昔は来たこともなかった。学生運動が全てで、他のことが見えなかったのだ。

あとがき

どれだけ「いい敵」と出会ったか。どれだけ堂々と闘ったか。それによって人間は成長するのだろう。言論の闘いも、政治闘争も、格闘技も。あまりに強力、巨大な敵で、全く勝負にならなくとも、それでも、成長できる。負けることは恥ではない。卑劣な手を使ってまで「勝とう」としなかった。それだけは自分の誇れることだ。「負け続けの人生」の中で、「あの時、ああすればよかった」「こうすれば勝てたかも」と思うことはある。でも卑劣な手を使ってまで勝たなくてよかった。「負けてよかった」と思う。

この本の目次にも「負ける強さ」というのがある。「強さ」と言えることに自分ながら満足している。また、「追放されてよかった」という章もある。命をかけてやってきた民族派学生運動から追放された時だ。巨大な敵にぶち当り、はね返され、叩きつぶされたのなら納得する。でも、「仲間」から拒絶され、追放されたのだ。敵と闘おうとする前に、ハシゴを外されたのだ。「お前は闘う資格がない」「仲間ではない」「戦場から消えろ！」と言われたのだ。学生運動に命をかけてきた者にとっては、死刑の宣告にも等しかった。

「冗談じゃない、許せない！　と思い、抵抗した。闘った。でもダメだった。「殺すか殺されるかだ」と思いつめた。今でも、あの時の悔しさは思い出す。つい昨日のように思い出す。自分の正直な気持ちに従っていたら、大きな事件になっていただろう。他人を殺傷して刑務所か、あるいは自殺か。よく思いとどまったものだと思う。そして今は「負けてよかった」「追放されてよかった」と言える。

決して「負け惜しみ」ではない。負けは事実として、はっきりと認めている。あれこれと弁解する気はない。自分の努力が足りなかったし、人望がなかったし、闘う気力が足りなかったのだ。あの時、自暴自棄の闘いに向かわなくてよかったと思っている。

最近、新聞を見ていると、衝動的な殺傷事件が目につく。小さなことで、カッとなり、傷つけたり、殺したり。一瞬でも考え直す時間はなかったのか、と思う。偉そうに他人にあれこれ言える立場ではない。衝動的な人生で、衝動的に行動していつも後悔してきたのはお前じゃないか、と言われるだろう。その通りだ。学生運動をやる前だって、高校で、カーッとなって教師を殴り、退学になった。そのあと、両親や姉たちが尽力してくれ、教会に通って懺悔《ざんげ》の生活を続けて、やっと復学できた。また、それに似たことは無数にある。カッとなりやすい、ダメな性格なのだろう。でも幸いなことに、ここまで生きてこれた。奇跡に近いと思う。反発しながらも、高校で教わったキリスト教。母が信仰していた「生長の家」。両親、家族、そして、いい友人たちに恵まれてきたからだと思う。

考えの近い、あるいは同じ仲間だけではない。仲間には拒絶され、裏切られたこともある。自分で裏切ったこともあるだろう。でも助けてくれた仲間はいた。それに考えの違う「敵」から学んだことも多い。彼らに助けられたこともある。学生運動をやっていたころは、「敵」を日本から追い出したら、日本は素晴らしい国になると思った。反日、売国奴を追い出して、この日本は愛国者だけのいい国になる、と。ネトウヨのようなことを考えていた。愚かだった。でも純粋だったと思う。

内紛や追放がなければ、ずっと純粋培養の「愛国者」になっていただろう。国のために命をかけて運動をしてきた。反日・売国奴たちとは死にもの狂いの闘いをやり、何度も何度も警察に捕まって、「自分こそが日本一の愛国者だ！」と言っていたかもしれない。思い込みの強い僕のことだ、きっと言っていただろう。しかし、幸か不幸か、同じ運動の中で内紛があり、僕は追放された。そして今は、「幸か不幸か」ではなく、確かに「幸」だと言える。追い出してもらってよかった。追い出されなかったら、気持ちの小さい、偏狭な「愛国者」として、生きのびていただろう。改憲を目指す安倍首相の発言に小踊りし、「やっと我々の時代が来た」と言っていただろう。それで本も売れたかもしれない。あるいは、それを商売にもつなげて、広く大きな道が拓けたかもしれない。でもそれは堕落の道だ。高校の先生が言っていたように、「狭き門」から入るべきなのだ。

ちょっと具体的な話をしよう。考えの近い人、同じ人と話をし、集会を開き、デモをすることは楽しい。「そうだ、そうだ、売国奴はやっつけろ！」「日本から叩き出せ！」と言ってるのは楽だ。自分たち愛国者だけが、日本にいる。それは楽しいし、すばらしいと思う。でも、「同じ考え」の人ばかりが集まっていると、進歩がないし、向上がない。少しの批判も許さないし、自分たちのことを客観的に見る眼がなくなる。それに、同じ考えの集団では、より過激な意見が通りやすいし、そんな人々がリーダーになる。あれこれと悩み、迷っている人間は「日和見主義者め！」と罵倒され、追放される。そんな場面をいやというほど見てきた。僕もそうして追放された。だからこうも言える。同じ考えの人ばかりが集まるのは楽しいが、危険なワナもある。一気に暴走する危険もあるし、少しの批判も許さないで暴力的に他を排除することにもなる。そんな危険性は、はっきり言うべきだろう。体験した者としての、いわば「義務」だ。特に、この国自体が、皆「お仲間」的になっている。「日本人だから日本を愛するのは当然だ」「当然のことが分からない人間は日本から出ていけ！」と言われる。この日本。「愛国者」だけが跋扈《ばっこ》しているこの日本。改憲さえすれば、日本はいい国になると信じている人々。そんな現代の日本に生きている。僕はきちんと話をする義務があると思っているのだ。この本は、僕自身の失敗の体験ばかりを書いた。でも、ゲラを読んでいて、妙に興奮した。興奮して、学生時代の自分に戻っていた。いい敵がいて、生きがいに燃えていた時代を思い出した。

いや、現実が再びあの時代に戻ってきたのかもしれない。いい敵がいて、全力で向かっていた。はね返されても向かっていた。その中で、多くのことを学んだ。自分が成長できた。あの頃は、「愛国者」になりたいなんて誰も思わなかった。たとえあったとしても胸の中にとどめておくものであり、口に出して他人に言うことではないと思っていた。時代が変わり、世の中の見方も変われば、自分たちだって、いつ「売国奴」や「反日」と言われるかもしれない。それでも構わないと思っていた。日本の政治家でも言論人でも、「自分は愛国者になりたい」と言って仕事をした人は、皆、失敗している。むしろ、「売国的」と言われてもいい、という覚悟を持った人間だけが、本当に国のため、日本のための仕事ができたと思う。そうか、「言論の覚悟」というのはそういうことか、と今になって思い当っている。最初から大きな覚悟などあったわけではない。少しずつ、考え、教えられてきたと思う。その意味では、月刊『創』に毎月行動の記録を書き、考え、悩み、懊悩《おうのう》する機会を与えられているのは幸せだと思う。

この『創』の連載も単行本になるのは、これで3冊目だ。うれしいし、ありがたい。自分の成長記録を見るようだ。時には、グルグルと同じところを回ったり、時には逆戻りしているかもしれない。

まだまだ試行錯誤の連続だ。それもまた、いいだろう。月刊『創』の篠田編集長にはお世話になった。本のタイトルにしろ、章立てにしろ、とても読みやすく、スッキリしている。これは編集のうまさだ。読ませるのだ。自分で自分の書いたものに興奮したのも篠田さんの編集のうまさのなせる業だ。

昔学生運動をやっていた頃と比べ、今は、運動の熱さを感じない。皆が大人っぽくなり、傍観者的になったのかもしれない。でも、この本の目次を見てると、ここだけは熱い。この頃は、熱く闘っているのだ。時代が戻ってきたのか、それもあるだろう。それ以上に、自分の見る眼、角度が変わったせいだろう。熱い闘いがあった学生時代と、今がパラレルに進んでいるのかもしれない。そんな中で、かつてと同じ、あるいは似たものを見つけようとしてるのかもしれない。いや、そんなことはないか。確実に変わってきている。ゲラを読んでいても、それを感じた。自分の錯覚でないと思う。

この本は3冊の中で一番いい。自分もその中で闘い、充実している。これは多くの人たちに力を与え、参考になると思う。もう社会運動の時代ではない、デモなんて古いと思える人。いや、そう思わされている人。そんなことはない。また、これから始まるのだ。そう言いたい。自分一人が立ち上がっても何にもならない、やることがないと思っている若い人へ。そんなことはない。数ではない。たった一人でも決意し、行動したら、世の中は変わるのだ。そう言いたい。どうせやったって負けるだけだ、と思っている人へ。いいじゃないか、負けたって。「この本を読んでくれ！」と言いたい。多くの人へすすめたくなる本だ。そんなすばらしい本を作ってくれた『創』の篠田さんやスタッフの皆さんに感謝したい。そして、この本を手にとってくれたあなたに。

２０１７年8月28日　鈴木邦男

鈴木邦男…すずき・くにお…

1943年福島県郡山市生まれ。早稲田大学政治経済学部卒。学生時代は「生長の家」学生会全国総連合に所属し書記長として活躍した後、全国学協の初代委員長に就任。その後、産経新聞社に勤務。1972年に新右翼団体「一水会」結成。1999年に一水会代表を辞任。著書『腹腹時計と〈狼〉』(三一新書)『言論の覚悟』『新・言論の覚悟』(創出版)『ヤマトタケル』(現代書館)『愛国者は信用できるか』(講談社現代新書)『愛国の昭和』(講談社)『愛国と米国―日本人はアメリカを愛せるのか』(平凡社新書)『愛国者の座標軸』(作品社)『日本の品格』『これからどこへ向かうのか』(柏艪舎)『鈴木邦男の読書術』(彩流社)『公安警察の手口』『右翼は言論の敵か』(ちくま新書)『遺魂』(無双舎)『愛国と憂国と売国』(集英社新書)『〈愛国心〉に気をつけろ!』(岩波ブックレット)『憲法が危ない!』(祥伝社新書)『天皇陛下の味方です』(バジリコ)など多数。

[住所] 〒164-0002 東京都中野区上高田1- 1-38 みやま荘

[電話] 03-3364-0109

言論の覚悟 脱右翼篇

2017年9月15日初版第一刷発行

著者……鈴木邦男

発行人……篠田博之

発行所……(有)創出版
〒160-0004 東京都新宿区四谷2-13-27　KC四谷ビル4F
電話　03-3225-1413
FAX　03-3225-0898
http//www. tsukuru. co. jp
mail@tsukuru.co.jp

印刷所……(株)ダイトー

装幀……鈴木一誌

ISBN978-4-904795-48-4

定価はカバーに表示してあります。
落丁・乱丁はお取り替えいたします。
本書の無断複写・無断転載・引用を禁じます。